Mediengeschichte

Historische Einführungen

Herausgegeben von Frank Bösch, Angelika Epple, Barbara Potthast, Susanne Rau, Hedwig Röckelein, Gerd Schwerhoff und Beate Wagner-Hasel

Band 10

Die *Historischen Einführungen* wenden sich an Studierende aller Semester, an Examenskandidaten, Doktoranden und Dozenten. Jeder Band gibt einen Überblick über wichtige, innovative Arbeits- und Themenfelder der Geschichtswissenschaft und methodisch-theoretisch Zugänge, die in jüngerer Zeit in das Blickfeld der Forschung gerückt sind und die im Studium als Seminarthemen angeboten werden. Der Schwerpunkt liegt dabei auf sozial- und kulturgeschichtlichen Themen und Fragestellungen.

Frank Bösch ist Professor für Europäische Geschichte des 20. Jahrhunderts an der Universität Potsdam und Direktor des Zentrums für Zeithistorische Forschung (ZZF).

Frank Bösch

Mediengeschichte

Vom asiatischen Buchdruck zum Computer

Campus Verlag
Frankfurt/New York

Unter *http://www.campus.de/spezial/historische-einfuehrungen* finden Sie zu diesem Band kostenlos nützliche Ergänzungen für Studium und Lehre sowie zahlreiche kommentierte Text- und Bildquellen, auf die im Buch das Symbol verweist.

ISBN 978-3-593-51026-2 Print
ISBN 978-3-593-44096-5 E-Book (PDF)
ISBN 978-3-593-44099-6 E-Book (EPUB)

2., aktualisierte Auflage 2019

Umschlaggestaltung: Guido Klütsch, Köln
Umschlagmotiv: »Liberté de la presse« (anonym, o.D.)
© Bibliothèque nationale de France, Paris
Fotosatz: Fotosatz L. Huhn, Linsengericht
Gesetzt aus der Garamond Premier und der Sans
Druck und Bindung: CPI books Leck, GmbH
Gedruckt auf Papier aus zertifizierten Rohstoffen (FSC/PEFC).
Printed in Germany

www.campus.de

Kontakt: Werderstr. 10, 69469 Weinheim, info@campus.de

Inhalt

1. Wege zur Mediengeschichte

Die gesellschaftliche Bedeutung von Medien lässt sich kaum überschätzen. Medien vermitteln, schaffen und speichern Informationen und beeinflussen so Wahrnehmungen, Wissen und Erinnerungen. Sie prägen Politik, Wirtschaft und Kultur, sind ein wichtiger Teil der Freizeitgestaltung und alltäglicher Gespräche. Außergewöhnliche Ereignisse wie Kriege und Revolutionen sind ebenso mit Medien verbunden wie langfristige Deutungsmuster und Entwicklungen – etwa des Nationalismus, weltanschaulicher Milieus oder der Geschlechterrollen. Medien sind dabei nicht einfach ein virtueller Spiegel von etwas »Realem«, sondern selbst Teil sozialer Wirklichkeiten. Die Familie vor dem Fernseher oder zeitunglesende Politiker sind ebenso real wie die Medien selbst, ihre Inhalte oder ihre Produzenten. Oft scheinen sie unsichtbar. Aber bereits der Glaube an die Macht der Medien kann dazu führen, dass Menschen ihr Handeln oder Sprechen verändern. Ihre große Bedeutung unterstreichen die Medien heute selbst regelmäßig, sei es in »Medienseiten« in den Feuilletons, sei es in Berichten über ihre eigene Rolle bei Wahlen oder Kriegen.

Medien haben nicht erst seit dem Internetzeitalter eine markante historische Bedeutung. Fasst man Medien im weiten Sinne als Mittler von Kommunikation, sind sie seit Beginn der Menschheitsgeschichte konstitutiv, da Zeichen, Sprache oder Schrift schon immer die menschliche Verständigung strukturieren. Aber selbst, wenn man »nur« technische »Massenmedien« betrachtet, spielen diese spätestens seit Einführung des Drucks eine entscheidende Rolle, da nun zahlreiche Menschen regelmäßig Zugang zu ähnlichen Kommunikationsangeboten erhielten. Die jeweils neuen Medien änderten Vorstellungen, Inhalte, Handlungen und Bedeutungen, da der gleiche Gedanke auf Pergament, auf einem Flugblatt oder im Fernsehfilm anders formuliert, verstanden und verarbeitet wird.

Dieses Buch zeigt deshalb, wie neue Medien seit Erfindung des Drucks aufkamen, wie sie genutzt wurden und welchen Einfluss sie auf gesellschaftliche Entwicklungen hatten. Im Vordergrund steht die Sozial- und Kulturgeschichte der Medien, weniger eine Technik- und Ideengeschichte. Die deutsche Entwicklung wird dabei so weit wie möglich in international vergleichende und transnationale Perspektiven eingebettet, um gängige Thesen zu diskutieren und spezifische Medienkulturen auszumachen. Neben Westeuropa und den USA werden insbesondere China, Japan und gelegentlich Südamerika einbezogen. Das Buch soll so einen Überblick bieten und unterschiedliche Zugänge und Desiderate aufzeigen, um künftige Forschungen anzuregen.

Frühe Zugänge

Die Reflexion über Medienentwicklungen hat eine lange Tradition. So häuften sich bereits im letzten Drittel des 17. Jahrhunderts Studien über die Zeitung (Kurth 1944; Pompe 2004: 35 f.). Insbesondere Mitte des 19. Jahrhunderts entstanden im Kontext der liberalen Bewegungen in vielen westeuropäischen Ländern umfangreiche Geschichten der Presse, die historisch deren Macht unterstreichen sollten: in Frankreich etwa aus der Feder von Léonard Gallois (1845) und Eugène Hatin (8 Bde. 1859/61), in England von Frederick Knight Hunt unter dem programmatischen Titel *The Fourth Estate* (1850), und in Deutschland von Robert Prutz, der den Journalismus als eines der »vorzüglichen Werkzeuge« des »demokratischen Prinzips der Geschichte« bezeichnete (1845: 84). Sogar eine frühe internationale Zeitungsgeschichte mit deskriptivem Überblick lässt sich in dieser Zeit finden (vgl. Coggeshall 1856; vgl. Hinweise im Internet unter *www.campus.de*). Seit dem ausgehenden 19. Jahrhundert folgen zahlreiche Studien zu verschiedenen Medien aus Disziplinen wie der Nationalökonomie, der Geschichtswissenschaft, der Soziologie oder den Philologien.

Neues medienhistorisches Interesse

Zugleich ist die historische Auseinandersetzung mit Medien etwas Neues. Das gilt insbesondere für die Geschichtswissenschaft, die sich erst seit den 1990er Jahren intensiver mit deren Bedeutung auseinandersetzt, aber auch für die Medienwissenschaft, deren Forschung nun erst stark expandierte. Das verstärkte historische

Interesse an Medien erklärt sich aus ihrer Allgegenwart im Internetzeitalter. Computer und Internet trugen zur Historisierung der nunmehr »alten« Medien als Forschungsgegenstände bei. Zudem verstärkte der *Cultural Turn* den Blick auf die Kommunikation, durch den sowohl die Populärkultur in den Blick der Forschung geriet als auch Wahrnehmungen und Diskurse, die wiederum, was Michel Foucault noch kaum bedachte, medial grundiert sind.

Ebenfalls recht jung ist der heutige Begriff »Medien«. Er etablierte sich erst in den 1960er Jahren im öffentlichen Sprachgebrauch, um Kommunikationsmittel mit massenhafter Reichweite zu beschreiben. Wort und Bedeutung wurden dabei aus dem amerikanischen Begriff *Mass Media* übertragen, der bereits in den 1920er Jahren aufkam. Auch in der Forschung sprach man zunächst von Publizistik oder Kommunikation. So benannte sich die 1957 gegründete »International Association for Mass Communication Research« erst 1996 in »International Association for Media and Communication Research« (IAMCR) um. Ein Handbuch, das den Bedeutungswandel von kommunikationshistorischen Grundbegriffen klärt, liegt bislang leider noch nicht vor.

Wie der Begriff »Medien« definiert wird und mit welchen Methoden und Schwerpunkten man Medien historisch untersuchen sollte, ist gerade in der deutschen Forschung sehr umstritten. Angelsächsische Mediengeschichten sind deutlich pragmatischer: Meist verzichten sie auf Begriffsdiskussionen und setzen die alltagssprachliche Bedeutung von Medien im Sinne von »Massenmedien« voraus, die dann auch im Mittelpunkt ihrer *Media History* stehen (vgl. Chapman 2005; Williams 2010; Briggs/Burke 2010). In Deutschland firmiert dagegen unter den Begriffen »Medien« und »Mediengeschichte« je nach Forschungsdisziplin sehr Unterschiedliches. Dabei lassen sich vor allem die Ansätze der Sozial- und Kommunikationswissenschaften von denen der Kultur- und Medienwissenschaften unterscheiden. Von außen gesehen erstaunt, wie wenig diese Disziplinen ihre medienhistorischen Arbeiten gegenseitig wahrnehmen und getrennte Fachorgane, Vereinigungen und Tagungen pflegen. Die medienhistorischen Ansätze der Geschichtswissenschaft wiederum stehen oft zwischen und neben den Zugängen dieser Disziplinen.

Kommunikationswissenschaft

Die Kommunikationswissenschaft ist die Disziplin, die sich am längsten mit der Geschichte von Medien auseinander gesetzt hat. Sie formierte sich in den 1920er Jahren in den USA, um sozialwissenschaftlich die Funktionsweise der *Public Opinion* zu untersuchen. Vor allem die Propaganda der europäischen Diktaturen führte im folgenden Jahrzehnt zur empirischen Medienwirkungsforschung, wobei Paul F. Lazarsfelds Arbeiten zum Radio und zur Meinungsforschung wegweisend waren. In Deutschland etablierte sich hingegen zur gleichen Zeit die eher geisteswissenschaftlich ausgerichtete Zeitungswissenschaft an einigen Universitäten. Auch Verleger und der Reichsverband der deutschen Presse unterstützten sie, da sie sich eine praxisnahe Ausbildung erhofften. Zugleich scheiterten Versuche, das Fach für eine gemeinsame Analyse anderer Medien zu öffnen, sodass Studien zum Film und Radio zunächst eher in benachbarten Fächern wie der Soziologie entstanden. Beginnend mit den 1960er Jahren griff die westdeutsche Zeitungswissenschaft zunehmend amerikanische, eher sozialwissenschaftliche Ansätze auf und nannte sich von da an Kommunikationswissenschaft. Bis heute dominiert bei ihr ein enger Medienbegriff, der Medien vor allem als jene technischen Mittel fasst, »die zur Verbreitung von Aussagen an ein potentiell unbegrenztes Publikum geeignet sind (also Presse, Hörfunk, Film, Fernsehen)« (Wilke 2008: 1; ähnlich Stöber 2013: 20). Insofern konzentrieren sich auch ihre wichtigsten medienhistorischen Studien vor allem auf die Druckmedien seit dem 16. Jahrhundert und die elektronischen »Massenmedien«. Ihre Betonung des Begriffs »Kommunikationsgeschichte« unterstreicht, dass es weniger um das technische Medium selbst als um dessen soziale Bedeutung geht. Die Medieninhalte, aber auch ihre Organisation und Reichweite stehen dabei im Vordergrund.

Der wachsende sozialwissenschaftliche Einfluss führte in den letzten Jahrzehnten dazu, dass medienhistorische Arbeiten in der Kommunikationswissenschaft an Bedeutung verloren, während quantifizierende Gegenwartsanalysen zunahmen. Auch bei medienhistorischen Arbeiten neigt die Kommunikationswissenschaft dazu, Medieninhalte quantifiziert zu erfassen. Bei Printmedien wird etwa die Häufigkeit bestimmter Themen, Bewertungen oder Platzierungen im Zeitverlauf ausgezählt und bei Fernsehsendungen per Sequenzanalyse die Dauer und Positionierung ausgewählter Inhalte. Dabei arbeitet die Kommunikationswissenschaft mit systematischen Stichproben. Neben der Inhaltsanalyse sind die Erforschung von journalistischen Rollen und Organisationsformen, von Öffentlichkeitsstrukturen und von Mediennutzungen und Medienwirkungen Bereiche, in denen vielfältige theoretische und empirische kommunikationswissenschaftliche Studien entstanden (vgl. Pürer 2014; Beck 2015). Diese sind zwar meist gegenwartsbezogen, lassen sich aber durchaus auf historische Zugänge beziehen. Organisiert sind die kommunikationshistorischen Aktivitäten in der »History«-Sektion der IAMCR sowie in Deutschland in der Sektion »Kommunikationsgeschichte« der »Deutschen Gesellschaft für Publizistik und Kommunikationswissenschaft« (DGPuk), die auch methodische Studien ediert (vgl. Arnold u. a. 2008). Medienhistorische Beiträge finden sich gelegentlich in ihren Fachzeitschriften wie der *Publizistik* oder dem *European Journal of Communication*. Durchweg medienhistorische Analysen vorwiegend aus der Kommunikationswissenschaft bieten etwa *Rundfunk und Geschichte*, *medien&zeit* oder das *Jahrbuch für Kommunikationsgeschichte*. Das internationale Organ *Media History* versammelt Beiträge zu »Massenmedien« der Neuzeit, vornehmlich zum Journalismus des 19. und 20. Jahrhunderts.

Medienwissenschaft

In markanter Abgrenzung dazu etablierte sich, besonders in Deutschland, seit den 1980er Jahren die kulturwissenschaftlich ausgerichtete Medienwissenschaft. Sie entstand aus den Film-, Theater- und Literaturwissenschaften. Die literaturwissenschaftliche Öffnung zur Populärkultur bildete einen Ausgangspunkt, ein anderer war die breite Rezeption von Marshall McLuhans Neudeutung des Medienbegriffs der 1960er Jahre, der diese als Körperausweitungen fasste, wozu er etwa Brillen, Geld oder das Rad zählte (McLuhan 1992 [1964]). Als eigentliche Botschaft eines Mediums sah er dessen soziale Auswirkungen, »die Veränderung des Maßstabs, Tempos oder Schemas, die es der Situation des Menschen bringt« (ebd.: 18; vgl. auch Grampp 2016: 10). Entsprechend entstanden nun in vielen westlichen Ländern Studien, die nach dem Zusammenhang von Medien- und Kulturtechniken fragten und die prägende Kraft von Medientechniken postulierten. Innerhalb der Medienwissenschaft bestehen wiederum heterogene Schulen mit ästhetischen, philosophischen oder technischen Schwerpunkten. Überwiegend eint sie ein kulturwissenschaftlicher Ansatz und ein weiter Medienbegriff. So definieren ihre Mediengeschichten ihren Gegenstand recht offen als »Interaktionskoordinatoren« (Hörisch 2004: 66) oder als »komplexe, etablierte Vermittlungseinrichtungen, die Kommunikation organisieren und regulieren« (Faulstich 2006a: 8). Dies reicht bis zum Postulat von Joseph Vogl, »dass es keine Medien gibt, keine Medien jedenfalls in einem substanziellen und historisch dauerhaften Sinn« (Vogl 2001: 121). Aufgrund des weiten Medienbegriffs setzen ihre Mediengeschichten oft bereits in der Vor- und Frühgeschichte oder Antike ein. So wurden »die Frau und das Opferritual« als die ersten Medien verstanden, da diese für ein »sakrales Kommunikationsprinzip« stünden (so Faulstich 2006b: 18), ebenso das Feuer, Werkzeug oder die Stimme (Hörisch 2004: 30–39). McLuhan prägte zudem den Schreibstil einiger Medienwissenschaftler, der Fachfremden oft ungewöhnlich essayistisch und schwer zugänglich erscheint. In Abgrenzung zu den kommunikationswissenschaftlichen Quantifizierungen dienen oft einzelne historische Quellen, Erfindungen oder Filme als Ausgangspunkt für größere Thesen.

Durch ihre Herkunft aus der Literatur- und Filmgeschichte sind viele medienwissenschaftliche Arbeiten historisch ausgerichtet. Inhaltlich im Vordergrund stehen – je nach Schule – ästhetische Analysen zu einzelnen Medienprodukten (besonders von Filmen) sowie der Wandel von Wissensordnungen, Praktiken und Wahrnehmungen im Zuge der Mediengenese (vgl. etwa Kümmel u. a. 2004; Fahlenbrach 2018). Ihre »Archäologie der Medien« untersucht Wissensordnungen und Medientechniken vor und bei ihrer Entstehung, da sich diese dauerhaft in die Medien einschreiben würden (vgl. Kittler 2002: 21). Während Massenmedien wie Zeitungen in diesen Mediengeschichten so gut wie keine Rolle spielen, finden literaturaffine Gegenstände wie Bücher, Theater oder Bildende Künste oft ausführliche Berücksichtigung (vgl. etwa Faßler/Halbach 1998; Schanze 2001; Leonhard u. a. 1999–2002). Als Quellen dienen oft Aussagen von Philosophen und Schriftstellern wie Kant, Goethe und Kafka, während man nach Medienzaren wie Axel

Springer oder August Scherl vergeblich sucht (so in Hörisch 2004; Schanze 2001; Peters 1999).

Für eine Auseinandersetzung mit den aktuellen Ansätzen der deutschen Medienwissenschaft empfiehlt sich die *Zeitschrift für Medienwissenschaft* oder das jährlich publizierte *Archiv für Mediengeschichte* der »Weimarer Schule«. Hier finden sich kulturwissenschaftliche Beiträge im weitesten Sinne, zudem insbesondere Filmanalysen und Artikel zum Selbstverständnis der Disziplin. Weitere Fachperiodika wenden sich besonders der Filmgeschichte zu, wie *Nach dem Film*, *montage av* oder *Fotogeschichte*. International wichtige Zeitschriften sind etwa *Film History*, *Cinema Journal* oder *Screen*. In anderen westlichen Ländern wie den USA oder Frankreich lässt sich vor allem eine Trennlinie zwischen der Kommunikationswissenschaft und den *Film Studies* ausmachen, während der Begriff *Media Studies* vielfältige Bedeutungen haben kann. Dass die Grenzen ansonsten im Ausland weicher sind, zeigt auch ein Blick in internationale medienhistorische Fachzeitschriften wie das *Historical Journal of Film, Radio and Television*, das kommunikations- und medienwissenschaftliche Elemente aufweist und auch für Historiker anschlussfähig ist.

Geschichtswissenschaft

Die medienhistorischen Forschungen der Geschichtswissenschaft stehen in gewisser Weise zwischen diesen Disziplinen. Die Analyse von Medien war in der Geschichtswissenschaft lange verpönt, da publizistische Quellen als unseriös galten und sich das Fach gerade durch seine Archivquellen abgrenzte. Einen frühen Vorstoß zur Neubewertung von Medienquellen machte der Historiker Martin Spahn 1908 auf dem »Internationalen Kongreß für historische Wissenschaften«, wo er prognostizierte, dass die Presse »allen Geschichtsschreibern der jüngsten Geschichte die wertvollste Quelle von allen werden wird« (Spahn 1908). Entsprechend forderte er ein Reichszeitungsmuseum und förderte an seinem Kölner Lehrstuhl zahlreiche pressegeschichtliche Arbeiten, gründete ein Institut für Zeitungskunde und pflegte die Archivierung von Pressequellen. Zudem entstanden seit dem späten 19. Jahrhundert immer wieder geschichtswissenschaftliche Studien zu einzelnen Medien. Sie bezogen sich etwa auf Aspekte der Pressepolitik und -kontrolle, auf einzelne Verlegerpersönlichkeiten oder Einzelmedien wie Flugschriften oder Zeitungen.

Für die meisten Historiker blieben Medien jedoch Quellen, die man gelegentlich zur farbigen Veranschaulichung oder stillschweigend zur Ermittlung von Zusammenhängen heranzog. Ein erster Anstieg geschichtswissenschaftlicher Medienstudien lässt sich in den 1970er Jahren ausmachen. So sorgte das Aufkommen der Sozial- und Alltagsgeschichte dafür, dass Quellen der Populärkultur und damit auch Medien zu relevanten Gegenständen wurden. In Frankreich entstanden etwa grundlegende Schriften zur Untergrundpresse und Gerüchten im Vorfeld der Französischen Revolution (Darnton 1985) und auch die internationale Erforschung des Drucks im Kontext der Reformation gewann an Dynamik (Eisenstein 2005 [1979]). Aber erst mit den späten 1990er Jahren kam es zu einem gewaltigen Anstieg medienhistorischer Publikationen, die sich auch methodisch ausdifferenzierten. Im letzten Jahrzehnt verstärkte sich dieser Trend. Während zunächst eher die Vormoderne im Mittelpunkt stand, nahmen nun besonders Studien zum 19./20 Jahrhundert zu.

Medienbegriffe der Historiker

Der Medienbegriff der Geschichtswissenschaft ist mittlerweile recht vielfältig. Besonders Zeithistoriker, die das 20. Jahrhundert untersuchen, präferieren eher einen engen Medienbegriff im Sinne der Kommunikationswissenschaft und untersuchen technisch erstellte »Massenmedien«. Da der Begriff »Masse« ein pejorativ belegter historischer Quellenbegriff ist, sprechen sie dennoch meist nur von Medien. Spezialisten für das Mittelalter und die Frühe Neuzeit stellen zwar ebenfalls die gedruckte Publizistik in den Mittelpunkt (vgl. etwa Arndt/Körber 2010; Würgler 2009), neigen aber etwas häufiger zu einem weiten Medienbegriff, der selbst symbolische Kommunikationsmittel wie den Körper gelegentlich einbezieht, da er performativ Bedeutungen und Wahrnehmungen generiere. Insgesamt sprechen sie seltener von Medien als von Kommunikation (vgl. Burkhardt/Werkstetter 2005; Spieß 2003). Generell anschlussfähig erscheint etwa die offene Mediendefinition des Frühneuzeit-Historikers Markus Sandl: »Medien können als Artefakte beschrieben werden, deren Zweck es ist, Kommunikation zu ermöglichen. Als Artefakte erfüllen sie Leistungen wie Aufnahme, Speicherung, Übertragung, Vervielfachung und Reproduktion, Wiedergabe und Ver- bzw. Bearbeitung von Informationen« (Crivellari/Sandl 2003: 633).

Die medienhistorische Forschung in der Geschichtswissenschaft ist mittlerweile durch zahlreiche Publikationen, Qualifikationsarbeiten und Verbundprojekte etabliert. Dennoch hat sie weder eine eigene bundesweite oder internationale medienhistorische Arbeitsgruppe, noch eine eigene Fachzeitschrift. Medienhistorische Beiträge erscheinen verstreut in allen Fachzeitschriften, häufiger etwa in *WerkstattGeschichte*, den *Zeithistorischen Forschungen* oder in *Geschichte in Wissenschaft und Unterricht*. Insgesamt ist der medienhistorische Schwerpunkt in der deutschen, britischen und amerikanischen Geschichtswissenschaft am stärksten ausgebildet. In den USA erscheint sogar die Zeitschrift *Film & History* in Verbindung mit der »American Historical Association«. Dagegen zeigten die Historiker der romanischen und osteuropäischen Länder bislang kaum Interesse an der Mediengeschichte, weshalb auch in diesem Buch Osteuropa mangels Forschungen nur eine geringe Berücksichtigung finden kann.

Medien und Politik

Im Vergleich zur Kommunikations- und Medienwissenschaft geht es den medienhistorischen Arbeiten der Geschichtswissenschaft weniger um die Medien selbst als um deren jeweilige soziale, kulturelle oder politische Bedeutung. Einführend lassen sich acht Forschungsschwerpunkte exemplarisch hervorheben. Da Historiker lange Zeit politische Perspektiven privilegierten, fand erstens das Verhältnis von Medien und Politik größere Beachtung. Ältere Arbeiten stellen Techniken der Zensur und Repression von Medien und Öffentlichkeiten heraus, sei es in absolutistischen Regimes, konstitutionellen Monarchien und Diktaturen oder den Demokratien der 1950er Jahre. Neuere Studien untersuchen stärker die gezielte Beteiligung von Herrschenden an der öffentlichen Kommunikation, von der »Propaganda« durch Fürsten bis hin zur Kommunikation in Kriegen oder Wahlkämpfen (Gestrich 1994; Burkhardt 2002). In jüngster Zeit wird nun umgekehrt gefragt, wie der Medienwandel die Politik veränderte. Diese wird als ein Kommunikationsraum analysiert, dessen symbolische Konstitution stark durch Medien geprägt ist (vgl. etwa Vogel 2010; Bösch 2009) und in dem Journalisten und Politiker um Macht ringen (Daniel 2018). Selbst für klassische »Arkanbereiche« wie die Außenpolitik lässt sich somit deren jeweilige mediale Grundierung erforschen (Geppert 2007; Bösch/Hoeres 2013).

Öffentlichkeiten

Ein damit verbundener zweiter medienhistorischer Schwerpunkt ist die Erforschung von Öffentlichkeiten. Viele frühe programmatische Artikel zur Mediengeschichte sahen ihre Analyse als einen Zugang, um mediale Kommunikation mit dem sozialen Wandel zu verbinden (Requate 1999; Führer/Hickethier/Schildt 2001). Öffentlichkeiten werden dabei recht offen als allgemein zugängliche Kommunikationsräume definiert. Der Plural unterstreicht die Annahme, dass es weltanschaulich, funktional, regional, aber auch je nach Kommunikationsebene unterschiedliche Teilöffentlichkeiten gibt (etwa Medien-, Versammlungs- und Encounter-Öffentlichkeiten der alltäglichen Gespräche). Zunächst dominierte die kritische Auseinandersetzung mit Jürgen Habermas' *Strukturwandel der Öffentlichkeit* (1962), die nach der Übersetzung ins Englische international fortgeführt wurde (vgl. etwa Barker/Burrows 2002; Calhoun 1992). Im Vordergrund stehen dabei die Fragen, wer an der öffentlichen Kommunikation partizipieren kann, welche Folgen dies für soziale Gruppenbildungen hat und wie sich mediale und persönliche Kommunikation zueinander verhalten. Für die Frühe Neuzeit liegen bereits zahlreiche Arbeiten dazu vor, für die Moderne kaum. Forschungsfragen wären dabei etwa, wie Medien- und Versammlungsöffentlichkeiten interagierten (etwa bei Protesten, Vereinen oder Parlamenten), wie Teilöffentlichkeiten sich formierten und zueinander verhielten oder wie die mediale öffentliche Selbstbeobachtung der Gesellschaft Handlungen prägte (zur Meinungsforschung etwa: Kruke 2007). Zudem wurden selten Film, Fernsehen und Radio als Teil der Öffentlichkeit untersucht.

Akteure

Drittens lassen sich biographische Zugänge hervorheben. Nachdem die westdeutsche Kommunikationswissenschaft seit den 1970er Jahren ihre Ansätze entpersonalisiert hatte, stammen jüngere akteursbezogene Analysen eher aus der Geschichtswissenschaft. Vor allem in den USA und Großbritannien sind biographische Zugänge etabliert. Während für große angelsächsische Verleger wie Lord Northcliffe oder William Hearst mehrere Biographien vorliegen, findet man für die deutschen Medienzaren wie Ullstein, Scherl oder Mosse bislang nichts Vergleichbares, und erst jüngst zu einer Schlüsselfigur wie Axel Springer (Schwarz 2008). Ertragreich wären vor allem gruppenbiographische Studien, die etwa sozialgeschichtlich die Sozialstruktur und Arbeitsbedingungen von Journalisten im 19. Jahrhundert (Requate 1995) oder generationsgeschichtlich den Übergang zum kritischen Journalismus um 1960 (Hodenberg 2006) untersuchen. Ein besonders großes Desiderat bilden Studien zum Berufsalltag »gewöhnlicher« Journalisten im 20. Jahrhundert (Esser 1998; Bösch/Geppert 2008). Große Aufmerksamkeit fanden in jüngster Zeit Auslandskorrespondenten (vgl. etwa Hillerich 2018) und Reporter (Homberg 2017).

Inhaltsanalysen

Vielfältige Studien entstanden viertens zu den Inhalten von Printmedien. Bis in die 1980er Jahre betrachteten viele Arbeiten historische Ereignisse »im Spiegel« einzelner Zeitungen oder Zeitschriften, gelegentlich auch Filme, kaum hingegen Radio- oder Fernsehinhalte. Obgleich sie das weltanschauliche Profil einzelner Medien aufzeigen, hat dieser Ansatz aus guten Gründen an Bedeutung verloren. Denn Medien sind nicht einfach »Spiegel« des »Realen«, sondern haben eine eigene Realität, die wiederum Handlungen auslöst, was Inhaltsanalysen einzelner Zeitungen kaum erfassen. Neuerdings florieren stattdessen diskursanalytische Ansätze, die aus Inhalten unterschiedlicher Medien den Wandel von Deutungsmustern ausmachen und in Beziehung zu generellen Veränderungen setzen (Greiner 2014; Hannig 2010). Eine derartige Kulturgeschichte kann an Ereignissen und Prozessen erklären, welche Deutungen Medien aufbringen und welche Folgen dies hat.

Visual History

Eng damit verbunden ist fünftens das Feld der *Visual History*. Besonders bei der Erforschung der Frühen Neuzeit etablierte sich in Anlehnung an die Ikonographie eine »Historische Bildkunde«, die wiederkehrende Formen und deren Symbolgehalt analysiert. Seit den 1990er Jahren löste sie sich dabei von der hochkulturellen Ästhetik der Kunstgeschichte und erschloss Bildquellen wie einfache Drucke, Postkarten, Fotos, Filme, Karikaturen oder Werbeplakate (Jäger 2009). Das Plädoyer für einen *Iconic Turn* (Mitchell) oder *Pictorial Turn* (Boehm) unterstrich zeitgleich den Anspruch, dass Bilder nicht einfach etwas illustrieren, sondern eine eigenständige Sinnbildung jenseits der Textquellen generieren. In der Geschichtswissenschaft hat sich nunmehr der Begriff *Visual History* etabliert, um Bildquellen »als Medien zu untersuchen, die Sehweisen konditionieren, Wahrnehmungsmuster prägen, historische Deutungsweisen transportieren und die ästhetische Beziehung historischer Subjekte zu ihrer sozialen und politischen Wirklichkeit organisieren« (Paul 2006: 25). Für Schlüsselbilder des 20. Jahrhunderts zeigen dies die von Gerhard Paul edierten Bände *Das Jahrhundert der Bilder* (Paul 2008/09). Zunehmend berücksichtigen auch Historiker die bewegten Bilder des Fernsehens. Arbeiten zur NS-Erinnerungskultur (Horn 2009) oder zum Jahr 1968 im Fernsehen (Vogel 2010; Stallmann 2017) setzen Akzente.

Mediennutzungen

Eine sechste, eher sozialgeschichtliche Forschungsrichtung beschäftigt sich mit der konkreten Nutzung von Medien und deren alltäglicher Bedeutung. Auch hier kamen wichtige Anstöße aus der Frühen Neuzeit, etwa durch Studien zu Lesepraktiken (Würgler 2009: 97). Zum 20. Jahrhundert entstanden Arbeiten, die die schichtspezifische öffentliche und private Gebrauchsweise von »Massenmedien« untersuchen (Schildt 1995; Führer 1996; Ross 2008). Welche Medien Menschen überhaupt auswählten, welche Bedeutung diese in ihrem Alltag hatten und wie sie darüber sprachen, lässt sich bis in die 1950er Jahre oft nur schwer ausmachen, da keine Umfragen zur Mediennutzung vorliegen. Für die Zeit der Diktaturen wurden deshalb Spitzelberichte herangezogen, um etwa das Zuschauerverhalten im Kino auszumachen (Stahr 2001), oder Gespräche über Zeitungen im Kaiserreich (Bösch 2004). Mit Zeitzeugenbefragungen wurden Mediennutzungen in der DDR ermittelt (Meyen 2003). Eine Geschichte der Kinozuschauer liegt jedoch erst in Ansätzen vor (mit eher literarischen Quellen: Paech/Paech 2000), gleiches gilt für eine Sozialgeschichte des Zeitunglesens. Noch ganz in den Anfängen steckt eine Geschichte der Computernutzung, die von den Großrechnern der 1950er Jahre ausgehen sollte (Bösch 2018).

Soziale und kulturelle Wirkungen

Eine siebte Forschungsrichtung beschäftigt sich mit der Frage, wie neu aufkommende Medien die Gesellschaft, soziale Praktiken und Wahrnehmungen veränderten, auch im Alltag (Kortti 2017). Zugleich werden neue Medien selbst als Teil, Ausdruck und Folge des Gesellschaftswandels gefasst. Arbeiten zu den gesellschaftlichen Folgen neuer Medientechniken entstanden früh zum Buchdruck (Eisenstein 2005), dann auch zu Feldern wie der Kriminalitätsgeschichte (Curtis 2001; Müller 2005), der Konsumgeschichte und zu Markenprodukten im Alltag (Gries 2003) oder auch zur Rolle von Medien in der Großstadtkultur (Fritzsche 1996). Neuerdings wurde die soziale Bedeutung des Fernsehens einbezogen (zu Familienserien: Hodenberg 2015). Dabei etablierte sich der Begriff »Medialisierung«, um die zunehmende Durchdringung sozialer Systeme durch Medien, ihre vergesellschaftende Wirkung und die wechselseitige Beeinflussung des Medien- und Gesellschaftswandels zu erfassen (Meyen 2009; Daniel/Schildt 2010: 23). Auch der Begriff Medienkultur soll auf die historische Verbindung der beiden Sphären hinweisen (Faulstich 2006a: 9). Mitunter wird auch von »Mediatisierung« gesprochen, obgleich dieser Begriff historisch anderweitig belegt ist.

Vergleich und Transfer

Eine achte und letzte historische Forschungsperspektive, die hier exemplarisch erwähnt werden soll, sind transnationale und vergleichende Ansätze. Einige der frühen Schlüsseltexte waren bereits international vergleichend angelegt. So vergleicht Harold Innis' (1951) Grundlagenwerk für die späteren Medienwissenschaften die mediale Struktur von Weltreichen und Jürgen Habermas (1962) die Entwicklung von Öffentlichkeiten westeuropäischer Länder. Dennoch blieb die mediengeschichtliche Forschung in allen Disziplinen lange national ausgerichtet. Vergleiche der Medienentwicklungen ermöglichen jedoch erst, die jeweiligen kulturellen und sozialen Einflüsse auf und durch Medien genauer zu ermitteln. Sinnvoll wären zudem Studien zur »transkulturellen Kommunikation« (Hepp 2006), zur grenzübergreifenden Aneignung von Medien und zu länderübergreifenden Mediensystemen (vgl. Thomaß 2007). Aktuell unterschieden wird etwa das »demokratisch-korporatistische Modell« (etwa in Deutschland, den Niederlanden, in Österreich und der Schweiz) vom »mediterranen polarisiert-pluralistischen Modell« mit starkem Staatseinfluss in Südeuropa und dem »nordatlantisch-liberalen Modell« (USA, Kanada, Großbritannien), das kaum reguliert Mediennutzer als Konsumenten anspreche (Hallin/Mancini 2004).

In jüngster Zeit entstanden besonders in der Geschichtswissenschaft transnationale Studien, die länderübergreifend nach Wechselbeziehungen und Transfers fragen; etwa für die Kriegspublizistik der Frühen Neuzeit (Schultheiß-Heinz 2004), zur Kommunikation im britischen Empire (Kaul 2003) oder zur »cold war diplomacy« (Schwoch 2009; Lindenberger 2006). Für eine transnational oder gar global ausgerichtete Geschichtsschreibung bietet es sich künftig an, die jeweiligen medialen Strukturen zu berücksichtigen, die oft erst Transferprozesse ermöglichen. Bislang ist dieser Ansatz vor allem auf die Telegrafie im 19. Jahrhundert bezogen worden (Wenzlhuemer 2013), während etwa die Arbeits- und Wirkungsweise transnationaler Nachrichtenagenturen für Deutschland wenig erforscht ist (jetzt: Tworek 2019, Barth 2019). Künftig dürften Studien zum Aufkommen des digitalen Zeitalters diese Perspektive weiter entwickeln.

Medialität der Geschichte

Bilanziert man die nur exemplarisch angedeuteten Forschungstrends, so lässt sich in allen Disziplinen eine ähnliche Veränderung ausmachen: Während sie zunächst die Geschichte einzelner Medien und Journalisten analysierten, rückt zunehmend die gesellschaftliche Bedeutung von Medien in den Vordergrund. In gewisser Weise zeichnet sich hier ein Wandel von der Geschichte der Medien hin zur Erforschung der Medialität der Geschichte ab (Crivellari u.a. 2004: 30; Engell/Vogl 2001). Aus dieser Perspektive ist die historische Berücksichtigung von Medien nicht nur eine neue Spezialdisziplin in der Geschichtswissenschaft (wie die Politik-, Sozial- oder Wirtschaftsgeschichte), sondern sie grundiert in der Neuzeit und besonders in der Moderne historische Prozesse und die Erfahrung der Zeitgenossen (Lindenberger 2004). Dies bedeutet nicht, von einem medientechnischen Determinismus auszugehen, wie einige Medienwissenschaftler postulieren. Welche Rolle Medien spielen, hängt von den jeweiligen gesellschaftlichen Rahmenbedingungen und Nutzern ab. Zudem ist vor einer zu starken Fixierung auf die Wirkungsweise von Medien zu warnen, die ohnehin kaum en detail auszumachen ist. Vielmehr schaffen Medien, genau wie andere Quellen oder Lebensbereiche, eine eigene Realität, die bereits der Untersuchung wert ist.

Medienwandel

Medien sind eine Antwort auf gesellschaftliche Bedürfnisse und insofern ein Teil der allgemeinen Geschichte. Die millionenfache Nachfrage prägte ihre Funktion und ihre Gebrauchsweise und entsteht nicht allein durch technische Erfindungen, sondern durch den gesellschaftlichen Rahmen und die Nutzer, was dann wiederum Bedürfnisse weckt. Neue Medien veränderten zugleich die alten. Mitunter verdrängten neue Medien die alten – entgegen dem oft postulierten »Riepl'schen Gesetz«, das das Aussterben von einmal etablierten Medien ausschließt (kritisch zur Rezeption: Peiser in Arnold 2008: 155–189). Mitunter nehmen neue Medien Strukturen der alten auf und etablieren dann eigene Logiken, die wiederum auf die Gesellschaft zurückwirken. Warum neue Medien überhaupt entstehen oder sich durchsetzen, wird auf diverse Bedürfnisse zurückgeführt: nach neuen Geschwindigkeiten als Machtressource (Virilio), neuen Kriegstechniken (Kittler), einer stärkeren Sinnesfokussierung (Hörisch 2004: 14) oder nach einer verbesserten Funktion der bisherigen Medien (Stöber 2013).

Der Annahme einer kontinuierlichen Medieninnovation wurde das Konzept verdichteter »Medienumbrüche« gegenübergestellt, welche sich diskursiv, sozial und technisch abzeichneten (Käuser 2005). Solche medienhistorischen Zäsuren gehen zumindest tendenziell mit dem Epochenwandel der allgemeinen Geschichte einher. So markiert die Einführung des Drucks in Westeuropa das Ende des Mittelalters und den Beginn der Neuzeit, das bürgerliche Zeitalter des 18. Jahrhunderts geht mit der Etablierung der Zeitschriften einher, und das späte 19. Jahrhundert, als »Massenpresse«, Telegrafie, Fotografie, Schallplatte und schließlich der Film aufkamen, gilt als Beginn der klassischen Moderne. Auch die Ausbreitung digitaler Medien in den 1990er Jahren korrespondiert mit einem erneuten Epocheneinschnitt.

Vorliegende Mediengeschichten

Wer sich über die Grundzüge der Mediengeschichte informieren will, kann bereits auf einzelne sehr unterschiedliche Überblicksdarstellungen zurückgreifen. Eine Darstellung der literatur- und kulturwissenschaftlichen Medienwissenschaft liegt von Jochen Hörisch (2004) vor, der essayistisch Medien im weitesten Sinne reflektiert und dabei originelle Zuschreibungen über Medien seit dem Feuer aufführt, weniger hingegen zu konkreten Medienproduzenten, -nutzern oder -inhalten. Eine ebenfalls medienwissenschaftliche, aber stärker systematische Darstellung liegt von Werner Faulstich vor, der in seiner »Medienkulturgeschichte« fragt, welche Steuerungs- und Orientierungsfunktion Medien jeweils übernahmen (Kurzfassung: Faulstich 2006a/b; mehrbändig 1996 ff.) – von den »Menschmedien« (Frau, Priester, Narr u.a.) und »Gestaltungsmedien« (Wand, Blatt u.a.) hin zu Druckmedien, elektronischen und digitalen Medien. Stärker auf hochkulturelle Medien (wie Theater, Musik, Bücher, Film) fokussiert sind das *Handbuch der Mediengeschichte* und das teilweise historische *Handbuch der Medienwissenschaft*, die zudem knapp in unterschiedliche Zugänge einführen, wie das Medienrecht, die Mediensoziologie oder Medienpädagogik, wobei beide Bücher die Geschichtswissenschaft nicht eigens berücksichtigen (Schanze 2001; Leonhard u.a. 1999–2002). Knappe typologische Merkmale der einzelnen Medieninnovationen bietet ein Einführungsbuch für Bachelor-Studenten (Böhn/Seidler 2014). Die bisherigen Mediengeschichten der Kommunikationswissenschaft setzen deutlich andere Akzente, indem sie sich vor allem auf die Presse, das Radio und Fernsehen konzentrieren sowie systematischer auf deren Produzenten, Verbreitung, Kontrolle und Rezeption (Wilke 2008; Birkner 2012; Stöber 2013). Derartige Einführungswerke existieren auch für einige westliche Länder, etwa für Großbritannien (Williams 2010) und die USA (Fellow 2005).

International ausgerichtete Darstellungen sind jedoch rar. Neben älteren internationalen Handbüchern zu Einzelmedien wie der Zeitung (Smith 1979) oder dem Film (Nowell-Smith 1996) liegen einzelne Darstellungen vor, die ausgehend von der britischen und amerikanischen Perspektive den internationalen Vergleich suchen: Ein *Textbook* der britischen Kommunikationswissenschaftlerin Jane Chapman führt in die Geschichte von Medien und Journalismus seit 1789 ein, wobei der Schwerpunkt auf der Zeit nach dem späten 19. Jahrhundert liegt (Chapman 2005). Noch stärker nach der jeweiligen historischen Rolle fragt die *Social History of the Media* der Historiker Asa Briggs und Peter Burke (2010), die besonders die Massenmedien seit Erfindung des Buchdrucks thematisiert. Überblicksdarstellungen von Seiten der Geschichtswissenschaft sind jedoch bislang selten. Die zahllosen historischen Einführungsreihen sparen die Mediengeschichte aus. Lediglich in der Reihe »Enzyklopädie der Neuzeit« des Oldenbourg-Verlags erschien ein entsprechender Band, aber nur für die Frühe Neuzeit (Würgler 2009).

Zuschnitt des Buches

Das vorliegende Buch ist aus der Perspektive der Geschichtswissenschaft geschrieben, greift aber vielfach Ansätze und Ergebnisse anderer Disziplinen auf. Es soll forschungsorientiert die Entwicklung neuer Medien und deren jeweilige gesellschaftliche Bedeutung aufzeigen. Damit geht es um die epochale Rolle der jeweiligen Medien, also etwa um ihre Bedeutung in der Reformation, den Revolutionen, Kriegen oder Diktaturen. Eigene Akzente setzt das Buch zudem durch die vergleichende und transnationale Ausrichtung. Die begrenzte Seitenzahl zwingt jedoch zu Einschränkungen. So konzentriert sich das Buch auf »Massenmedien«, also technische Medien, die eine indirekte Kommunikation mit einem unbekannten, räumlich verstreuten Publikum ermöglichen. Auch wichtige technische Kommunikationsmittel, wie die Schallplatte oder das Telefon, deren Sozialgeschichte gerade für Deutschland bisher kaum erforscht ist, werden daher nur am Rande behandelt, ebenso die Fotografie und Bilder, da die Reihe »Historische Einführungen« dazu eigene Bände hat (bisher: Jäger 2009). Zeitlich werden »nur« die 500 Jahre seit dem Ende des Mittelalters einbezogen. Zudem werden Computer und Internet nur im Rahmen eines bilanzierenden Abschlusskapitels berücksichtigt, da die Digitalisierung erst seit kurzem sozial- und kulturgeschichtliche Breitenwirkung erfährt und in ihrer gegenwärtigen Unabgeschlossenheit noch kaum die archivgestützte Forschung der Historiker berührt (erste Studien in: Bösch 2018). Deutschland steht zwar im Mittelpunkt der Darstellung, aber es wird immer wieder versucht, vergleichende und transnationale Bezüge zu setzen. Gerade für das medienhistorisch komplexe 20. Jahrhundert sind hierbei jedoch nur exemplarische Vergleiche möglich. Auch die Forschungslage setzt Grenzen, da medienhistorische Arbeiten vornehmlich nur zu den westlichen Industrieländern vorliegen, nur eingeschränkt zu Osteuropa, Südamerika, China und Japan, und fast gar nicht zu Afrika und dem arabischen Raum.

Quellen und Archive

Dass die medienhistorische Forschung bislang wenig entwickelt ist, hängt auch mit der Quellenlage zusammen. Hier besteht ein eigenwilliges Konglomerat von Quellenfülle und -mangel: Einerseits sind massenmediale Quellen wie Flugblätter, Zeitungen oder Fernsehprogramme in einem fast schon abschreckend großen Umfang überliefert. Dies erfordert eine methodisch reflektierte Auswahl, während Historiker bislang eher die vollständige Auswertung von Quellen eines Themas gewohnt sind. Andererseits herrscht eine ausgesprochen schlechte Überlieferungslage bei allen Quellen vor, die der historischen Kontextualisierung dienen: Redaktionsakten von Zeitungen, Verlagen und Rundfunkstationen sind meist nicht vorhanden, Nachlässe von Journalisten oder Quellen zu den Mediennutzern und Daten zur Rezeption vor 1945 ebenfalls kaum. Radiosendungen der 1920/30er und Fernsehsendungen der 1950/60er sind zudem nur spärlich überliefert. In Deutschland ist dabei die Quellensituation schlechter als in den westlichen Nachbarländern. Während etwa britische Journalisten früh Memoiren schrieben und ihre Briefe Archiven übergaben, sind in Deutschland selbst die Bestände großer Verlage für die Zeit vor 1933 nur sehr begrenzt vorhanden. Besonders schwer ist in Deutschland der Zugang zu Rundfunkquellen. Während Länder wie Italien, Frankreich oder die USA wichtige Film- und Fernsehquellen teilweise online zugänglich machen, ist deren Einsicht in deutschen Rundfunkarchiven extrem kostspielig und der Zugang schwieriger. Aufgrund begrenzter Digitalisierung sind diese Quellen zudem vom Verfall bedroht. Ebenfalls vergleichsweise rückständig ist bislang die Digitalisierung deutscher Zeitungen vor 1945, während in den USA, Großbritannien oder Österreich größere historische Pressebestände digital zugänglich sind.

Dennoch sind Quellen für künftige medienhistorische Arbeiten zur Genüge vorhanden. So liegen zahlreiche umfangreiche Editionen von Druckgraphiken vor, teilweise auch auf DVD (etwa: Harms 1985 ff.; Paas 1985 ff.). Zeitungen des 17./18. Jahrhunderts sind etwa in den Sammlungen am Bremer »Institut für deutsche Presseforschung« archiviert, für das 19./20. Jahrhundert beispielsweise am Dortmunder »Institut für Zeitungsforschung« und der Zeitungsabteilung der Berliner Staatsbibliothek. Der »ZDB-Opac« zeigt bundesweit Ausgaben und Standorte aller Zeitungen und Zeitschriften an. Zudem sind zumindest einige deutsche Blätter digital benutzbar – teilweise kostenfrei wie die *Augspurgische Ordinari Postzeitung* (1770–1795), andere nur in großen Bibliotheken mit Lizenzen, wie die *Vossische Zeitung* (1918–1934) oder die *FAZ* (seit 1949).

Deutsche Filmquellen seit den Anfängen des Films sammelt für alle Genres die Berliner Filmabteilung des Bundesarchivs. Das EU-geförderte Internet-Portal *Europeana* vereint Links zum filmischen Erbe, ebenso zu Fotos, Bildern oder Tönen. Schwieriger ist der Zugang zu Radio- und Fernsehsendungen. Das Deutsche Rundfunkarchiv in Frankfurt und Babelsberg (für DDR-Bestände) ermöglicht einen ersten Zugriff. Quellen zu einzelnen (west-)deutschen Sendungen finden sich in den Archiven der einzelnen Sendeanstalten. Allerdings wurden die begleitenden Akten der Redaktionen häufig vernichtet. Eine gute Alternative sind die universitären Mediatheken, die zu Forschungszwecken benutzt werden können. Nicht zugängliche alte Sendungen müssen ansonsten über Radio- und Fernsehzeitschriften und Sendemanuskripte erschlossen werden.

Archivquellen zu Journalisten lassen sich über die »Zentrale Datenbank Nachlässe« ausmachen. Da Medien und Journalisten häufig vom Staat beobachtet und verfolgt wurden, finden sich in staatlichen Akten zahlreiche relevante Quellen, etwa in Polizei- und Gerichtsakten, in Aufzeichnungen der Innenministerien oder auch des Auswärtigem Amts, wo In- und Auslandskorrespondenten beobachtet wurden. Die Spitzelberichte der Diktaturen, wie des SD und der Stasi, geben auch erste Hinweise zur Mediennutzung. Generell gilt: Wenn man Medialität als einen integralen Teil der allgemeinen Geschichte fasst, finden sich entsprechende Quellen im Kontext des Untersuchungsthemas; zum Beispiel Quellen zur Medialität der Religion in Kirchenarchiven oder zur Politik in Partei- und Regierungsakten. An der Quellenlage sollte eine künftige Ausweitung der Mediengeschichte daher nicht scheitern.

2. Der Durchbruch des typographischen Drucks

2.1 Ostasien als Wiege des Drucks

Die Erfindung des Drucks ist fest mit dem Namen Gutenberg verbunden. Gutenberg galt amerikanischen Wissenschaftlern als »Mann des Jahrtausends« und sein Werk als ein zentraler Anstoß für den Übergang vom Mittelalter zur Neuzeit. Dies ist jedoch eine sehr westliche Sicht. So wurde der Druck mit beweglichen Schriftzeichen bereits vier Jahrhunderte zuvor in China erfunden, wo dann ein florierender Markt mit xylographisch gedruckten Büchern entstand. Den Druck mit beweglichen Metallschriftzeichen praktizierte man in Korea seit dem 13. Jahrhundert. Ebenso ist die berühmte Gutenberg-Bibel nicht das älteste überlieferte gedruckte Buch. Vielmehr befindet sich in der Pariser *Bibliothèque nationale* ein Exemplar des koreanischen *Jikji*, das bereits 1377 mit beweglichen Schriftzeichen gedruckt wurde, wenngleich mit differenter Technik. Eine nicht-eurozentristische Geschichte der modernen Massenmedien sollte insofern in Ostasien einsetzen. Eine relativ neue, umfassende und kommentierte Bibliographie bietet dafür einen guten Einstieg (Walravens 2007). Nachdem die Gutenberg-Bibel und der koreanische *Jikji* in den letzten Jahren gemeinsam öffentlich ausgestellt wurden, dürften die unterschiedlichen Wege zur Mediengesellschaft künftig mehr öffentliche Aufmerksamkeit finden (Engels 2003).

Bislang klammerten westliche Studien zu gesellschaftlichen Wirkungen des frühen Drucks jedoch die ostasiatische Entwicklung weitgehend aus oder negierten ihre Relevanz. Bereits Marshall McLuhans medienwissenschaftliche Arbeiten erwähnten den ostasiatischen Druck nur en passant als »ein Gegenstück zu den Gebetsmühlen und ein visuelles Mittel, um Beschwörungssprüche zu vervielfältigen, ähnlich der heutigen Reklame« (McLuhan 1968: 51). Auch Michael Gieseckes medienwissenschaftliche Studie zum Buchdruck maß dem Druck in Ostasien nur eine »sehr begrenzte Wirkung« bei (Giesecke 1991: 128–130; vergleichend dagegen: Giesecke 2007). Historiker oder Kommunikations- und Buchwissenschaftler ignorierten meist die ostasiatischen Erfindungen und Medienmärkte oder verwiesen knapp auf die technische Überlegenheit der deutschen Innovation (etwa Füssel 1999: 9; Stöber 2014: 18; Wilke 2008: 13; unerwähnt in Schanze 2001).

Entstehung in China und Korea

Als Forschungsperspektive erscheint weder ein derartiger »Überlegenheitsdiskurs« noch eine Gleichsetzung der Drucktechniken sinnvoll. Technisch und begrifflich unterscheiden sich die Erfindungen, sodass eine sprachliche Trennung zwischen der Typographie im Westen und dem »Schriftstempeldruck« in Ostasien vorgeschlagen wurde, um Quellenbegriffe wie »Lettern« zu vermeiden (Yukawa 2010: 284 f.). Dennoch ist eine vergleichende Berücksichtigung Ostasiens sinnvoll, um die soziale und kulturelle Dimension der neuen Drucktechniken auszumachen, um unterschiedliche Entwicklungen zu erklären und die oft recht teleologischen Thesen zur Wirkung des Drucks zu diskutieren.

Dabei fällt zunächst auf, dass die Erfindung des Drucks in Ostasien nicht als ein einzelner Geniestreich erinnert wird. Was im Westen als revolutionärer Akt gilt, war im Osten eher eine unauffällige längerfristige Evolution über tausend Jahre hinweg. Weder ein genaueres Datum noch Namen von Erfindern sind überliefert, ebenso thematisieren die chinesischen Quellen bis zum 16. Jahrhundert die Einführung des Drucks selten (McDermott 2006: 9–13). So verwendeten die Chinesen schon im ersten Jahrhundert nach Christus qualitativ hochwertiges Papier, das sich in den folgenden Jahrhunderten in ganz Zentralasien verbreitete. Bereits in der ersten Hälfte des 8. Jahrhunderts kam in China und Korea der Blockdruck auf, den im gleichen Jahrhundert Japan übernahm. Bis ins 10. Jahrhundert dominierten noch religiöse Drucke, darauf dann weltliche (Chia/Weerdt 2011: 8). Die Blüte des Buchmarktes im 11. Jahrhundert führte dazu, dass in China um 1040 mit beweglichen Drucklettern aus Keramik experimentiert wurde, wobei diese Erfindung sich nicht durchsetzte und der florierende chinesische Buchmarkt auf der Xylographie beruhte, also dem Blockdruck mit geschnitzten Holztafeln. Alle diese Erfindungen sieht der Kunsthistoriker Lothar Ledderose als Teil eines chinesischen »Modulsystems«, bei dem über Jahrhunderte hinweg neue Ausprägungen massenhafter Serienproduktionen entstanden – wie Porzellan oder die Terrakotta-Soldaten (Ledderose 2000).

Die chinesischen Drucktechniken wurden in Korea mit Metalllettern aus Bronze aufgegriffen. Einige koreanische Forscher haben die ersten Drucke mit Lettern bereits auf das 11. Jahrhundert datiert, aber die Mehrheit der Wissenschaftler nimmt die Zeit um 1230 als Entstehungsphase an, obgleich keine entsprechenden Drucke aus der Zeit überliefert sind (Moon-Year 2004: 32; Seong-Rae 2004: 26 f.). Die bronzenen Stempel wurden dabei in mit Wachs beschichtete Metallrahmen gesetzt und dann, ohne Druckpresse, abgerieben. Dieser Reibedruck mit beweglichen Stempeln unterscheidet sich somit deutlich von Gutenbergs Apparatur (mit Gießinstrument, Druckpresse, Patrize/Matrize) und seinen Arbeitsprozessen (wie Stempelschneiden, Einschlagen, Gießen) (Yukawa 2010: 284f, 356 f.; vgl. Quelle Nr. 1 unter *www.campus.de*).

Gründe für die Verbreitung

Die Drucktechniken entstanden in Ostasien durch die große Nachfrage nach Büchern. Diese ergab sich erstens aus dem gut organisierten chinesischen Bildungs- und Prüfungssystem für Verwaltungsstellen, das die Koreaner im 10. Jahrhundert übernahmen (Sohn 1972: 218). In China waren Bücher deshalb bereits in der Song-Periode (960–1279) ein Mittel zum sozialen und politischen Aufstieg in prestigereiche Posten (McDermott 2006: 85). Und obgleich der Staat eine Standardisierung der Lernmaterialien verlangte, entwickelte sich bei der prüfungsvorbereitenden Literatur ein großer Buchmarkt mit konkurrierenden Werken. Bewerber für den Staatsdienst machten sogar mit eigenen Schriften auf sich aufmerksam (Chow 2004: 242).

Zweitens förderten die Herrscher direkt die Expansion des Drucks. In China stellten die amtlichen Druckereien nicht nur Verwaltungsanordnungen, offizielle Dynastiegeschichten und Prüfungsliteratur her, sondern die Herrscher vertrieben auch Bücher, die sie als weltanschaulich und kommerziell bedeutend erachteten

(Brokaw 2005: 17). Noch deutlicher war dies in Korea ausgeprägt. Hier ließ der König 1403 eine Metallletterngießerei einrichten, die Drucke initiierte, Drucktypen entwickelte und selbst die Papier- und Tintenproduktion sowie den landesweiten Vertrieb organisierte. Die koreanischen Herrscher ließen außer in der königlichen Zentraldruckerei und den Regierungsstellen auch in Klöstern, privaten Studienanstalten, Ortsbehörden auf dem Land sowie von Privatpersonen drucken. Dennoch schränkte die zentrale Organisation die Expansion der neuen Medien in Korea eher ein (Lie 2003: 19, 36–43).

Zugleich förderten die Herrscher in Ostasien die Wissensspeicherung in großen Bibliotheken. Um 1420 umfasste die kaiserliche Bibliothek in China bereits rund 20.000 Titel mit 100.000 Druckwerken. Schüler hatten Zugang zu Bibliotheken der kaiserlichen Ausbildungsstätten (McDermott 2006: 50 f., 116). Dabei unterlag der Buchmarkt in China scheinbar nicht größeren Zwängen als in Europa: So betont Kai-Wing Chow, dass in China bis ins 18. Jahrhundert weder die Druckinhalte noch die Zahl der Drucker in ähnlicher Weise durch die Herrscher geregelt wurden wie in Europa (Chow 2004: 251), was deren Verbreitung ebenfalls erleichterte.

Bedeutung im Alltag

Drittens ist der neu aufkommende Markt für Bücher und Drucke nicht nur als Teil der Herrschaftssicherung zu verstehen, sondern auch im Kontext sozialer und kultureller Alltagspraktiken. Bücher spielten eine zentrale Rolle als Geschenk, da sie als ästhetisches Objekt für private Sammlungen geschätzt wurden. Derartige Gaben dienten oft der Loyalitätssicherung (McDermott 2006: 85; Seong-Rae 2004: 31). Die Profitausrichtung, die im Westen dem Buchmarkt seine Dynamik gab, blieb in Korea bis Mitte des 17. Jahrhunderts gering, was sicherlich die zunächst von den Herrschern angestoßene Produktionsdynamik bremste. Hingegen expandierte in China insbesondere Mitte des 16. Jahrhunderts ein kommerzieller Buchmarkt. Inhaltlich umfassten die chinesischen Bücher durchaus ein breiteres Spektrum, das von religiösen Fragen über Ratgeberliteratur bis zur Unterhaltung reichte (Chow 2004: 245). Dass der Buchdruck nicht automatisch das Aufkommen einer individualisierten Autorschaft förderte, zeigen auch die Buchinhalte, die vielfach diverse Texte vereinten oder mit unterschiedlichen Titeln neu herausgaben (Brokaw 2005: 20).

Religiöse Bedeutung

Viertens trug die Religion entscheidend zum Boom gedruckter Medien bei. In Korea war bis zum Ende der Goryeo-Dynastie (918–1392) der buddhistische Glaube Antrieb für die Blüte des Drucks, wie die zahlreichen buddhistischen Texte und Buchillustrationen unterstreichen. Ihr Druck selbst galt als religiöser Akt, während der später folgende Druck neokonfuzianischer Schriften ähnlich wie in Westeuropa eine gewisse Standardisierung der Texte anstrebte. So ist auch das weltweit älteste überlieferte Buch, das mit Metalllettern gedruckt wurde, eine von einem Zen-Meister verfasste Unterweisung in der buddhistischen Lehre von 1377 (*Buljo-Jikji-Simche-Yojeol*, meist *Jikji* genannt; vgl. Quelle Nr. 2 unter *www.campus.de*). Ebenso diente im nachfolgenden Joseon-Reich (1392–1910) der Druck auch der Durchsetzung des Neokonfuzianismus, der nun als neue Staatsdoktrin aufgebaut wurde. Insbesondere illustrierte Drucke sollten den Wertekanon des Konfuzianismus flächendeckend ab dem 15. Jahrhundert verbreiten. Der Druck bezweckte jedoch nicht nur die Propagierung von Religionen und Verhaltensweisen. Vielmehr galt bereits der Akt der Vervielfältigung religiöser Schriften als eine Handlung, die dem Heil diene, was die gewaltigen Auflagen zusätzlich steigerte. Dies zeigte sich besonders in Japan, wo die Kaiserin in den 760er Jahren circa eine Millionen heilige Schriften für Pagoden (*Dhâranî*) drucken ließ (Giesecke 2007: 428 f., Yukawa 2010: 246).

Begrenzte Durchsetzung

Der Blick auf Ostasien belegt zudem, dass der Druck mit beweglichen Lettern keineswegs zwangsläufig zur dominanten Medientechnik werden musste. In China spielte er trotz der frühen Erfindung bis ins 19. Jahrhundert hinein nur eine geringe Rolle, und in Korea standen der xylographische Druck (»Holzschnitt«) und der mit Lettern ebenso lang nebeneinander. Bücher für große Auflagen wurden hier weiterhin mit Holzschnitt gefertigt, Luxusausgaben, kleinere Auflagen oder weitgehend standardisierte Texte hingegen mit beweglichen Schriftstempeln. Auch die Japaner lernten in den 1590er Jahren den Druck mit beweglichen Lettern kennen, als jesuitische Missionare die westliche Drucktechnik mitbrachten und die Japaner zeitgleich bei einem Krieg gegen Korea deren Drucktechnik erbeuteten (Yukawa 2010: 282 f.). Für kurze Zeit war die neue Drucktechnik danach in Japan weit verbreitet, wobei die Bronzelettern in Holzkästen mit Leisten gesetzt wurden. Dann trat sie wieder in den Hintergrund, bis sie mit der Öffnung zum Westen in den 1860er Jahren wieder stark expandierte.

Ein Hemmnis war sicher das komplizierte Schriftsystem. Das Setzen der zahllosen chinesischen Lettern lohnte sich rein ökonomisch nicht, da die Arbeitskosten für das Schnitzen deutlich geringer waren. Dies ermöglichte wiederum günstige Buchpreise. Nicht minder bedeutsam war die Macht der typographischen Traditionen. In Korea entfaltete sich zwar in den 1440er Jahren ein vereinfachtes koreanisches Alphabet, es konnte sich aber gegenüber den bislang benutzten chinesischen Zeichen bis zum 19. Jahrhundert nicht durchsetzen, da die Gelehrten eine Verfremdung des Neokonfuzianismus befürchteten. Deshalb wurde vermutet, dass im Falle einer Schriftvereinfachung der Druck mit beweglichen Lettern eine ähnliche Dynamik entfaltet hätte wie im Westen (so Sohn 1972: 227). Dagegen lässt sich anführen, dass Japan über eine vereinfachte chinesische Schrift verfügte, sich aber dennoch keine vergleichbare Drucktradition ausbildete.

Ästhetische Traditionen erklären ebenfalls die differente Entwicklung. Da in China, Korea und Japan die Kalligraphie einen großen Stellenwert besaß, war der Holzschnitt geeigneter. Bei luxuriösen Büchern bestand deshalb sogar die handschriftliche Gestaltung lange fort. Ebenso wiesen Japan, China und Korea ein Wertsystem auf, das das malende Schreiben und die Kombination von Bild und Schrift privilegierte (Giesecke 2007: 437 f.). Zudem minderte die Weiterführung der Xylographie die Investitionskosten beim Startkapital und dem technischen Know-how, was einen breiteren Zugang zu gedruckten Texten erlaubte. Dementsprechend musste in geringerem Maße auf Mindestauflagen geachtet werden, und auch die Mobilität der Drucker war größer (Brokaw 2005: 8, 15). Gerade in China erlaubte das xylographische Verfahren angesichts der hohen Abnehmerschaft, immer wieder Auflagen nachzudrucken, auch wenn die Speicherung der Holzplatten Platz verschlang. Ebenso ermöglichte dies eine Ausübung des Druckhandwerks in zahlreichen Regionen, während sich die kapitalintensiven Druckanlagen im Westen zunächst auf wenige zentrale reiche Städte konzentrierten. Asienwissenschaftler wehren sich deshalb gegen die Abwertung der asiatischen Blockdrucke, die westliche Forscher oft nur als unterentwickelte Zwischenstufe auf dem Weg zum »eigentlichen« Buchdruck bewerten (vgl. Chow in Baron u. a. 2007: 175).

Kulturelle Folgen

Die asiatische Blüte des Buchzeitalters setzte nicht unmittelbar nach den wegweisenden Erfindungen ein, sondern jeweils mit einiger Verzögerung. Da die politischen Herrscher starken Einfluss auf die Buchproduktion nahmen, waren Dynastiewechsel von Bedeutung. So kam es in Korea insbesondere in der Zeit von Sejongs Herrschaft (1418–1450) zu einer starken Expansion des Buchmarktes. Noch heute lassen sich 114 mit beweglichen Lettern gedruckte Titel ausmachen, die Auflagen zwischen 100 und 300 Exemplaren hatten, und 194 Titel mit xylographischem Verfahren mit 300 bis 10.000 Exemplaren Auflage (Sohn 1998: 28). Dabei diente die forcierte Buchproduktion nicht nur der Stabilisierung der neuen Herrschaft, sondern auch der Durchsetzung der neokonfuzianischen Staatsdoktrin, die mithilfe von Lehrbüchern und neuen Ritualen den Buddhismus verdrängen sollte. Die Blüte des chinesischen Buchmarktes zwischen 1550 und 1650 beruhte dagegen auch auf dem starken Bevölkerungsanstieg der Zeit, der die Nachfrage nach Büchern ankurbelte und durch viele Arbeitskräfte die Produktionskosten gering hielt (generell: Chow 2004; Brokaw 2005: 10). Auch der Büchervertrieb wurde in dieser Phase verbessert (McDermott 2006: 55). Da in China trotz Hunderter Dialekte – die freilich selten in Büchern verwendet wurden – eine gemeinsame Schriftsprache bestand, war das gesamte Land Zielgruppe des Vertriebs. Dies war ökonomisch und kulturell von Bedeutung: Der Medienmarkt trug so mit dazu bei, China als Einheit zu imaginieren, und förderte zumindest potenziell eine gemeinsame Öffentlichkeit und kulturelle Kohärenz. Allerdings etablierte der Druck keine einheitliche Umgangssprache (Chow 2004: 245).

Diese Befunde zur Entwicklung des Druckes warnen davor, aus Medieninnovationen zu schnell Kausalitäten abzuleiten. Offensichtlich konnte der Druck sehr unterschiedliche Folgen haben. Zugleich zeigen die skizzierten Beispiele, dass sich aus der technischen Differenz keineswegs eine gesellschaftliche Bedeutungslosigkeit der Druckmedien in Asien ableiten lässt. Grundsätzlich wäre schließlich zu erwägen, den xylographischen Druck in Asien weniger als eine künstlerische Vorstufe zum Druck mit beweglichen Lettern zu sehen, sondern als eigenständiges Medium in Ostasien (so auch Chow 2004: 246 f.).

2.2 Die Ausbreitung von Gutenbergs Erfindung

Transfer aus Asien?

Die frühe ostasiatische Entwicklung wirft die Frage auf, ob Gutenberg hiervon wusste und sich durch sie inspirieren ließ. Spekulationen darüber, dass Berichte über die asiatischen Drucktechniken durch die mongolischen Eroberer oder durch Händler entlang der Seidenstraße nach Europa gelangten, finden sich vereinzelt in der Literatur, aber ohne schlüssige Belege (vgl. Kapr 1988: 113–120; Sohn 2001: 25). Allein die technischen Unterschiede sprechen für die Eigenständigkeit der Gutenbergschen Erfindung gegenüber der koreanischen. So entwickelte Gutenberg in Mainz eine differente Technik der Letternherstellung mit einem Handgießverfahren, das eine exakt gleiche Buchstabenproduktion in beliebiger Zahl ermöglichte. Ebenso war die Satztechnik unterschiedlich, da die Koreaner genormte Druckplatten mit festen Leisten benutzten (Lie 2003: 70). Und im Unterschied zum Hand- und Reibedruck in Korea hatte Gutenbergs Erfindung eine maschinelle Druckpresse. Insofern muss man von zwei getrennten und differenten Medieninnovationen ausgehen, die erst durch spätere kulturelle Kontakte langsam zusammenfanden, wie sie etwa die Missionare in Japan um 1600 einleiteten (Yukawa 2010: 282 f.).

Im Unterschied zur evolutionären Entwicklung in Ostasien kam Gutenbergs Erfindung um 1450 schlagartig auf. Entsprechend wurde die Einführung des Drucks mit beweglichen Lettern als mediale »Revolution« beschrieben (Eisenstein 2005; Weyrauch in North 1995; Barbier 2007) und in Anlehnung an Marshall McLuhan die gesellschaftsverändernde Kraft der neuen Medientechnik betont (McLuhan 1968; Giesecke 1991). Bereits seit 1540 wird Gutenbergs Erfindung alle hundert Jahre »gefeiert«; zunächst etwa mit Lobpreisungen, im 19. Jahrhundert mit aufwendigen Inszenierungen. Die meisten Historiker ordnen Gutenbergs Druckverfahren heute jedoch in längerfristige Veränderungen ein. So bilanzierte Uwe

Neddermeyer, Gutenbergs Erfindung bedeute »weder hinsichtlich der äußeren Form und der Buchinhalte, noch was Rezeption und Rezipienten angeht, einen scharfen Einschnitt oder gar Bruch in der Geschichte des Buches«. Sie sei vielmehr »Auslöser einer wesentlichen Beschleunigungsphase innerhalb eines längeren Zeitraumes« (Neddermeyer 1998: 552 f.; ähnlich: Eisermann in Spieß 2003: 307 f.; Schanze 1999). Mittlerweile spricht selbst die amerikanische Historikerin Elisabeth L. Eisenstein in der Neuauflage ihres Klassikers zur »print revolution« zumindest von einer »long revolution«, die von 1450 bis 1470 gedauert habe (Eisenstein 2005: 335; zur Debatte um Eisenstein vgl. Baron u. a. 2007).

Prozess statt »Revolution«

Mehrere Beobachtungen sprechen dafür, Gutenbergs Erfindung in einen längeren Prozess einzuordnen. So stieg die Buchproduktion bereits vorher im späten Mittelalter in Deutschland, Italien, Frankreich und England an. Nach einer ersten Blüte im 13. Jahrhundert wuchs sie bereits nach dem Pestausbruch ab etwa 1370 wieder, nicht zuletzt, da nun das gegenüber dem Pergament billigere Papier verfügbar war (Neddermeyer 1998: 291–307). Dieser Anstieg korrespondierte mit der Etablierung von Universitäten, dem Anwachsen der Verwaltung in den Städten und der zunehmenden Verschriftlichung des Rechtsbereiches. In Deutschland wurde diese Textproduktion in ganz hohem Maße von Mönchen, Nonnen und Säkularklerikern getragen, deren Anteil an der Bevölkerung in dieser Zeit stieg, was ebenfalls die Buchexpansion förderte (ebd.: 305 f.; Barbier 2017).

Für einen längerfristigen Übergang spricht zudem, dass in den Jahrzehnten nach Gutenbergs Erfindung handgeschriebene und gedruckte Bücher weiter nebeneinander standen, was die »Koexistenz und Kooperation« alter und neuer Medien unterstreicht (Schanze 1999: 300 f.; Dicke/Grubmüller 2003). In der zeitgenössischen Wahrnehmung war der Übergang ebenfalls ein »prozeßhafter Vorgang«. Bei der Buchproduktion dominierte zwar der Druck zumindest in Deutschland, Frankreich und Italien um 1500 ganz deutlich (Neddermeyer 1998: 388), aber zumindest Neuigkeiten wurden weiterhin auch handschriftlich vertrieben. Die gleitenden Übergänge zeigen sich ebenso in den Kommunikations- und Textformen bis Anfang des 16. Jahrhunderts: Inhalt, Form, Schrift, Papier, Rezeption und

Preise änderten sich vor und nach Gutenberg nur sehr langsam (Eisermann in Spieß 2003: 307–309; Neddermeyer 1998: 24 f.). Selbst am Absatzmarkt lässt sich diese Kontinuität ausmachen: Der Druck mit beweglichen Lettern befriedigte die Nachfrage des bisherigen Marktes, jedoch kam es zu einer gewissen Überproduktion, die in der zweiten Hälfte des 15. Jahrhunderts die Preise sinken ließ und damit das Medium wiederum für breitere Schichten erschwinglich machte.

Zudem entstand die Druckmaschine im Kontext anderer Erfindungen, was ebenfalls den längerfristigen Umbruch unterstreicht. Bereits in den Jahrzehnten um 1400 verbreiteten sich die Papiermacherei und -mühlen, die Druckgraphik und Blockbücher sowie dann die auf Vorrat produzierenden Schreibstuben und schließlich die Post, die insbesondere durch Franz von Taxis seit 1490 ausgebaut wurde. Deshalb argumentierte der Medienwissenschaftler Werner Faulstich, dass man den Beginn der Neuzeit in mediengeschichtlicher Perspektive auf das frühe 15. Jahrhundert datieren müsse. Hier sei es zu einer Koinzidenz unterschiedlicher Innovationen gekommen, die einen »Umschwung von der Dominanz der traditionellen Menschmedien zur Dominanz neuer Druckmedien« bildete, etwa vom Erzähler zum Flugblatt oder vom Herold zum Diplomaten (Faulstich 2006a: 121 f., 139 f.). Wählt man eine stärker transnationale Perspektive, wird das Prozesshafte noch deutlicher. So erreichte die in China entwickelte Kunst der Papiermacherei über die Araber bereits im 12. Jahrhundert Spanien, und bereits im Jahrhundert darauf sind erste Papiermachereien in Italien belegt.

Bilddrucke

Zudem begann auch in Europa das Zeitalter des Druckes nicht mit Texten, sondern mit Bilddrucken. Bereits Anfang des 15. Jahrhunderts lassen sich Holzschnitte in Deutschland ausmachen. Insofern setzte im 15. Jahrhundert nicht nur das typographische Zeitalter ein, sondern zugleich ein Visualisierungsschub. Dieser reichte von Heiligenbildern, künstlerischen Bildern und Emblemen über Stadtansichten bis hin zu Landkarten, die im 16. Jahrhundert kompiliert in Ausgaben erschienen und räumliches Wissen öffentlich machten (Würgler 2009: 7 f., 118 f.). Pro Holzstock konnten bis zu 10.000 Abzüge erstellt werden. Die entsprechende Nachfrage nach den vornehmlich religiösen Gebrauchsgraphiken ging mit der spätmittelalterlichen Laienfrömmigkeit einher, die für eine individuelle Religiosität steht.

Das Prozesshafte der »Medienrevolution« unterstreicht zugleich Gutenbergs Erfindung selbst. Sein Druckverfahren, das er um 1450 in Mainz entwickelte, ist eine innovative Kompilation der genannten vorherigen Innovationen. Der Begriff »Druck« fasst Gutenbergs Geniestreich dabei nur ungenau. Das Kernelement seiner Erfindung ist weniger die von den rheinischen Winzern abgeschaute Presstechnik als vielmehr sein Handgießgerät, das eine identische, präzise und unbegrenzte Vervielfältigung der Lettern ermöglichte (Neddermeyer 1998: 8; Giesecke 1991: 71, 106).

Motive Gutenbergs

Umstritten sind die Motive für Gutenbergs Erfindung. Die neuere Forschung relativierte die Annahme, Gutenberg sei es nur um eine schnelle einfache Massenvervielfältigung gegangen. Wie Michael Giesecke argumentiert, habe Gutenberg vielmehr das bei Handschriften übliche ästhetische Ziel verfolgt, die Schrift gleichmäßig harmonisch zu gestalten (Giesecke 1991: 138–143). Vor allem die prachtvolle Ausgestaltung seiner Bibel stützt diese These. Gerade weil Gutenberg, so Giesecke, nicht allein schnelle Vervielfältigungen anstrebte, sei der Triumph seiner Erfindung gelungen, da sie die ästhetische Überlegenheit seiner Maschinenproduktion belegte. Allerdings agierte Gutenberg zugleich als Geschäftsmann, der nicht nur aufgrund der hohen Investitionskosten ökonomischen Gewinn anstrebte. Deshalb druckte Gutenberg schnell Gebrauchstexte, die eine große Nachfrage und Gewinn versprachen, wie Elementargrammatiken, Ablassbriefe oder Einblattdrucke. Und selbst die prachtvolle Bibel ließ hohe Gewinnspannen erwarten (Kapr 1988: 180, 193; Stöber 2014: 26). Uwe Neddermeyer argumentierte sogar, dass die Erfindung gerade deshalb im deutschen Raum aufkam, weil hier die Nachfrage nach schmuckloser Gebrauchsliteratur größer war als etwa in Italien, wo es einen größeren Markt für prunkvolle Bücher gab (Neddermeyer 1998: 379 f.). Ästhetische und ökonomische Ziele ergänzten sich somit.

Europaweite Schwerpunkte

Von Mainz aus verbreitete sich das Druckverfahren in den folgenden Jahrzehnten in Europa. Bereits 1480 wurde in 90 Städten gedruckt, um 1500 schon in 252 Druckorten. Anfangs lagen ein Drittel und später ein Fünftel davon im Alten Reich. Dabei fallen zunächst die starken regionalen Differenzen beim Transfer der neuen Medientechnik auf. Die reichen Städte Norditaliens bildeten nun den wichtigsten Schwerpunkt. Da hier bereits privater Buchbesitz üblicher wurde, war die Nachfrage nach dem Druck besonders groß (Fremmer 2001: 288). Generell waren die norditalienischen Städte attraktive Druckorte – dank ihrer politischen Struktur, ihres ökonomischen Reichtums und ihres hohen Bildungsniveaus aufgrund der dort etablierten Universitäten. Obgleich Paris und Lyon aus ähnlichen Gründen Drucker anzogen, expandierte die Drucktechnik im restlichen Frankreich auch wegen der Folgen des Hundertjährigen Krieges langsamer (Chartier/Martin 1989). Und in England eröffnete erst 1476 der Tuchkaufmann William Caxton die erste Druckerei, nachdem er bei einer Geschäftsreise in Köln die Buchdruckerkunst kennen gelernt hatte. Dennoch wurden in England bis 1560 weniger Bücher als in Italien, Frankreich und im Reich gedruckt. Der englische Buchmarkt blieb bis ins 17. Jahrhundert »provinziell« (Burke 2001: 193), was an der wirtschaftlichen und politischen Lage während und nach den »Rosenkriegen« um die englische Thronfolge lag. Zudem war in England bereits zuvor die Zahl der produzierten Manuskripte vergleichsweise gering, sodass der Druck im späten 15. Jahrhundert an keinen ähnlich ausgebauten Buchmarkt anknüpfen konnte. Dies belegt erneut, wie stark der Druck an etablierte kulturelle Konstellationen anschloss.

Osteuropa

Wie sehr die Ausbreitung des Drucks kulturell geprägt war, zeigt ein Blick nach Osteuropa. Im orthodoxen Osten konnte er kaum Fuß fassen, sei es aufgrund der geringen Alphabetisierung, sei es wegen Bedenken der weltlichen und kirchlichen Führung. In Russland ermöglichten im Grunde erst die Reformen von Peter dem Großen Anfang des 18. Jahrhunderts seine Verbreitung. Erst 1711 wurde etwa in Sankt Petersburg eine Druckerei eröffnet, da die in Moskau überlastet war, aber dennoch dominierte auf den Straßen weiter der Handel mit handschriftlichen Texten. Gefördert wurde das Druckwesen nun durch die Kirche, da die Patriarchatsdruckerei im 17. Jahrhundert massenweise Gebetsbücher und Fibeln erstellte (Plambeck 1982: 53). Eine gewisse Expansion des Druckwesens erfolgte erst im letzten Drittel des 18. Jahrhunderts unter Katharina der Großen.

Osmanisches Reich

Noch rigider wurde die neue Medientechnik im Osmanischen Raum unterdrückt. Zwar trifft die oft formulierte Annahme nicht zu, die neuen Druckmedien hätten hier keinen Einzug gehalten. So ließ der Sultan Murat III. 1590 den Verkauf nicht-religiöser Bücher in arabischer Schrift zu, die aus Italien kamen. Juden druckten schon Ende des 15. Jahrhunderts in Konstantinopel, griechische Beichtbücher kursierten und 1627 entstand in Konstantinopel kurzzeitig die erste griechische Druckerei im Osmanischen Reich (Tsakiris 2009: 47). Dennoch konnte sich die Drucktechnik bis ins 18. Jahrhundert nur punktuell entfalten. Insbesondere die napoleonischen Feldzüge brachten Druckpressen in den arabischen Raum, was auch in der arabischen Geschichtsschreibung als ein historischer Wendepunkt gesehen wurde (vgl. Roper in Baron u. a. 2007: 250). Im osmanisch besetzten Südosteuropa konnten sich gedruckte Texte folglich ebenfalls kaum entwickeln (Komorová 2007: 186). Die »Medienrevolution« nach Gutenberg war insofern nicht einmal eine europäische, sondern lange Zeit nur eine westeuropäische Veränderung, die sich selbst dort nur in bestimmten Regionen intensiv entwickelte.

Transfer der Technik

Der europäische Transfer der neuen Medienherstellung vollzog sich häufig durch die Auswanderung deutscher Drucker. Sie gingen hauptsächlich nach Italien, Flandern, Frankreich oder Spanien, da dort höhere Profite zu erwarten waren. Die in Italien von Deutschen produzierten Drucke wurden dann mitunter wieder nach Deutschland verkauft. Denn mit der westeuropäischen Ausbreitung des Drucks entstanden rasch Exportzentren, die andere europäische Länder mit Literatur versorgten und entsprechend sogar gezielt in den jeweiligen Volkssprachen druckten. Venedig bildete im 15. und 16. Jahrhundert weltweit den größten Druckstandort (Burke 2001: 190). Nördlich der Alpen spielte Köln schnell eine große Rolle, kurze Zeit später auch Basel und insbesondere Antwerpen, wobei der Buchhandel bis nach Portugal und England reichte (Neddermeyer 1998: 395–399). Das zentraleuropäische Gebiet von Flandern über Süddeutschland bis zur Lombardei bildete damit das Zentrum des neuen Mediums. Seltener verbreitete sich die neue Drucktechnik dagegen durch gedruckte Anleitungen, die erst im 17. Jahrhundert häufiger auftraten (so Giesecke 1991:

71). Auch dies unterstreicht die starke Rolle von ökonomischen Interessen, die in diesem Fall die räumliche Ausbreitung der Innovation eher begrenzten.

Wahrnehmung des Drucks

Dass die Erfindung von einem Deutschen ausging und dadurch auch von Deutschen verbreitet wurde, führte bereits in der damaligen Selbstwahrnehmung zu stolzen Vergleichen. Im Reich wurde die Annahme artikuliert, man habe hierdurch an Kultur und Ansehen gewonnen und erscheine in Italien nicht mehr als Land der Barbaren (Füssel 1999: 48; Scholz in Kümmel 2004: 21). In der zeitgenössischen Wahrnehmung der Erfindung dominierten in Westeuropa positive Einschätzungen. Selbst Kritiker begrüßten die Drucktechnik meist prinzipiell und prangerten lediglich ihren Missbrauch an. Sogar Geistliche befürworteten vielfach die Innovation. So ist bereits von 1455 ein Lob des späteren Papstes Pius II. überliefert, der die gute Lesbarkeit der Gutenberg-Bibel pries. Mehrfach wurde der Druck als Gottesgeschenk bezeichnet, und die Geistlichen goutierten schon im 15. Jahrhundert die fehlerlose Übertragung, die exakte Kopie und die Möglichkeit, dass sich die Gläubigen selbständiger mit religiösen Texten beschäftigen könnten. Kritik kam hingegen rasch an der Verbreitung von volkssprachlichen Texten auf, ebenso an der angeblichen Massenproduktion von überflüssigen Büchern und an der Gewinngier der Drucker. Die Klage über die überflüssigen Bücher war freilich schon vorher etabliert (Giesecke 1991: 161, 169 f.; Neddermeyer 1998: 384; Scholz in Kümmel 2004: 12–18).

Lesergruppen

In der zeitgenössischen Wahrnehmung fand sich schnell die Zuschreibung, das neue Medium würde sich an jedermann richten (Scholz in Kümmel 2004: 18). Die Buchdrucker selbst forcierten, auch aus kommerziellem Interesse, diese Öffnung des Leserkreises. Dies zeigen etwa die Vorworte Lyoner Drucker, die sich im 16. Jahrhundert mit einem erzieherischen Anspruch auch an die wachsende Gruppe von gebildeten wohlhabenden Bürgern richteten (Vogel 1999: 272 f.). Die Zahl der regelmäßig Lesenden wird für die Zeit um 1500 auf nur zwei Prozent der Bevölkerung des Reiches geschätzt, also rund 300.000 Menschen, während deutlich mehr zumindest Buchstaben entziffern konnten. Um 1600 verdoppelte sich der Wert (Würgler 2009: 94). Erschwert wird jede Schätzung durch regionale, konfessionelle und geschlechtsspezifische Unterschiede sowie das Stadt-Land-Gefälle. Die Alphabetisierung war bei Männern in Städten und bei reformierten Protestanten besonders hoch. In den zentraleuropäischen Städten waren vermutlich bis zu zehn Prozent der Bewohner lesefähig, und damit – neben den Geistlichen – seit 1450 verstärkt das Stadtbürgertum. Die höchste Alphabetisierungsrate bestand vermutlich in den oberitalienischen Städten, wo etwa ein Drittel der Jungen die Schule besuchte und so in einer Stadt wie Venedig zehn bis 20 Prozent der Einwohner lesen konnten (Fremmer 2001: 67). Dennoch erreichte der Druck deutlich mehr Menschen. Denn die Texte wurden in der Regel laut auf Plätzen, in Kirchen oder in Wirtshäusern vorgelesen (Körber 1998: 302 f.). Besonders die Flugpublizistik erreichte dadurch zahllose nicht alphabetisierte Menschen.

Inhalte

Die Nutzung der neuen Druckmedien hing zudem von ihrem Inhalt, ihrer Sprache, ihrer Form und ihrem Preis ab. Bei den Inhalten der Bücher fällt in den ersten Jahrzehnten des Drucks erneut die Kontinuität zum Mittelalter auf. So nahm zunächst der Druck von mittelalterlichen »Standardwerken« zu. Erst um 1520 änderte sich dies im Reich deutlicher. Nun traten verstärkt volkssprachliche Schriften der Reformatoren auf, aber auch okkulte Werke fanden einen größeren Markt. Generell hatten gerade im 16. Jahrhundert die meisten Bücher einen religiösen Inhalt. Hohe Verkaufszahlen erreichten besonders liturgische Bücher und Schulbücher (wie lateinische Grammatiken), aber auch antike Autoren machten zehn bis 15 Prozent des Marktes aus (Neddermeyer 1998: 426–440).

Sprachlich brachte ebenfalls erst das 16. Jahrhundert eine Öffnung für breitere Leserschichten. Von den rund 30.000 Druckwerken bis 1500 waren noch rund 70 bis 80 Prozent in der Sprache der Kirche und der Gelehrten verfasst – auf Latein (Füssel 1999: 76). Um 1480 nahmen nationalsprachliche Druckwerke sogar ab, da lateinische Werke den europaweiten Absatz erleichterten (Neddermeyer 1998: 544). Bereits Ende des 15. Jahrhunderts führten dann jedoch ökonomische Erwägungen zu einer verstärkten Publikation nationalsprachlicher Werke (Barbier 2007: 40). Ab 1520 stieg der Anteil nationalsprachlicher Drucke in Italien und dem Reich auf die Hälfte der Titel an, in Frankreich ab 1560. Besonders Unterhaltungsliteratur, Prosaromane des Spätmittelalters, populäre Historienstoffe, Ratgeberliteratur und Fabeln erschienen in den jeweiligen Volkssprachen, wenngleich bei den Büchern insgesamt bis Ende des 17. Jahrhunderts Latein überwog. Beachtliche Auflagen erreichten auch Bücher zu den sieben freien Künsten in deutscher Sprache, die sich an städtische gebildete Menschen richteten (Füssel 1999: 76–78, 90). Dies zeigt erneut, wie die neue Medientechnologie erst langsam ihre eigenen Möglichkeiten und Zielgruppen gegenüber den mittelalterlichen Handschriften ausbildete.

Flugblätter

Der Buchmarkt war freilich nur *ein* Ergebnis der neuen Medientechnologie, und von der Auflagenzahl her nicht einmal das bedeutendste. Starke Verbreitung fanden vielmehr Flugblätter, Flugschriften, sogenannte »Neue Zeitungen« oder Kalender, die Ratschläge für das Alltagsleben gaben. In der Geschichtswissenschaft fand die Flugpublizistik bereits im 19. Jahrhundert und dann verstärkt seit den 1970er Jahren breite Aufmerksamkeit. Auch wenn sich Flugblätter und Flugschriften nicht trennscharf unterscheiden lassen, haben sich anhand ihrer Formen und Inhalte Typologisierungen eingebürgert, anhand derer man zugleich ihre gesellschaftliche Bedeutung zeigen kann.

Das Flugblatt spielte in der gesamten Frühen Neuzeit eine Schlüsselrolle. Der Begriff, der auf die schnelle Verbreitung anspielt, ist aber erst ab 1787 belegt. Genauer erscheint die Bezeichnung »Einblattdruck«. Zumeist vereinten diese Drucke auf einer Seite Text und Bild mit amtlichen, politischen, religiösen, naturkundlichen oder auch literarischen Inhalten (Schilling 1990; Wilke 2008: 20). Dabei wiesen sie im Unterschied zur mehrseitigen Flugschrift meist keine agitatorische Wertung auf, sondern eher einen informativen, wenn auch moralisierenden Charakter. Die Bedeutung des Flugblattes lässt sich erstens ökonomisch ausmachen. Dank der geringen Herstellungskosten und hohen Auflage war es ein einträgliches Medium für Drucker, das schnelle Einnahmen versprach. Bereits Gutenberg produzierte deshalb Flugblätter. Ihr Stückpreis entsprach immerhin mindestens dem Stundenlohn eines Handwerkers, wobei die Durchschnittsauflage rund 1.000 bis 1.500 Exemplare erreichen konnte. Die mitunter reißerischen Überschriften unterstrichen die Verkaufsorientierung.

Die Flugblätter waren zweitens bereits im 15. Jahrhundert Teil der politischen Kommunikation. Dabei wurden sie oft gut sichtbar an öffentlichen Orten plakatiert, insbesondere bei Konflikten wie Fehden, juristischen Fragen oder Kriegen. Typographie und Layout knüpften zunächst oft an den mittelalterlichen Schreibusus an (Eisermann in Spieß 2003: 290–294). Im Unterschied zu heute waren die frei verkauften Flugblätter jedoch nicht mit politischem Protest verbunden. Wenn sie politische Kritik äußerten, stand diese zumeist im Einklang mit der Obrigkeit oder die Kritik wurde durch Erbauliches überlagert (so Schilling 1990: 199). Allerdings lassen sich frühzeitig Einblattdrucke ausmachen, die die Obrigkeit zu politischen Handlungen ermunterten. So berichtete ein Flugblatt von Sebastian Brant über den Meteoritenfall 1492 bei Ensisheim und deutete ihn als böses Omen für die Franzosen und Burgunder, weshalb er König Maximilian aufforderte, gegen diese vorzugehen (Füssel 1999: 98 f.). Damit stand das Flugblatt für eine direkte Kommunikation mit den Herrschern. Obgleich die Flugblätter von politischer Kritik absahen, wird angenommen, dass sie das politische Räsonieren und einen herrschaftlichen Auraverlust förderten (Schilling 1990: 200).

Drittens war das Flugblatt ein Informationsmedium, das häufig und umfassend über Ereignisse berichtete und so Vorgänge erst zu Ereignissen machte. Deshalb kursierte bereits 1502 die Bezeichnung »Neue Zeitung«, die auf aktuelle Neuigkeiten verweist (Lang in Blühm/Gebhardt 1987: 57–60). Oft betont wurde dabei ihre »Sensationsorientierung«. Während spektakuläre Bilder mit Gewaltdarstellungen oder »Wundern« einen Kaufanreiz bilden sollten, zeichneten sich die Texte häufig durch emotionalisierende Details aus (Schilling 1990: 76–90). Neuere Untersuchungen relativieren dies und betonen den oft politisch-militärischen Inhalt (Pfarr 1994: 124). Die Nachrichtenströme reichten bis zum Osmanischen Reich oder Amerika und wurden mit vielfältigen Beglaubigungsstrategien versehen. Hinterfragt wurden sie im 16. Jahrhundert noch selten, im 17. Jahrhundert hingegen schon häufiger (so Schilling 1999: 140).

Viertens waren Einblattdrucke ein Mittel der Sozialdisziplinierung. So stand bei der Darstellung von Verbrechen zugleich die Bestrafung der Täter im Vordergrund. Oft religiös fundierte Moralpassagen am Ende dienten der Exklusion, der (Wieder-) Herstellung der Ordnung und der Bewältigung von Krisen. Ihre Berichte verbreiteten so standardisierte Deutungsangebote – etwa darüber, wie eine »Missgeburt« oder ein Komet zu erklären seien (Mauelshagen in Harms/Schilling 1998: 104). Auch das Flugblatt war damit ein Medium, das der Beeinflussung diente.

Aus einem Flugblatt aus dem Jahr 1621

»Ein Erschröckliche Newe Zeittung so sich begeben vnd zutragen In disem 1621 Jar mit eim Geldt wechßler wie Er von Gott so Bletzlich gestrafft, gibt die Zeittung gnuegsam berücht. etc. Hört Zue der Erschröckliche Newe Zeittung so sich begeben mit eim Geldt Wechßler Jn Eim Marckht fleckhen genant Warendorff nit weit von Klagefurt sein Nam Caspar Schadtman welcher Gott vnd des Menschen fluech auf sich geladen Dann er Jn der Landtschafft das guete geldt mit list aufgewichßlet dasselbig verschmeltzt, bös nichts wert geldt daraus gemacht vnd die landtschaftt darmit betrogen also das ein Erschröckliche Teurung darus eruolgt Jn allem was der mensch zue erhaltung seines lebens notturfftig were deswegen die Arme zue Gott schreyen vnd Ruefften das er wölle die straff von Jnen abwenden, welche bitt & güettig Gott erhört vnd disen verfluechten geldt wechßler aus welchem die grosse teurung entsprungen sichtbarlich vnd erschröcklich gestrafft also das er bis över die Knoden seiner fies Jn die Erden sunck vnd Jm das wilde feur vnd dampf der Höllen zue mundt Naßen vnd ohren ausschlueg das es schröcklich ward anzueschauen.«

(aus: Wolfgang Harms (Hg.), *Illustrierte Flugblätter des Barock*, Tübingen 1983, S. 103 f.; vgl. dazu auch Schilling 1990: 295; vgl. Quelle Nr. 3 Buch unter *www.campus.de*)

Flugschriften und Konflikte

Trotz fließender Übergänge lässt sich das Flugblatt von der Flugschrift abgrenzen. Die Flugschrift hatte in der Regel ein kleineres Format, umfasste mehrere Seiten, war textlastiger und deutlich stärker auf die Überzeugung des Lesers ausgerichtet, mitunter in polemischem Ton. Ihre Autoren agierten oft anonym und äußerten sich in ihr mit vielfältigen Textsorten etwa zu Fragen der Religion, Politik oder des Rechts. Einige Historiker verzichten auf eine derartig funktionale Zuschreibung und bezeichnen als Flugschriften schlichtweg mehrseitige nicht-periodische selbstständige Schriften (Repgen 1997: 50). Schließlich zeigten selbst umfangreiche statistische Auswertungen von 3.100 Flugschriften der Reformationszeit, dass diese überwiegend informierend waren und seltener »kämpferisch-polemisch« (so Köhler 1986: 261–264). Die internationale Forschung spricht ohnehin zumeist von *pamphlets* und fasst sie unabhängig vom Umfang als Druckerzeugnis, »which was intended sometimes to inform, but usually to persuade the reader about current events« (Harline 1987: 3). Der Begriff *pamphlet* umschreibt damit eine spezifische literarische Form (Raymond 2003: 25).

Aus internationaler Perspektive fällt auf, dass Flugschriften besonders bei gesellschaftlichen Konflikten expandierten. In Deutschland blühten sie bereits während der Reformation 1517 auf (vgl. Kap. 2.3). An die Stelle von lateinischen Streitschriften traten zunehmend deutsche Flugschriften. In den westlichen Nachbarländern kamen sie verstärkt in der zweiten Hälfte des 16. Jahrhunderts auf. So stieg ihre Zahl in den Niederlanden in den Jahrzehnten ab 1565 und dann ab 1607 deutlich an, was mit der beginnenden Revolte gegen Spanien, der Republikgründung und dem Beginn des sogenannten 80-jährigen Krieges einherging. Auch danach blieben die Flugblätter in den Niederlanden wichtiger Bestandteil einer öffentlichen politischen Diskussionskultur, zumal hier die Zensur gering war (Harline 1987: 227 f.). Die Pamphletkultur im 17. und 18. Jahrhundert war gerade in England und den Niederlanden nicht nur Ausdruck von Krisen, sondern auch einer sich formierenden Öffentlichkeit. Sie verstetigte dabei das Prinzip der Interessenkonkurrenz (Mörke in North 1995: 18, 31).

Auch in Frankreich gewannen die Flugschriften mit den Religionskämpfen in den 1560er Jahren an Bedeutung. Insbesondere die Kampagne gegen Minister Concini (1614–1618) gilt als eine Blütezeit des Mediums (Sawyer 1990). Neben der Kritik an der Krone wurden sie durch Kardinal Richelieu zur gezielten Verteidigung von Ludwig XIII. eingesetzt (Klaits 1976: 7 f.). In England wurde zwar ebenfalls seit 1550 bei den religiösen Auseinandersetzungen stärker mit Pamphleten agiert, aber die Drucke hatten noch keine signifikante Bedeutung für das politische Leben (Raymond 2003: 15). Seit den 1580er Jahren verbreiteten sie sich zwar zusehends, doch erst im

17. Jahrhundert, insbesondere im Zuge des Bürgerkriegs der 1640er Jahre, erhielten sie ihren zentralen Stellenwert. Sie etablierten kritische öffentliche Debatten über politische Fragen und wurden dabei zum Modell für die öffentliche Rede (so Raymond 2003: 26; Peacey 2013: 329). Vor allem zwei Faktoren sprachen dafür, in Auseinandersetzungen dieses Medium zu verwenden: Einerseits war es sicherer, seine Meinung zu drucken, als sie persönlich vorzutragen; und andererseits setzten die Flugschriften Herrscher stärker unter Druck, da sie suggerierten, sich an das einfache Volk zu richten, und so mögliche Rebellionen implizieren konnten.

Propaganda der Herrscher

Wie Craig E. Harline für die Niederlande zeigte, reagierten die Herrscher deshalb häufiger mit der öffentlichen Legitimation ihres Handelns (Harline 1987: 229 f.). Auch für das Herzogtum Preußen lässt sich belegen, dass die Herrscher ebenfalls über Flugschriften ihr Verhalten öffentlich rechtfertigten. So verteidigte Herzog Albrecht 1526 seinen Übertritt zu Luthers Lehre in einer Flugschrift, und die Stadt Danzig 1577, dass diese sich Polen nicht unterwarf (Körber 1998: 159). Damit traten politische Entscheidungen zumindest ansatzweise aus der Arkansphäre.

Zugleich bedienten sich die Machthaber selbst der neuen Medien. Folgt man Falk Eisermann, setzte im Reich zunächst die mittlere und obere politische Ebene Drucke ein (Legaten, Stadträte, Kanzleiangehörige), dann ab etwa 1480 der Hochadel (Eisermann in Spieß 2003: 307). Kaiser Maximilian I. war der erste Herrscher, der Gutenbergs Erfindung systematisch nutzte. So ließ er zu wichtigen Ereignissen Drucke verbreiten, um die Stimmung zu beeinflussen: zu seiner Königswahl 1486, seiner Gefangenschaft in Flandern oder etwa den 1495 in Worms beschlossenen Reformgesetzen (Eisermann 2002). Ebenso ließ er gedruckte Reichstagseinladungen mit Kriegsberichten verbreiten sowie Aufrufe zum Krieg gegen die Türken. Zudem setzte er bei Kämpfen in Venedig italienischsprachige Flugblätter zur Propaganda ein, die mit Ballons hinter der Front abgeworfen wurden. Und schließlich versuchte er mit Drucken seinen Nachruhm zu sichern (Füssel 1999: 102–104).

Zensur

Die politische Nutzung der Medien ging in allen europäischen Ländern mit einer Zensur einher. Im Anschluss an frühere kirchliche Kontrollmechanismen entstanden bereits Ende des 15. Jahrhunderts weltliche und geistliche Zensurvorgaben. Seit den 1520er Jahren, als die gedruckten Medien verstärkt kritisch wurden, kam es im Reich zu restriktiven Gesetzen wie der Vorzensur (1529) und der Impressumspflicht (1530) (Eisenhardt 1970: 29 f.; Hemels in Fischer 1982: 32). Hinzu kamen Beschränkungen der Druckorte, etwa auf Residenz-, Reichs- und Universitätsstädte im Reich oder in England auf London und die beiden Universitätsstädte Oxford und Cambridge (Briggs/Burke 2014: 42). Bei den Zensurordnungen überwogen zunächst religiöse und konfessionelle Gesichtspunkte gegenüber den politischen. Erst in der zweiten Hälfte des 18. Jahrhunderts änderte sich das (Eisenhardt 1970: 153 f.). Moralisch-sittliche Verstöße wurden dagegen eher im Verbund mit anderen Vergehen geahndet (Schilling 1990: 201). Neben der Zensur durch die Territorien, unter Oberaufsicht des Kaisers, bestand die kirchliche Zensur fort, die bei den Protestanten ebenfalls territorialstaatlich erfolgte.

Die Zensuredikte und ihre Begründungen sind hervorragende Quellen, um die starke Wirkung auszumachen, die die Zeitgenossen den neuen Druckmedien zuschrieben. Bei der praktischen Umsetzung der Zensur hat die Forschung lange das politische Kontrollregime des Vormärz auf die Frühe Neuzeit zurückprojiziert (vgl. Mix in Haefs/Mix 2006: 12). In jüngerer Zeit werden hingegen, angespornt durch Arbeiten zur »Untergrundliteratur« in Frankreich vor 1789, die Grenzen der Zensur im 16. und 17. Jahrhundert betont. Umgangen wurde sie durch den Verzicht auf das Impressum, durch die Angabe falscher Verlagsorte und Namen, das Einschmuggeln von Büchern aus dem Ausland oder durch lokale Aushandlungsprozesse. Nicht nur die Zensurregeln waren regional unterschiedlich, sondern auch deren Spielräume. Verschiedene Landesherren setzten Beschlüsse des Kaisers nicht um. Zahlreiche Obrigkeiten beauftragten zudem keine eigene Kontrollkommission mit der Zensur, sondern lediglich Prediger und Professoren, die kaum alle Drucke bewältigen konnten. Die Strafen waren sehr unterschiedlich. So ist für das Herzogtum Preußen eine Todesstrafe für eine Schmähschrift belegt, die wohl aus außenpolitischen Rücksichten gegenüber dem verspotteten Schottland ausgesprochen wurde, ebenso längere Haftstrafen. In anderen vergleichbaren Fällen blieben die Bestrafungen dort sehr milde oder es wurde »nur« ein Landesverweis ausgesprochen (Körber 1998: 271). Deutlich strikter war man in Frankreich. Generell konnte die Mediendynamik aber durchaus politische Kontrollansprüche unterlaufen.

2.3 Soziale und kulturelle Folgen des Drucks

Der Expansion von Gutenbergs Drucktechnik schreiben besonders Medienwissenschaftler, aber auch einige Historiker, noch weiter reichende gesellschaftliche Folgen zu als die genannten. Dabei verbinden sie den Druck mit Modernisierungen, die kulturell, sozial, ökonomisch und politisch den Weg in die Neuzeit ebneten (so bes. McLuhan 1968; Giesecke 1991; Eisenstein 2005; Hörisch 2004; Faulstich 2006a). Einleuchtend sind sicherlich die direkt mit der Drucktechnik verbundenen Auswirkungen. So führte die Expansion und Beschleunigung der Bild- und Textproduktion zur grenzübergreifenden Verdichtung der Kommunikation, da die Druckwerke den wechselseitigen Bezug aufeinander erleichterten. Dies förderte die vernetzte Gelehrtenkultur der Renaissance und den Einschluss neuer Bürgerschichten in die Wissensbildung. Zudem entstanden zugleich neue ökonomische Beziehungen zwischen Gelehrten und Geschäftsleuten, die den Druck und Vertrieb ermöglichten (Eisenstein 2005: 28; Burke 2001: 20).

Ebenso führte der Buchdruck zu einem quantitativ fassbaren Anstieg der Alphabetisierung. Obgleich neuere Untersuchungen bereits vor dem Buchdruck um 1370 ein Anwachsen der Lesefähigkeit ausmachen, stieg sie dennoch im 16. Jahrhundert bei Laien deutlich an (Neddermeyer 1998: 536). In Ländern wie in Osteuropa, wo der Druck zunächst kaum Fuß fassen konnte, nahm sie entsprechend gering zu. Umstritten ist, ob sich die Art des Lesens erst durch den Druck veränderte – vom lauten Vorlesen hin zur privaten stillen Lektüre. Vermutlich setzte dies ebenfalls bereits im Mittelalter ein (Stein 2006: 159 f.; Griep 2005: 197 f.).

Soziokulturelle Folgen

Andere, deutlich weiterreichende Thesen über die gesellschaftlichen Folgen des Buchdrucks lassen sich hinterfragen, gerade wenn man vergleichend die Entwicklung in Asien berücksichtigt. Unter ökonomischen Gesichtspunkten führt McLuhan das Argument an, der Buchdruck habe moderne Märkte geschaffen, da er selbst ein zentrales Konsumgut darstellte (McLuhan 1968: 180f., 188). Dagegen breitete er sich in Korea in einem primär staatlich organisierten Vertrieb aus, ohne dass eine kapitalistische Struktur aufkam (Lie 2003). Sozioökonomische Thesen leitet McLuhan auch aus dem für ihn entscheidenden Merkmal des Drucks ab, der »Wiederholbarkeit« (McLuhan 1968: 111). Daraus wird vielfach der Schluss gezogen, die Druckerpresse sei »das erste Fließband« und »die erste Massenproduktindustrie« gewesen und habe so die »uniforme Massenproduktionen« oder die Industrialisierung eingeleitet (Hörisch 2004: 143; McLuhan 1968: 222). Auch hier warnt der Blick auf Asien vor zu eindeutigen Kausalitätsannahmen, da sich dort aus gedruckten Massenauflagen kein Fordismus entwickelte.

Sprachliche Standardisierungen?

Der Druck förderte Standardisierungen bei Wissensbeständen. Dazu zählten stärker homogenisierte Textformen, Abbildungen, Karten und Diagramme, ebenso Angleichungen bei Kalendern oder Wörterbüchern (Eisenstein 2005: 23, 56f.). Deshalb wird oft angenommen, dass der Druck sprachliche Standardisierungen förderte, Schreibweisen und Dialekte vereinheitlichte und damit Nationalsprachen ausbildete. Für die sprachliche Ausstrahlungskraft der Bibelübersetzungen mag dies in verschiedenen Ländern einleuchten. Da sich in konfessionell unterschiedlichen Ländern wie England, Frankreich, Italien oder im Reich gleichzeitig Volkssprachen durchsetzten, sollte man freilich die gedruckten protestantischen Bibelübersetzungen und Liturgiebücher nicht überbewerten (vgl. Gilmont 1998). Zudem hielt sich zumindest in der wissenschaftlichen und religiösen Kommunikation das Lateinische trotz der Drucktechnik noch lange. Auch Dialekte verloren erst im 20. Jahrhundert an Bedeutung, sei es durch das Bildungssystem, sei es durch das Radio und Fernsehen. Der Blick auf China belegt ebenfalls, dass eine einheitliche Schriftsprache keineswegs automatisch Dialekte auslöscht. In Deutschland entstanden selbst einheitliche nationalsprachliche Schreibweisen erst später, insbesondere durch die generellen Standardisierungen im Zuge des Nationalismus im 19. Jahrhundert. Ebenso zu relativieren ist die These, durch den Buchdruck habe sich im 16. Jahrhundert der Nationalismus entwickelt (so auch: Anderson 1993: 53 f.), da für diese Zeit allenfalls von Zugehörigkeitsgefühlen gesprochen werden sollte.

Individualisierung?

Vielfältig aufgegriffen wurde zudem McLuhans Annahme, der Buchdruck habe ein Autorenbewusstsein und die Idee einer geistigen Urheberschaft hervorgebracht. Der Druck sei Mittel und Anlass für das Aufkommen von Individuen gewesen, die als Erfinder auftraten und Originalität beanspruchten, wodurch »die Veränderung zur archetypischen Norm des sozialen Lebens« wurde (McLuhan 1968: 180 f., 213). Tatsächlich waren viele Schöpfer älterer Innovationen – wie der Brille, des Spiegels oder der mechanischen Uhr – namentlich unbekannt geblieben, während nun der Erfinder »zu einem prototypischen Charakter der Neuzeit« aufzusteigen schien (Hörisch 2004: 130) und sich die Plagiatsstreite mehrten (Burke 2001: 176). Bereits die namentliche Herausstellung von Individuen auf Titelseiten von Büchern, Katalogen oder Abbildungen förderte diesen Trend, wobei die Titelseiten den Verkauf stimulieren sollten und deshalb heute als »Geburt der Werbung« gefasst werden (Saenger 2005: 197 f.; Eisenstein 2005: 33). Auch Zensurgesetze wie das eingeforderte Impressum oder gerichtliche Verfolgungen führten dazu, Texte als individuelle Schöpfung zu sehen. Die Häufung großer Persönlichkeiten wie Luther, da Vinci oder Galilei scheint diese Entwicklung des schöpferischen Individuums aus dem Geiste des Drucks ebenfalls zu bestätigen.

Noch weiter reicht die damit verbundene These, der Druck habe die Individualisierung gestärkt, weil gedruckte Texte eine individuelle Reflexion förderten und so auf persönlichen Bekenntnissen basierende Texte entstanden (Postman 1989: 36 f.; Faulstich 2006a: 124). Allerdings macht der Vergleich mit Ostasien erneut deutlich, dass der Druck keineswegs zur Geburt großer Individuen führen musste, da dort selbst die Erfinder der neuen Medientechnik nicht thematisiert wurden und Autorschaft zunächst keinen derartigen Stellenwert erreichte. Auch in Westeuropa setzte sich die Selbstdarstellung von Individuen nicht derartig rasch durch. Ansonsten wüssten wir mehr über die Biographie eines großen Dichters wie Shakespeare. Vielfach wurden gedruckte Texte zudem mit falschen Namen oder anonym veröffentlicht, wobei der Anteil anonymer Drucke im England des 17. Jahrhunderts sogar auf rund 30 Prozent anstieg (Raymond 2003: 169). Ebenso widerspricht die Individualisierungsthese der gleichzeitig festgestellten Standardisierung der Gesellschaft. Elisabeth Eisenstein versucht dies damit aufzulösen, dass gerade die einheitliche Schrift Versuche gefördert habe, eine persönliche Note zu entwickeln (Eisenstein 2005: 72, 104).

Wandel von Wissensordnungen

Zweifelsohne veränderte der Druck die Form der Wissensvermittlung und damit auch die Text- und Bildinhalte. So lösten die Einblattdrucke die Verbreitung von Neuigkeiten stärker von der Kirche ab (ebd.: 104). Ebenso erleichterte der Druck die Abkehr von kanonischen Texten, da nun zunehmend ökonomische Gesichtspunkte die Inhalte prägten. Auch Erinnerungstechniken wandelten sich durch die neuartige Speicherung von Wissen, weshalb der Druck als »Unsterblichkeitsmaschine« bezeichnet wurde (McLuhan 1968: 275). Die Fixierung durch Druck, die Speicherung in Bibliotheken und die Katalogisierung und Erschließung durch Bibliographien veränderten dabei die Selektionsmechanismen der Erinnerungskultur. Zugleich transformierte der Druck die mit der schriftlichen Kommunikation verbundenen Orte. Wie Frieder Schanze argumentierte, seien aus Skriptorien in der Neuzeit Büros geworden, Bibliotheken hätten sich zu Orten individuell arbeitender Gelehrter verwandelt, und das Theater habe aus der Konkurrenzsituation heraus die Körperlichkeit neu in den Vordergrund gestellt (Schanze 2001: 233–239). In den Schulen veränderten bereits im 16. Jahrhundert gedruckte Schulbücher Unterrichtsabläufe, und auch die Kirche wandelte durch die schnelle Nutzung des Drucks ihre Kommunikation, was Michael Giesecke als »Rationalisierung der Bürokommunikation« deutete (Giesecke 1991: 230). Ebenso hätten sich kirchliche Rituale vereinheitlicht.

So bestechend wie schwer belegbar ist die wohl wichtigste These, die McLuhan aufbrachte: Die Typographie sei ein Rohstoff, der unsere Sinnesverhältnisse und »die Modelle gemeinschaftlicher Interdependenz« forme (McLuhan 1968: 223). Der Druck habe die Hierarchie der Sinne vom Ohr zum Auge verschoben und die homogene visuelle Wahrnehmung zum Charakteristikum des »typographic man« gemacht. Eingewandt wurde dagegen, dass bereits mittelalterliche Zeitgenossen ähnliche Veränderungen wahrgenommen hätten (Neddermeyer 1998: 21 f., 550 f.). Dass ein derartiger Wechsel der Sinneswahrnehmung bereits in der Antike beim Übergang von der Oralität zur Schriftkultur auszumachen sei, hatte schon frühzeitig Eric Alfred Havelock betont. Allerdings starb das laute Vorlesen um 1500 nicht aus, sondern blieb noch mindestens zwei Jahrhunderte nach Einführung der Typographie üblich. Zu überzeugen scheint die These von der »Augenkultur« zunächst im Ausbildungsbereich, wo nun häufiger Lehrbücher Wissen vermittelten und Lernbeispiele zunehmend Bilder aufwiesen (Eisenstein 2005: 40–45). Allerdings hielten die Schulen und Universitäten weiterhin an der Lehrform des mündlichen Dialoges und der Vorlesung fest. Auch in anderen Bereichen ging die Zunahme der Schriftlichkeit mit der Oralität einher, wie bei der Predigt oder bei Liedern (Briggs/Burke 2014: 38). Gerade die Flugpublizistik mit Liedern fand sehr großen Absatz.

Rationalität

Einleuchtend, aber kaum präzise zu belegen ist ferner die These, die Etablierung des Drucks habe die logische Rationalität gefordert. Danach veränderten nicht allein die gedruckten Textinhalte, sondern die neue mediale Anordnung des Drucks die Denkweise durch ihre stärker argumentative und regelgeleitete Struktur (McLuhan 1968: 217). Bereits die Verbreitung der Lesefähigkeit habe das abstrakte Denken verstärkt. Da mit dem Druck häufiger Darstellungsformen wie Diagramme, Tabellen oder Landkarten aufkamen, die sich dem lauten Lesen entzogen, sei die Fähigkeit zur Abstraktion und Rationalität zusätzlich geschult worden. Neil Postman erweitert dies zu der weitreichenden These, die Befähigung zum Lesen und zur Abstraktion habe eine Differenz zwischen Erwachsenen und Kindern gefördert, die überhaupt erst Kindheit konstituiert habe (Postman 1989: 23).

Autoritätskritik

Auswirkungen hatte die Etablierung des Drucks auch auf die politische Ordnung, auf Machtbeziehungen und soziale Gemeinschaften. Von medienwissenschaftlicher Seite wurde aufgebracht, der Druck habe eine Autoritätskritik und den Bruch von Hierarchien gefördert (Postman 1989: 45). Frühe politische Proteste, insbesondere die Reformation oder der deutsche Bauernkrieg 1524 bis 1526, galten als Beispiele dafür (Beyer 1994: 85–88). Tatsächlich etablierte die Flugpublizistik im weitesten Sinne einen Diskurs, der die politische Herrschaft zumindest vereinzelt zur Selbstlegitimierung herausforderte (Harline 1987: 227 f.; Körber 1998: 381). Aber zugleich führte der Druck zu einer verstärkten Reglementierung und Disziplinierung durch die Machthaber – sei es durch den Druck von rechtlichen Texten wie Polizeiordnungen, sei es durch Texte mit moralischen Normen (Schilling 1990: 215 f.).

Reformation

In welchem Maße der Druck bestehende Gesellschaftsordnungen verändern konnte, zeigte die Reformation. Die Beziehung zwischen der Reformation und dem medialen Wandel wurde vielfach betont. Man sprach von einer »Glaubens- und Kommunikationsrevolution«, die einen »Strukturwandel der sakralen Kommunikation« geschaffen habe (Lottes 1996: 252, 260), einem »Medienereignis« (Hamm 1996) und dass der Druck den Erfolg der Reformation erst ermöglicht habe (Eisenstein 2005: 208; Burkhardt 2002: 35–48). Die neuen Medien prägten die Reformation und die Reformation die Medien, welche durch sie expandierten, volkssprachlicher wurden und neue Formate ausbildeten. Dennoch steht eine umfassende Mediengeschichte der Reformation noch aus, obgleich insbesondere die »Propaganda« der Reformation mehrfach thematisiert wurde (Edwards 1994; Gilmont 1998; Kaufmann/Mittler 2017).

Die Kirche benutzte den Druck freilich lange vor Luther im 15. Jahrhundert; sei es bei der Kommunikation mit Gläubigen wie beim Druck von Ablassbriefen, sei es bei Reformbemühungen wie dem Basler Konzilsversuch (Eisermann 2002: 305; Giesecke 1991: 229, 273–276). Und bereits vor Luther lagen immerhin 18 deutschsprachige Bibelausgaben gedruckt vor, wenn auch mit schlechterer Übersetzung (Füssel 1999: 110). Zudem kam es vor Luthers Wirken, gegen Ende des 15. Jahrhunderts, zu einer Frömmigkeitswelle, die sich als recht medienkompatibel erwies. Dazu zählte der Aufschwung der Heiligenverehrung, des Stiftungs- und Wallfahrtswesens oder des Devotionalienhandels, ebenso das Ablasswesen. Dementsprechend erreichten auch Andachtsbücher und -bilder bereits vor der Reformation hohe Auflagen (Lottes 1996: 249 f.; Beyer 1994: 78).

Auflagenexplosion

Dennoch ging die Reformation im Alten Reich mit einer bisher einmaligen Expansion des neuen Mediums einher. Die Buchproduktion stieg 1517 an und erreichte ebenso wie die Flugschriften besonders um 1523 eine immense Verbreitung. Nach Berechnungen von Hans-Joachim Köhler entstanden allein zwischen 1520 und 1526 11.000 Drucke mit einer Auflage von rund elf Millionen Exemplaren, wobei das Reich damals nur etwa 15 Millionen Einwohner hatte (Köhler 1986: 250 f., 266; Überblick in Mörke 2005: 130–135). Luther selbst war auch jenseits seiner Bibelübersetzung der mit Abstand erfolgreichste Autor der Zeit. Allein 219 Flugschriften werden ihm zugeschrieben, und von seinem kleinen Katechismus wurden bis 1563 rund 100.000 Exemplare gedruckt. Die Reformation animierte auch Laien dazu, mit Druckerzeugnissen Position zu beziehen. Die Medien ermöglichten zudem eine europaweite Auseinandersetzung mit der Reformation – sei es, dass reformatorische Schriften ins Ausland transferiert wurden, sei es, dass dort Gegenschriften entstanden (Kaufmann 2017). Selbst die öffentliche Verbrennung von Luthers Schriften, die von London bis Polen reichte, war ein Teil dieses Medienereignisses (hierzu Raymond 2003: 13 f.; Kawecka-Gryczowa in Gilmont 1998: 424). Deshalb wurde Wittenberg, und nicht Mainz, als eigentliche Keimzelle der »Gutenberg-Galaxis« gesehen (Weyrauch in North 1995: 2).

Luther

Inwieweit forcierte Luther diese mediale »Massenmobilisierung« gegen die römische Kirche? Luther selbst verfasste keine Flugblätter, obgleich diese vermutlich eine deutlich größere Reichweite gehabt hätten. Stattdessen sprach er mit dem Medium Flugschrift vorwiegend das gebildete Publikum an. Diese Texte vereinfachten dann andere Autoren zielgruppengerecht und verteilten sie teilweise gratis (Heintzel 1998: 215). Ebenso waren Luthers Flugschriften nicht stets so polemisch wie seine berühmte Bauernkriegsschrift *Wider die räuberischen und mörderischen Rotten der Bauern* von 1525, sondern schlugen durchaus auch sachliche Töne an wie in seiner Schrift *Von der Freiheit eines Christenmenschen* von 1520 (Hamm 1996: 142). Allerdings lebten gerade die visuellen Darstellungen, mit denen seine Texte verbunden wurden, von polemischen und personalisierten Antithesen, die Alltagserfahrungen aufgriffen und die Kritik vor allem gegen den Papst zuspitzten (Scribner 1981: 243–246).

Zudem setzte Luther auf eine produktive Verbindung zwischen gedrucktem Text und mündlicher Kommunikation. Seine direkte mündliche Ansprache der Leser und seine übersetzten und neu gedichteten Liedtexte stehen hierfür. Diese »orale Schriftlichkeit« (Lottes 1996: 256) zeigte sich auch bei Predigten, die Schriften Luthers aufgriffen. Luthers »Schriftprinzip«, den Glauben allein aus der heiligen Schrift herzuleiten (»sola scriptura«), korrespondierte mit den neuen Druckmedien. Zugleich beschränkten sich die Überzeugungsversuche der Reformatoren nicht auf Texte, sondern sie setzten auch Bilder ein; sei es von Luther selbst, von frommen Bauern oder von karikierten Gegnern wie beim viel zitierten *Passional Christi und Antichristi* von 1521 (Scribner 1981: 148–189; Stöber 2014: 44). Generell basierte der Erfolg der Lutheraner auch auf ihren Visualisierungen, die etwa polemische Bilder mit Bibeltexten kombinierten (so bes. Beyer 1994: 184). Luthers bilderfreundliche Haltung förderte sie, während in Frankreich der bilderfeindliche Calvinismus eher auf Lieder setzte (Würgler 2009: 20). Auf diese Weise entstand eine vielfältige »reformatorische Öffentlichkeit«, die intermedial und schichten- und standesübergreifend kommunizierte. Die Folgen, die dies europaweit für die überdurchschnittliche Literarisierung der Protestanten hatte, sind sicher nicht zu unterschätzen. Insbesondere verbreitete sich der Buchdruck so auch in Gebieten Osteuropas, in denen er bisher wenig Fuß gefasst hatte (vergleichend: Gilmont 1998).

Römische Reaktionen

Den Siegeszug der Reformation erklärten Medienwissenschaftler wie Werner Faulstich damit, dass sie andere Medientechniken als die römische Kirche benutzt habe. Während die Reformatoren die neuen Druckmedien einsetzten, habe die römische Kirche auch in der Gegenreformation noch vornehmlich auf »›alte‹ Menschmedien« gesetzt, also Priester oder Redner (Faulstich 2006a: 145). Tatsächlich antwortete die römische Kirche bis zum Augsburger Reichstag 1530 kaum medial, wenngleich frühzeitig populäre Drucke Luther als Verbündeten des Teufels dämonisierten (Scribner 1981: 229–232). Gegen das protestantische Wort setzte die römische Kirche auf visuelle Darstellungen, die jedoch vor allem die eigenen Gläubigen ansprachen (Baumgarten 2004: 139–202). Erst nach Ende des Trienter Konzils 1563 hätten Vertreter der römischen Kirche eine verstärkte Gegenpropaganda geleistet, insbesondere durch das Engagement der Jesuiten, aber ohne vergleichbare Breitenwirkung (so Heintzel 1998: 214).

Ökonomische Dimension

Diese kirchliche Perspektive sollte man mit der ökonomisch geprägten Logik der Drucker verbinden. Die Drucker arbeiteten durchaus auch für katholische Herrscher, etwa in Spanien, Portugal, Frankreich und im Reich. Jedoch bremste vor allem das Verbot nationalsprachlicher »Volksausgaben« für katholische Laien ihr Geschäft (Eisenstein 2005: 192–199), wenngleich die Haltung der katholischen Kirche zu volkssprachlichen Übersetzung der heiligen Texte keineswegs einheitlich war (Gilmont 1998: 473). Im Reich verlor die römische Kirche zudem durch die Reformation – mit Ausnahmen wie Köln – wichtige Druckstandorte, was Einfluss und Zensur erschwerte. Zugleich erweiterten sich im Zuge der Reformation die Schwerpunkte des Buchmarktes von Oberdeutschland aus stärker in den Norden, wohin viele Drucker auswanderten.

Dass die Druckmedien in Konflikten expandierten und eine zentrale Rolle spielten, zeigte sich bei den konfessionellen Auseinandersetzungen in Westeuropa, die in der zweiten Hälfte des 16. Jahrhunderts ausbrachen. Selbst in Frankreich, wo sich die Reformation nicht durchsetzte, werden für die Zeit von 1511 bis 1551 rund 1.300 gedruckte religiöse Texte mit einer Gesamtauflage von mindestens einer Million Exemplaren angenommen. 1525 verbot die Pariser theologische Fakultät zwar die Übersetzung der reformatorischen Schriften, dennoch versorgten Drucker aus Antwerpen und Genf das Land. Reformatorische und anti-reformatorische Texte erreichten in den 1540er Jahren einen Höhepunkt (Higman 1996: 14–22). Die Religionskämpfe in Frankreich, der 80-jährige Krieg der Niederländer gegen Spanien und die Pamphletkultur im ebenso konfessionell aufgeladenen englischen Bürgerkrieg (1642–1649) sind weitere Beispiele dafür, dass religiöse Konflikte die Printkultur dynamisierten und umgekehrt (Raymond 2003: 164, 202–275).

Der Medienumbruch ging somit, das zeigte nicht nur die Reformation, mit markanten gesellschaftlichen Veränderungen einher. Dennoch bilden viele weitreichende Thesen zur Wirkung der Druckmedien eher intellektuelle Anregungen für künftige quellenfundierte Forschungen als belegbare Befunde. Kausale Zusammenhänge, so lässt sich bilanzieren, sind schwer zu verifizieren, weil die postulierten Wirkungen nicht unmittelbar nach Erfindung des neuen Mediums eintraten. Wie insbesondere der Vergleich zu Asien, aber auch die Unterschiede innerhalb von Europa zeigten, muss man die kulturellen Prägungen der Regionen ernst nehmen, da von ihnen auch die Entfaltung der Medien und deren Wirkung abhingen.

3. Die Etablierung von Periodika

3.1 Zeitungen als neues Medium

Zeitungen und Zeitschriften zählen bis heute zu den Massenmedien, die Politik, Gesellschaft und Kultur entscheidend prägen. Dennoch gilt die Erfindung der periodischen Presse 1605 weder in der Erinnerungskultur noch in der historischen Forschung als markante Zäsur. Selbst die großen Lexika bedachten den Erfinder der Zeitung, Johann Carolus, meist mit keinem Eintrag. Auch die Zeitgenossen thematisierten das neue Medium kaum. Erst im letzten Drittel des 17. Jahrhunderts, als Zeitungen europaweit etabliert waren, kam eine intensivere Debatte über sie auf (Pompe 2004). Während Kommunikationswissenschaftler bereits seit längerem die große gesellschaftliche Bedeutung der frühen Zeitungen hervorheben, betonen diese nun auch Historiker. Insbesondere Wolfgang Behringer spricht von einer Medienrevolution. Dabei habe das Zusammenspiel von Postnetz und Zeitungen »wesentlich dazu beigetragen, binnen einer Generation das Bild der Welt zu verändern« (Behringer 1999: 81).

Keine »Revolution«

Zeitungen galten auch deshalb nicht als zäsurbildend, da sie mit keiner technischen Innovation verbunden waren. Vielmehr änderte sich die Drucktechnik von Gutenbergs Zeit bis zur Französischen Revolution kaum. Dies belegt, dass es kein technisches Apriori für Medienentwicklungen gibt, sondern kulturelle, politische und soziale Voraussetzungen die Ausgestaltung und Aneignung von Medien prägen. Auch sprachlich bildet die Erfindung der Zeitung keine scharfe Zäsur: Einerseits war der Begriff »Zeitung«, der zunächst Neuigkeit bedeutete, schon um 1500 für unperiodische Flugblätter mit aktuellen Meldungen bekannt (die sog. »Neue Zeitung«), andererseits setzte er sich erst im 19. Jahrhundert als spezifischer Begriff für das Medium durch. Zeitgleich kursierten in Europa Begriffe wie Aviso (d. h. Anzeigen), Relationen (d. h. Wiedergeben), Gazette, Nouvellen, Couranten, Mercurius, Post oder Newsbooks, die man in England wiederum oft unter dem Sammelbegriff *pamphlets* fasste (Raymond 2003: 101). Wenig Beachtung fand die Zeitung des 17. Jahrhunderts vielleicht auch, weil sie im »Preß-Wesen« weiterhin nur ein Medium unter vielen war. Die Flugpublizistik war weiterhin stark präsent und interagierte intertextuell und bei der Produktion und Rezeption bis ins 18. Jahrhundert mit den Zeitungen (Bellingradt 2011: 251). Das Zusammenspiel oraler, literaler und typographischer Informationen bildete ein ökonomisch grundiertes Mediensystem, das die Sinnbildung im 17. Jahrhundert prägte (Arndt/Körber 2010, Scholz/Layfer 2008; Bauer/Böning 2011). Aus diesem Grund entfaltet sich neben der »press history« eine »news history«, die medienübergreifend die Nachrichtendistribution analysiert (Raymond/Moxham 2016).

Merkmale und Vorläufer

Das Neue und Spezifische an der Zeitung bestand in ihrer Verbindung von vier Eigenschaften älterer Medien: ihre Periodizität, Aktualität, inhaltliche Universalität und Publizität, also die Zugänglichkeit für prinzipiell jedermann (so die Definition der Zeitung seit Otto Groth 1948: 339 f.). Ähnlich wie Gutenbergs Erfindung knüpfte sie folglich an bestehende Kommunikationstechniken an. So sieht der Medienwissenschaftler Werner Faulstich bereits die »Menschmedien« Sänger und Prediger als wichtige Vorläufer der Zeitung, da sie Nachrichten aktuell bzw. periodisch verbreiteten (Faulstich 1998: 212–214, 224). Wichtiger für die Etablierung periodischer Aktualitäten war jedoch das Postsystem, wobei die Kommunikationsform des Briefes und die Distributionslogik der Post zentrale Voraussetzungen bildeten (Behringer 2003: 412–417). Dabei knüpfte die gedruckte Presse an handschriftliche »Zeitungen« an, also Briefe von Korrespondenten, die bereits seit dem 14. Jahrhundert mit einem gut ausgebauten Netz besonders Wirtschaftsmeldungen in Westeuropa und dem Nahen Osten verbreiteten (Gravesteijn in North 1995: 63–66). Kaufleute, Herrscher oder Stadträte verschafften sich so regelmäßig relevante ökonomische und politische Informationen, wobei insbesondere die »Fugger-Zeitungen« aus dem 16.

Jahrhundert dank ihrer besonders guten Überlieferungen bekannt sind. Ein weiterer Vorläufer waren die Einblattdrucke, die wegen ihrer aktuellen Meldungen auch »Neue Zeitung« hießen. Die sogenannten »Messrelationen«, die diese aktuellen Meldungen meist halbjährlich auf rund 100 Seiten bündelten und die auf Messen verkauft wurden, etablierten seit den 1580er Jahren ebenfalls das Element der Periodizität (Rousseaux 2004). Wie beim Buchdruck waren die Übergänge sehr fließend. Handgeschriebene Zeitungen bestanden besonders in rigiden absolutistischen Systemen wie in Frankreich oder der Habsburger-Monarchie noch bis ins 18. Jahrhundert fort (Popkin 2005: 24).

Erste Zeitungen

Beim Straßburger Drucker Johann Carolus (1575–1634), der die erste heute bekannte Zeitung erstellte, lassen sich diese fließenden Übergänge gut ausmachen. Carolus hatte zunächst handschriftlich Nachrichten vervielfältigt. Nachdem er sich eine Druckerpresse zugelegt hatte und eine der bedeutendsten Verlagsdruckereien am Oberrhein schuf, erfand er seine gedruckte Zeitung namens *Relation aller Fürnemmen und gedenckwürdigen Historien [...]* quasi als »Nebenprodukt« und Kombination seiner Tätigkeit als Nachrichtenhändler und Drucker (Welke in Welke/Wilke 2008). 1605 erbat er beim Rat der Stadt ein Privileg für seine Erfindung. Als Postknotenpunkt besaß Straßburg besonders gute Voraussetzungen, zudem wurden hier auch sprachlich Nachrichten zwischen dem deutschen und französischen Raum überführt. Damit entstand ein weiteres Mal eine zentrale Erfindung der Mediengeschichte im Rheingebiet, wozu dessen Bevölkerungsdichte, Informationsverdichtung und offene Handelskultur beitrugen.

Die Erfindung der Zeitung lag Anfang des 17. Jahrhunderts im westlichen Europa in der Luft. So kamen in England seit den 1580er Jahren verstärkt gedruckte Nachrichten aus Frankreich und den Niederlanden auf, die ab 1592 recht regelmäßig in London zu kaufen waren (*News of France on the First of the Month of March*), im folgenden Jahr dann an festen Tagen (Raymond 2003: 105–107). Niederländische Medienhistoriker behaupten mitunter, die weltweit erste Zeitung sei 1609 in Amsterdam entstanden (Wijfjes in Broersma 2007: 61). Zumindest erhielt 1605 in Antwerpen ein Drucker von den Erzherzögen das Privileg, regelmäßig »große Ereignisse« insbesondere für das Militär zu veröffentlichen (Morineau 1995: 34). Entsprechend schnell expandierten Zeitungen dort.

Europäische Ausbreitung

Bei der europäischen Ausbreitung der Zeitung im 17. Jahrhundert fallen wie beim Buchdruck gewaltige Diskrepanzen auf. Im deutschsprachigen Raum entstanden im 17. Jahrhundert etwa 200 Zeitungstitel und damit mehr als im restlichen Europa zusammen. Zudem waren sie hier regional breit gestreut. So lagen im Jahr 1669 17 von 32 Zeitungsstädten Europas im Alten Reich, während in Zentralstaaten wie Schweden, Dänemark, England oder Frankreich lediglich in der Hauptstadt Zeitungen gedruckt wurden (Ries 1977: 179). Allerdings waren auch innerhalb des Reichs die Unterschiede gewaltig. Die Zeitungen entstanden zunächst im Süden und dem Raum Sachsen-Thüringen, aber mit Ausnahme von Köln und Hamburg kaum im Westen und Norden. Die Bevölkerungsdichte und die jeweiligen kulturellen, ökonomischen und politischen Rahmenbedingung erklären dies. So existierten etwa im Kurfürstentum Hannover trotz der zentralen Lage bis ins 18. Jahrhundert kaum langlebige Zeitungen – wegen der Restriktionen der Obrigkeit und der geringen Nachfrage (Küster 2004: 138–157).

Eine frühe und dichte Ausbreitung der Zeitungen erfolgte ab 1618 in den Niederlanden. Wie im Reich begünstigte die polyzentrische und konfessionell heterogene Struktur des Landes dies ebenso wie die dortige Drucktradition und der städtische Wohlstand. Der Einfluss der Politik auf die Expansion des neuen Mediums zeigte sich auch in Oberitalien: Trotz Reichtums und hoher Alphabetisierung kamen hier erst ab 1636 Zeitungen auf, weil die Obrigkeit sie vorher nicht zuließ. Wie beim Buchdruck verlief die Ausbreitung im Norden und insbesondere im Osten Europas sehr zögerlich. Die erste schwedischsprachige Zeitung erschien erst 1645, die erste dänische 1672 und die erste polnischsprachige 1661, wobei diese eine Eintagsfliege war (Rietz in Welke/Wilke 2008: 234). In Russland etablierten sich Zeitungen sogar erst im Zuge der Reformen unter Peter dem Großen ab 1702, um im Krieg gegen Schweden zu mobilisieren und die eigene Außen- und Innenpolitik zu vermitteln (Plambeck 1982: 39–43; McReynolds 1991: 16). Da wegen der kleinen Leserschaft die Gewinne dort gering blieben, waren die meisten Zeitungen und Zeitschriften sehr kurzlebig (Marker 1985:

167). Und auch in Ungarn entwickelte sich die periodische Presse erst im 18. Jahrhundert mit dem aufgeklärten Absolutismus Maria Theresias. Besonders die kaum vorhandene bürgerliche Stadtkultur bremste ihre Ausbreitung (Bachleitner/Seidler 2007; Balogh/Tarnói 2007). In jenen Teilen Europas, die zum Osmanischen Reich gehörten, entstanden die ersten Zeitungen sogar erst im 19. Jahrhundert. In Bulgarien etwa erschien das erste dauerhafte Wochenblatt erst 1848 (Gesemann 1987: 230). Wenn man also die Erfindung der Zeitung als einen Medienumbruch fassen will, so fand er im 17. Jahrhundert nur in Teilen des westlichen Europas statt.

Transferprozesse

Die Zeitung war dennoch ein international verflochtenes Medium, das vielfältige Transfers auslöste. Wie beim Buchdruck verbreiteten zunächst deutsche Drucker die neue Erfindung, dann besonders niederländische. So waren die ersten englisch- und französischsprachigen Zeitungen von 1620 Übersetzungen des niederländischen *Courante uyt Italien, Duytslandt* [...], die dann ab 1622 von englischen Druckern mit Titeln wie *Weekly News from Italy* [...] eher unregelmäßig erschienen (Raymond 2003: 130, Schultheiß-Heinz 2004: 33). In Polen etablierten sich zunächst deutschsprachige Zeitungen, und auch in Dänemark veröffentlichten ab 1634 zwei deutsche Drucker drei Jahrzehnte lang deutschsprachige Zeitungen, ehe dänischsprachige Periodika erschienen (Nielsen in Welke/Wilke 2008: 198). In Schweden übernahmen deutsche Drucker sogar die Erstellung einer offiziellen schwedischen Zeitung, die sich inhaltlich und formal direkt an ein Hamburger Vorbild anlehnte (Ries in Dooley/Baron 2001: 238). Ebenso war bei den Zeitungen, die in der zweiten Hälfte des 18. Jahrhunderts in Ungarn entstanden, die deutsche Sprache dominant, da sie sich primär an deutschsprachige gebildete oberungarische Bürger richteten (Czibula in Blome 2000: 115; Balogh/Tarnói 2007).

Zensur

In vielen nord- und westeuropäischen Ländern grenzten die Obrigkeiten die Verbreitung der Zeitungen ein, indem sie nur wenige loyale Zeitungen zuließen. So blieb in Frankreich die *Gazette*, die unter maßgeblicher Beteiligung von Kardinal Richelieu zur Stützung des Königs entstanden war, bis Mitte des 18. Jahrhunderts die weitgehend einzige offizielle Zeitung (Klaits 1976; Saada in Welke/Wilke 2008: 181). Eine staatliche Zensurkommission, der *Maître de la Libraire*, gewann dabei im 17. Jahrhundert gegenüber bisherigen Zensurinstanzen wie Kirche, Universität und Parlament an Bedeutung. Ebenso gab es in Schweden bis 1731 nur eine offizielle Zeitung, die *Ordinari Post Tijdender*, die ein Beauftragter der Regierung herausgab (Ries 2001: 240). Und in Wien etablierte sich das *Wiennerische Diarium* ab 1724 per Monopol als einzige deutschsprachige Zeitung für rund 60 Jahre, wobei sie ebenfalls als offiziöses Organ und Sprachrohr des Kaisers galt (Duchkowitsch 1978; Gestrich in Daniel 2006: 25). Gleichzeitig konnte der internationale Pressemarkt derartige Nachrichtenkontrollen unterlaufen, wenn eine entsprechende Nachfrage bestand. So kursierten in Frankreich bereits im 17. Jahrhundert zahlreiche französischsprachige Zeitungen, die aus der Republik der Niederlande und dem deutschen »Heiligen Römischen Reich« kamen. Gerade in Grenzräumen entstanden deshalb verschiedene Zeitungen, da sie unterschiedliche Zensurpraktiken ausnutzten (für Altona: Böning 2002: 53).

Besonders große Pressefreiheit und damit eine entsprechende Zeitungsvielfalt bestand in Teilen des deutschen Alten Reiches und den Niederlanden. In den Niederlanden existierten zwar zahlreiche Zensur-Erlasse, sie wurden aber von den Städten kaum umgesetzt, außer wenn sich etwa ausländische Obrigkeiten durch Berichte verletzt fühlten (Haks in Koopmans 2005: 173). Im Reich galten die für den Druck erlassenen Vorzensurregelungen, also das Wormser Edikt von 1521, auch für die Zeitungen. Aber erneut erleichterte die Vielfalt der Territorien den freien Nachrichtenverkehr, da die Landesherren die Zensur den Ortsobrigkeiten übertrugen und diese unterschiedlich streng zugriffen. Eine Nachrichtenkontrolle fand im Reich vor allem über die Vergabe von Privilegien zum Druck einer Zeitung statt, weniger durch regelmäßige Texteingriffe oder gar Verhaftungen. Im England des 17. Jahrhunderts bestanden phasenweise beide Modelle. Mit der *London Gazette* entstand einerseits nach französischem Vorbild eine offiziöse königstreue Zeitung, die für drei Jahrzehnte ein gewisses Monopol hatte. Andererseits entwickelte sich die Pressefreiheit – abgesehen von dieser Phase – in keinem anderen Land Europas so frühzeitig wie in England. Bereits im englischen Bürgerkrieg der 1640er Jahre standen sich zahllose konkurrierende kritische Zeitungen gegenüber, weshalb die britische Presse als die mächtigste in Europa galt (Mendle in Dooley/Baron 2001: 61; Peacey 2013). Nach einer Phase der rigiden Zensur in der zweiten Hälfte des 17. Jahrhunderts, die zum Vertrocknen der Presse führte, bescherte der Wegfall des »Licensing Act« 1695 dann sogar die weltweit erste Zensurfreiheit. Dies förderte sogleich einen Presseboom mit vermehrten Politiknachrichten (Sommerville 1996: 120).

Inhalte

Trotz dieser starken medienpolitischen Differenzen besaßen die europäischen Zeitungen inhaltlich und formal erstaunliche Ähnlichkeiten. Im Unterschied zu heute waren die Nachrichten nicht nach Relevanz hierarchisierte Meldungen, sondern weitgehend nach Eingang angeordnete Kurzberichte, die hintereinander Geschehnisse in punktuelle Ereignisse atomisierten (so Schröder 1995: 214, 229). Die vorangestellte Nennung von Zeit und Ort der Übermittlung sollte das Vertrauen in die Meldung stärken und ihre Aktualität unterstreichen, gleichwohl das Ereignis je nach Distanz einige Wochen zurücklag. Die Drucker griffen folglich kaum in die Meldungen ihrer auswärtigen Korrespondenten redaktionell ein. Sprachlich waren die Meldungen deshalb nicht leicht zu verstehen. Der Anteil der Fremdworte und Fachbegriffe war recht hoch, und die episodisch genannten vielen Personen, Orte und Details machten die Lektüre voraussetzungsreich. Erleichtert wurde sie hingegen durch die Personalisierung der Meldungen (Schultheiß-Heinz 2004: 105–111; Schröder 1995: 146, 269).

Auszüge aus der Zeitung Relation von 1609

»Auß Venedig/24. Aprillis [...] Ob wol man in Constantinopel in grosser Forcht stehet/daß der Rebellische Carenterogli mit 40000. Streibarer man in Macedonia eingefallen/so solle gleichwol die Türckische Armada unter dem neuen general starck auf Malta abgefahren/derowegen hiesige Herrschafft in Candia befehl gethan/zur bewahrung selbiger Insul 20. armirter Galleren fertig zu halten.«

»Aus Venedig vom 1. May. [...] Brieff auß Constantinopoli bestettigen die grosse praparation der Meer Amada auff Malta«

(vgl. Quelle Nr. 4 unter *www.campus.de;* dazu auch Schröder 1995: 204)

Gemeinsamkeiten zeigten die Zeitungen Europas auch bei ihren Inhalten. Außenpolitische Nachrichten dominierten, während regionale Meldungen weniger als ein Zehntel ausmachten (Morineau in North 1995: 37; Haks in Koopmans 2005: 169; Schultheiß-Heinz 2004: 271). Sie thematisierten vornehmlich benachbarte Länder in Europa, wenngleich die Meldungen bis in den Orient und nach Amerika reichten. Besonders das Reich stand häufig im Mittelpunkt der ausländischen Presse (Wilke 1986: 80). Inhaltlich war die internationale Publizistik stark verwoben. Allerdings veränderten sich die Nachrichten durch ihre Weitergabe von Blatt zu Blatt (Dooley 2010).

Berichte über regionale Vorgänge druckte eher die Flugpublizistik. Da sie oft in den gleichen Druckereien wie die Periodika erstellt wurde, kann man von einer verwobenen Aufgabenteilung sprechen (Bellingradt 2011). Dass die Zeitungen kaum lokale und regionale Nachrichten druckten, erklärt die Forschung vor allem mit der Angst vor der Zensur. Tatsächlich nahm in Phasen mit größerer Pressefreiheit schlagartig die inländische und lokale Berichterstattung zu, etwa beim englischen Bürgerkrieg der 1640er oder den Revolutionen 1789 und 1848. Da jedoch selbst die Zeitungen in vergleichsweise liberalen Gebieten wie den Niederlanden überwiegend über das Ausland berichteten, muss man dies zugleich mit den Interessen der Leser erklären. Neuigkeiten aus der eigenen Region ließen sich leichter über die mündliche Kommunikation oder die Flugpublizistik erfahren. Ebenso brachten die Zeitungen kaum »Sensationsmeldungen« (wie Wundergeburten), die ebenfalls eher Flugblätter verbreiteten.

Krieg

In fast allen europäischen Zeitungen nahmen Nachrichten mit militärischen Bezügen den meisten Raum ein. In kampfreichen Sommermonaten waren dies im Reich rund 70 bis 80 Prozent der Meldungen, in den Wintermonaten immerhin noch rund 40 Prozent (Adrians 1999: 185 f.; Neumann in Blühm/Gebhardt 1987: 315). Auch die Expansion der Zeitung war eng mit Kriegen verbunden: Erst der Beginn des Dreißigjährigen Krieges förderte ihre Expansion in Westeuropa bis hin nach England. Kriegsnachrichten befriedigten nicht nur die Neugier, sondern konnten auch überlebenswichtig sein, um rechtzeitig die Flucht zu planen.

Eine recht geringe Rolle spielten hingegen Wirtschaftsnachrichten. In den westeuropäischen Zeitungen machten sie zumeist nur wenige Prozent des Gesamtumfanges aus und beschrieben besonders ankommende Schiffsladungen oder Naturkatastrophen mit wirtschaftlichen Folgen (Schultheiß-Heinz 2004: 151 f.; Wilke 1984: 125, 130). Bereits die Zeitungen des 17. Jahrhunderts enthielten erste Anzeigen, wenngleich noch wenige. In Paris entstand schon in den 1630er Jahren ein Anzeigenbüro, das die offiziöse *Gazette* belieferte (Saada in Welke/Wilke 2008: 187). Während auf dem Kontinent zunächst vornehmlich Werbung für Bücher erschien, entwickelte sich zuerst in England ein florierender Anzeigenmarkt. Die *London Gazette* verkündete bereits in den 1670er Jahren neben Buch- und Personalanzeigen auch Geschäftsgründungen oder vermisste Gegenstände (Winkler in Welke/Wilke 2008: 143). Zudem entstanden in England bereits Anzeigenblätter wie der *City Mercury* oder der *Weekly Advertiser*. Das Medium Zeitung etablierte sich damit in London auch als eine Instanz der lokalen Kommunikation.

Unparteilich?

Die Berichte der Zeitungen gelten überwiegend als recht unparteilich und übernahmen allenfalls Wertungen von Korrespondenten (Weber 1999: 29, 36; Schröder 1995: 334; sehr pointiert: Schönhagen 1998: 291). Neuere Forschungen zu Berichten über den Dreißigjährigen Krieg zeigen allerdings häufiger Wertungen, Kommentierungen und parteiergreifende Berichterstattung (Adrians 1999: 185 f.; Behringer 2003: 369 f.). Ebenso belegt eine Studie zu Kriegsberichten in vier westlichen Ländern, dass mitunter die Standpunkte der eigenen Territorien patriotisch gelobt wurden, und zwar nicht nur bei offiziösen Blättern wie der französischen *Gazette* (Schultheiß-Heinz 2004: 217, 236–256, 273). Selbst die politisch wenig gelenkten niederländischen Zeitungen hatten einen patriotischen Ton (Morineau 1995: 39), und auch in Österreich entstand mit dem *Post-täglichen Mercurius* 1703 eine Zeitung, die sich bei Themen wie dem Spanischen Erbfolgekrieg positionierte (Duchkowitsch in ders. 2009: 312).

Die intensivste Parteinahme von Zeitungen lässt sich in England ausmachen. Hier entstanden im Zuge des Bürgerkriegs der 1640er Jahre Blätter, die offensiv entweder den Monarchen unterstützten (etwa *Mercurius Aulicus*, *Mercurius Pragmaticus*) oder kämpferisch das Parlament und die republikanische Idee (etwa *Mercurius Politicus, The Moderate*) (Raymond 2003: 26–79; Peacey 2013: 162). Wenngleich man also den Beginn der kommentierenden Zeitungen früher ansetzen muss als häufig üblich, blieb die kämpferische politische und konfessionelle Auseinandersetzung der Flugpublizistik überlassen. Dies zeigt erneut, dass die frühen Zeitungen als Teil eines Medienverbundes zu verstehen sind, zu dem neben Einblattdrucken und Flugschriften auch handgeschriebene Zeitungen gehörten, die sich wechselseitig beeinflussten und voneinander abgrenzten.

Gut informiert

Generell berichteten die Zeitungen recht detailliert und für damalige Möglichkeiten erstaunlich gut informiert über Ereignisse. Wie Konrad Repgen frühzeitig anhand des Westfälischen Friedens von 1648 zeigte, erschienen selbst Akten, die Historiker als geheime Quellen einstufen, bereits recht präzise in den damaligen Zeitungen (Repgen 1997: 48 f., 83). Ebenso druckten sie bereits zu Beginn des Dreißigjährigen Krieges handschriftliche Korrespondenzen ab, die in der Forschung als geheim gelten (Weber 1999: 28). Auch für die Niederlande wurde am Beispiel des Spanischen Erbfolgekrieges (1702–1713) gezeigt, dass die Zeitungen genauso gut informiert waren wie der am besten informierte Politiker der Zeit (Haks in Koopmans 2005: 181). Diese Einschätzungen werten die frühen Zeitungen damit als Quellen für die Forschung und als Akteure im historischen Geschehen auf.

Frühe »Journalisten«

Genaueres über die Autoren und Korrespondenten der Zeitungen ist schwer auszumachen, da sie auch aus Angst vor der Zensur anonym schrieben. Die frühen »Journalisten« waren anscheinend recht jung und oft »im beruflichen Zwischenstadium zwischen einer akademischen Ausbildung und einer erhofften vollen Stelle im Sinne der frühneuzeitlichen Berufsverfassung« (Arndt 2006: 109). Insbesondere die Herausgabe einer Zeitung bot große Gewinnchancen, aber auch hohe Risiken, da viele Zeitungen bereits nach kurzer Zeit eingingen. Die Bezahlung der Korrespondenten, die in Informationsknotenpunkten wie Wien (für Südosteuropa), Hamburg (Nordeuropa) oder Köln (Nordwesteuropa) saßen, konnte je nach Umfang der Berichte recht üppig ausfallen und machte rund ein Fünftel der Zeitungskosten aus. Oft waren sie »Fachleute im Dunstkreis der Macht«, etwa Militärs und Staatsbeamte (Weber in Kutsch/Weber 2002: 18; Blühm/Engelsing 1967: 29 f.). Selten reisten sie dagegen extra zu den Orten der Ereignisse, auch wenn beispielsweise für die Niederlande schon 1666 Korrespondenten belegt sind, die zu Kriegsschauplätzen fuhren (Morineau 1995: 38).

Über die Herausgeber der frühen Zeitungen sind wir etwas genauer informiert. Die ältere Annahme, vor allem Postmeister hätten Zeitungen herausgebracht, da sie die transportierten Informationen gleich verwerteten, gilt für das Reich als widerlegt. Vielmehr trugen die Drucker die Meldungen selbst zusammen oder stellten einen Redakteur ein. Mitunter beschäftigten auch Gelehrte einen Lohndrucker (Arndt 2006: 102). Im 17. Jahrhundert führten im Reich immerhin 35 Frauen entsprechende Druckereien, die nach dem Zunftrecht als Witwe die Arbeit ihrer Männer übernommen hatten (Welke 1971: 6 f.). Europaweit bestanden freilich Unterschiede. Postmeister spielten etwa eine zentrale Rolle in Schweden, wo sie als Zeitungsherausgeber mit Monopolstellung agierten. In Frankreich, wo die offiziöse *Gazette* weitgehend ein Monopol genoss, fallen die Abhängigkeit und engen Netzwerke der Zeitungsmacher auf: Sie stammten entweder aus der Familie des privilegierten Verlegers Renaudot, aus adligen und kirchlichen Kreisen oder waren mit staatlichen Pensionen bedachte Gelehrte wie Poeten oder Historiker.

Die Leserschaft der Zeitungen war bereits im 17. Jahrhundert recht breit gestreut. Sie bestand zwar insbesondere aus dem Adel, Gelehrten und Staatsbediensteten, aber auch aus Kaufleuten, Handwerkern, Soldaten oder Frauen. Für ein Jahresabonnement einer Hamburger Zeitung musste ein Handwerker in Köln rund zwei Prozent seines Jahreseinkommen ausgeben, was viel war, aber eben nicht unerschwinglich (Würgler 2009: 39). Da Zeitungen an Verkaufsstellen, in Wirtshäusern oder anderen öffentlichen Orten vorgelesen wurden, konnten sie zumindest in den Städten auch nicht-literarisierte Menschen als »Hörergruppen« zur Kenntnis nehmen (Winkler 1998: 811). Frauen hatten nicht nur als Gattinnen wohlhabender Männer Zugang zu Zeitungen, sondern auch als Wirtinnen, Kaffeehauskräfte, Dienstmädchen oder Zeitungsverkäuferinnen. Selbst wenn diese Frauen nicht lesen konnten, konnten sie so durch Lesefähige leichter etwas über deren Inhalte erfahren. Unübersehbar war das Ost-West-Gefälle: Während die Leserschaft in den USA, England und auch den Niederlanden sozial besonders

Leser

breit gestreut war, bestand sie in Russland vor allem aus Adligen und einigen wohlhabenden Kaufleuten (Plambeck 1982: 51). Selbst im absolutistischen Frankreich kam vermutlich die Hälfte der Leser aus dem Adel und der Rest überwiegend aus vermögenden Kreisen (Censer in Barker/Burrows 2002: 161).

Auflagen und Verbreitung

Die Anzahl und Auflagen der Zeitungen waren anfangs noch recht gering. Für das späte 17. Jahrhundert wurde im Reich eine durchschnittliche Auflage von 300 bis 400 Exemplaren geschätzt, wonach alle damaligen Zeitungen zusammen rund 20.–25.000 Exemplare ausmachten. Hohe Auflagen von mehreren Tausend Exemplaren erreichten schnell Blätter in den restriktiven absolutistischen Ländern, wie die französische *Gazette* oder auch die *London Gazette* der 1680er Jahre. Dennoch blieb, auch wenn man die aus dem Ausland importierten Zeitungen einberechnet, die dort zugängliche Zahl an Zeitungsexemplaren niedrig. Da neuere Schätzungen in allen Ländern zwischen zehn und 30 Leser pro Zeitung annehmen, war der wöchentliche Leserkreis in Westeuropa durchaus beachtlich (Bellingradt 2011: 243; sogar 40 Leser nimmt an: Winkler 1998: 810). Verbreitet wurde sie nicht nur im Haus, durch Nachbarn oder Wirtshäuser, auch Institutionen wie Universitäten, Schulen, Ämter und Klöster abonnierten Zeitungen. An die jeweiligen Höfe und Stadträte gingen oft bereits Belegexemplare. Zudem setzten sich schnell kollektive Abonnements durch. Bereits 1614 ist in Kitzingen die erste Lesegemeinschaft für eine Zeitung nachgewiesen, wobei das Blatt von zwölf bis 21 Honoratioren in einem festen Turnus weitergereicht wurde (Welke in Dann 1981: 36). Insofern wird man selbst im 17. Jahrhundert die Zeitung als ein Massenmedium bezeichnen können, obgleich im 18. Jahrhundert die periodische Presse deutlich stärker expandierte.

3.2 Der Zeitungs- und Zeitschriftenmarkt des 18. Jahrhunderts

Die Zeitungen veränderten sich im 18. Jahrhundert auf den ersten Blick wenig. Weiterhin dominierten Meldungen aus dem Ausland und Militärisches, während lokale oder räsonierende Artikel selten waren. Dies zeigt, dass man mediengeschichtlich die Grenzen zwischen Barock und Aufklärung nicht zu scharf ziehen sollte (Fischer u.a. 1999: 13; Wilke 2008: 82). Dennoch lassen sich gerade in der internationalen Perspektive einige bemerkenswerte Wandlungsprozesse im Zeitungsmarkt ausmachen.

Auflagenanstieg

So stiegen im 18. Jahrhundert die Auflagen der Zeitungen international stark an, obgleich fast keine drucktechnischen Innovationen stattfanden. In der zweiten Hälfte des 18. Jahrhunderts verdoppelte sich im Deutschen Reich ihre durchschnittliche Gesamtauflage auf rund 600 und die Zahl der Zeitungen vervielfachte sich auf 200 bis 250, sodass bereits insgesamt über 300.000 Exemplare pro Woche kursierten (so Welke in Blühm 1977: 78 f.). Ähnlich hohe Auflagen wurden für England ausgemacht, wo seit der weitgehenden Pressefreiheit 1695 die Zahl der Zeitungen und die Auflagen rasant in die Höhe schossen. Dank der dortigen Steuermarken sind verlässlichere Zahlen überliefert. So wurden 1750 9,4 Millionen *stamps* ausgegeben (ca. 180.000 pro Woche), 1800 hingegen 16,4 Millionen (rund 315.000 pro Woche). Dazu kamen Raubdrucke und die illegale *Unstamped Press* (Barker 2000: 30). In Frankreich stieg die Zahl der wöchentlichen Exemplare auf zumindest 44.000 in den 1770er Jahren an, wobei die *Gazette de France* mit rund 15.000 Exemplaren in den 1750er Jahren ihren Höhepunkt erreichte und die wenigen übrigen Blätter immerhin eine Auflage von einigen Tausend hatten (Censer 1994: 215). Wiederum waren es vor allem Kriege und Konflikte, die die Auflagen international hochschnellen ließen, wie der Siebenjährige Krieg (1756–1763), der amerikanische Unabhängigkeitskrieg und dann die Französische Revolution. Damit trugen die Zeitungen im 18. Jahrhundert markant zur Schaffung nationaler und internationaler Kommunikationsräume bei.

Wandel Zensur

Auch die Rahmenbedingungen der internationalen Presse veränderten sich im 18. Jahrhundert. Generell verlagerte sich die Zensur von religiösen auf politische Fragen und wurde bürokratischer und zentralisierter. Das Zeitalter der Aufklärung bedeutete freilich keine kontinuierlich fortschreitende Pressefreiheit. Vielmehr lassen sich international gegenläufige Entwicklungen ausmachen. Während sich in Preußen in den 1780er Jahren durch Herrscherwechsel die Zensur verschärfte, kam es in Österreich zu einer gewissen Liberalisierung, zumal die Zensur zwar rigide, aber schlecht organisiert war (Küster 2004: 70; Haefs/Mix 2006). In Frankreich wurden seit Ende der 1750er Jahre mehr ausländische Blätter zugelassen, zugleich aber ausländische Zeitungen mit Regierungsmitteln für den eigenen Markt neu hergestellt, wie das *Journal de Genève* 1772 und das *Journal de Bruxelles* zwei Jahre später (Censer in Barker/Burrows 2002: 173). Eine weitgehende Pressefreiheit entstand dagegen phasenweise in Schweden und Dänemark in den 1770er Jahren, wo noch im 17. Jahrhundert nur einzelne loyale Zeitungen zugelassen waren.

Selbst im liberalen England war die Entwicklung nicht gradlinig. Hier wurden zwischen 1712 und 1819 die Pressessteuern achtmal erhöht und dadurch die Zeitungen teurer, was ihre Reichweite begrenzte. Ebenso bestachen dort Regierungsmitglieder Zeitungen und brachten Publizisten durch zahlreiche Verleumdungsklagen vor Gericht. Obgleich man die englische Pressefreiheit folglich nicht idealisieren sollte, griffen diese Maßnahmen aber zumindest ab Mitte des 18. Jahrhunderts immer weniger. Bereits in den 1740er nahm die *Unstamped Press* deutlich zu, die illegal auf Steuermarken verzichtete. Die gewachsenen Einnahmen aus dem Auflagen- und Anzeigenanstieg machten die Blätter immuner gegen Bestechungen. Zudem erreichte insbesondere der republikanische Journalist und Politiker John Wilkes mit seinen Prozessen und Kampagnen, dass seit den 1760er Jahren die Verleumdungsklagen weniger griffen (Barker 2000: 31, 72, 92). Insgesamt wurden somit in Europa besonders in den 1770/80er Jahren die Spielräume der Medien größer, bevor sie sich zum Ende des Jahrhunderts durch die Revolutionsangst wieder überall verengten.

Innovationen in Nordamerika

Inhaltliche Innovationen kamen im 18. Jahrhundert in Nordamerika auf. Dort etablierten sich Zeitungen zunächst recht zögerlich: Nach einem gescheiterten Versuch 1690 entstand 1704 die erste dauerhaftere Zeitung, der *Boston-Newsletter*. Erst ab den 1720er Jahren kam es zu einem langsamen Ausbau des Zeitungsmarktes, sodass 1740 immerhin ein Dutzend Blätter erschien. Nicht zuletzt die scharfe Lizensierungspolitik und Bestechungen der Kolonialverwaltung begrenzten die Presseentwicklung zunächst, wobei die

Spielräume in den amerikanischen Kolonien variierten (Copeland in Barker/Burrows 2002: 145–148). Der Schwerpunkt der Presse lag an der Küste, insbesondere am Postknotenpunkt Boston, der immerhin 20.000 Einwohner hatte. Die geringe Verstädterung, die schlechte Infrastruktur und die Abkopplung von den europäischen Nachrichtenwegen sprachen eigentlich gegen eine innovative und expandierende Presse.

Gerade aus dieser Konstellation heraus entwickelten die nordamerikanischen Zeitungen jedoch in kurzer Zeit ein bis heute wegweisendes Profil. Aus Mangel an Auslandsnachrichten spielten regionale und lokale Meldungen eine deutlich größere Rolle als in Europa. Ebenso druckten die Zeitungen wesentlich mehr Verbrechensberichte und unterhaltende Neuigkeiten (Burns 2006: 87; vergleichend: Wilke in Blühm/Gebhardt 1987: 292). Wie in England waren Anzeigen schnell weit verbreitet. Ebenfalls an englische Vorbilder erinnerte ihre kämpferische Meinungsfreude. Die amerikanische Tradition des »Crusading Journalism« begann 1721 mit dem *New England Courant* von James Franklin, der die Pressefreiheit forderte und die britische Regierung als korrupt anklagte. Nach einem spektakulären Prozess gegen das *New York Weekly Journal* nahm die Repression durch Beleidigungsprozesse ab (Burns 2006: 55–62, 104 f.).

Zur politischen Positionierung gesellten sich moralisch-wertgebundene Inhalte. Insbesondere der Journalist, Erfinder und einer der späteren Gründungsväter der Vereinigten Staaten, Benjamin Franklin, etablierte diese Verbindung aus moralischem, politischem und gesellschaftlichem Engagement in der amerikanischen Presse. Er machte seine Zeitung zu einem pluralistischen Forum, das Leser zu Einsendungen ermunterte, und baute durch finanzielle Hilfen, Rat, neue Postrouten und Papiermühlen Verbindungen zu über 30 Druckern vom Norden bis zum Süden des Landes auf, um seine Ansätze zu verbreiten. 1755 waren bereits acht der 15 Zeitungen Nordamerikas Partner oder in enger Verbindung zu Franklin (Frasca 2006: 196–204). Damit wurde die Presse ein Motor des amerikanischen Unabhängigkeitskampfes.

Wandel in Westeuropa

In Europa lassen sich zumindest einzelne inhaltliche Veränderungen ausmachen. Die größte Ähnlichkeit zur nordamerikanischen Entwicklung wies England auf. Hier nahm der Anteil an regionalen Berichten, an parteiergreifenden Kommentaren und an »sensationellen« Meldungen ebenso zu wie der Anzeigenanteil. Einige deutschsprachige Zeitungen zeigten Innovationen bei ihren Inhalten. So führte der *Hamburgische unpartheyische Correspondent* als erster eine Art Kulturressort ein, das den Typus des »gelehrten Artikels« mit etablierte. Andere deutsche Blätter fügten belehrend-heitere Einschübe ein. Eine politische Kritik versuchten zumindest einzelne Zeitungen wie Friedrich Daniel Schubarts *Deutsche Chronik* und Wilhelm Ludwig Wekhrlins Blatt *Das Felleisen*, was beiden Journalisten Haftstrafen eintrug (Wilke 2008: 89). Insgesamt kommentierten die Zeitungen aber weiterhin kaum.

Intelligenzblätter

Eine mediale Innovation des 18. Jahrhunderts waren die deutschen »Intelligenzblätter«, die in Frankreich etwa als provinzielle Anzeigenblätter auftraten. Sie entwickelten sich zu einer eigenen Gattung neben den Zeitungen und Zeitschriften. Im deutschsprachigen Raum entstanden seit 1722 rund 200 von diesen Anzeigenblättern (Böning in Fischer u. a. 1999: 89 f., 103; Doering-Manteuffel u. a. 2001). Sie erschienen erst wöchentlich, dann halbwöchentlich und druckten Stellen-, Geburts-, und Todesanzeigen ebenso wie etwa Werbung für Literatur. Sie wurden zwar auch von Privatpersonen publiziert, aber besonders in Preußen trat der Staat als Herausgeber auf, der sich dort 1727 das Monopol auf Anzeigen und damit auch auf seine Intelligenzblätter sicherte. Innovativ war ihre regionale Verankerung: Sie erschienen auch in kleineren Städten, und die Anzeigen medialisierten die lokale Lebenswelt (Böning in Fischer u. a. 1999: 91–96). Dabei war bereits ihre Auflage mit durchschnittlich 500 bis 1.000 Exemplaren recht groß, auch dank ihres billigen Preises. Da die Intelligenzblätter in öffentlichen Gebäuden auslagen und mitunter per »Zwangsdebit« von Behörden, Amtspersonen, Klöstern, Krankenhäusern oder Gaststätten bezogen wurden, war ihre Reichweite beträchtlich. Sie wurden so zu einer wichtigen Verbindung zwischen Stadt und Land. Zudem bildeten die Anzeigenblätter redaktionelle Teile aus, die über staatsnahe Verlautbarungen hinaus zur Volksaufklärung beitrugen. Hierzu zählten belehrende Artikel, praktische Hinweise oder ökonomische und landwirtschaftliche Berichte (ebd.: 89 f.; zur Wissensbildung: Blome in Dooley 2010). Neben Humorvolles traten literarische Beiträge. Innovativ war zudem ihre Interaktion mit den Lesern, die sie zu Einsendungen aufforderten, wodurch die Blätter trotz ihrer häufigen Staatsnähe zur Ausbildung von interaktiven Öffentlichkeiten beitrugen.

Aufkommen von Zeitschriften

Die mediale Innovation, die sich im Europa des 18. Jahrhunderts als besonders prägend erwies, war jedoch die Zeitschrift. Sie war nicht nur ein Kind der Aufklärung und der Öffentlichkeit, sondern ihr wesentlicher Träger. Zeitschriften erschienen im Unterschied zur Zeitung seltener, ihr Inhalt war spezialisierter und weniger auf Aktualität fixiert. Dafür räsonierten sie stärker und vermittelten allgemeinbildende Inhalte jenseits der Tagespolitik, die sie in ausführlicheren Artikeln darstellten.

Die Zeitschriften entwickelten schnell vielfältige Formate, die länderübergreifend adaptiert und kopiert wurden. Wegweisende Impulse gingen von Frankreich und England aus. So gilt das Pariser *Journal des sçavans*, das Anfang 1665 erstmals erschien, als die erste wissenschaftliche Zeitschrift, der drei Monate später die *Philosophical Transactions* in England folgte. Im Feld der literarisch-unterhaltenden Zeitschriften gingen wichtige Impulse vom französischen *Mercure Galant* (ab 1672) aus. Und bei der Etablierung der Moralischen Wochenschriften kamen mit dem *Tatler* (1709) und dem *Spectator* (1711) entscheidende Vorbilder aus England, die kurz darauf in Deutschland mit geringen Abweichungen aufgegriffen wurden. Zugleich betonen auch neuere Studien die deutschen Wurzeln einiger Zeitschriftengattungen. So gilt die Hamburger Zeitschrift *Erbauliche Ruh-Stunden* (1676) als Frühform der Moralischen Wochenschriften, der Nürnberger *Der Verkleidete Götter-Both Mercurius* (1674–1675) als frühe historisch-politische Zeitschrift (Böning in Welke/Wilke 2008: 298 f.). Mit der Hamburger *Relationes Curiosae* (1683–1691) lag zudem eine frühe Zeitschrift vor, die Wissen über die Welt populär verbreitete (Egenhoff 2008). Im Unterschied zu Habermas' späteren Thesen war damit nicht die literarische Zeitschrift Ausgangspunkt der Öffentlichkeit, sondern die wissenschaftliche und historisch-politische.

Spartenbildung

Obgleich die Zeitschrift also nicht allein im deutschen Raum entstand, besaß auch dieses neue Medium hier zunächst die größte Vielfalt. Allein für die Zeit bis 1830 wurden bisher rund 7.000 verschiedene Zeitschriftentitel ausgemacht, auch wenn ein Großteil nur für eine kurze Zeit erschien. Von ihrer Anzahl her dominierten gelehrte Blätter, die anfangs noch wissenschaftlich universal ausgerichtet waren und sich dann in wissenschaftliche Disziplinen spezialisierten. Besonders häufig erschienen Zeitschriften zur Geschichte, gefolgt von der Theologie (Wilke 2008: 96). Quantitativ von deutlich geringerer Bedeutung waren politische Zeitschriften. Sie dokumentierten zunächst Staatsaktionen, wurden im letzten Drittel des 18. Jahrhunderts aber auch in Deutschland reformorientierte Begleiter der aktuellen Politik (wie das *Politische Journal* oder der *Staats-Anzeiger*). Daneben entstand ein großer Markt an Blättern zur Unterhaltung, die freilich die Leser zugleich moralisch und kulturell bilden wollten. Besonders auflagenstark waren dabei die moralischen Wochenschriften. Sie nutzten spielerisch unterschiedliche Erzählformate (Fabeln, Dialoge, Gedichte u. a.), um einer breiten Lesergruppe christlich-bürgerliche Werte und ein Allgemeinwissen zu vermitteln. Dabei sprachen sie auch Frauen an. Besonders charakteristisch für das 18. Jahrhundert waren schließlich literarische Zeitschriften. Neben Kritiken druckten sie kleine literarische Werke ab und boten somit Lesern die Chance, selbst ihre Werke einzusenden.

Die Zeitschriften eröffneten eine zielgruppengerechte Ansprache und trugen sogleich dazu bei, entsprechend soziale Gruppen zu prägen. Insbesondere während des Zeitschriftenbooms im letzten Drittel des 18. Jahrhunderts kam es zu einer vielfältigen interessen-, berufs-, geschlechts- und generationsspezifischen Ausdifferenzierung. So entstanden zwischen 1770 und 1789 im deutschsprachigen Raum 43 Jugendzeitschriften, insbesondere im Norden (Uphaus-Wehmeier 1984: 42). Titel wie *Der Zögling*, *Wochenschrift zum besten der Erziehung der Jugend*, *Pädagogische Unterhandlungen*, *Moralische Erzählungen* oder *Jugendzeitung* verdeutlichten bereits ihre pädagogische Ausrichtung. Ähnlich wie die Moralischen Wochenschriften wollten sie zugleich erziehen und unterhalten. Dabei wurden auch aktuelle politische Nachrichten jugendgerecht aufgearbeitet, um die junge Generation an das Weltgeschehen heranzuführen (Berg in Albrecht/Böning 2005: 13; Uphaus-Wehmeier 1984: 62, 103–110).

Englische Frauenzeitschriften

Wie sich Zeitschriften zielgruppenspezifisch etablierten, sei exemplarisch am Beispiel der Frauenzeitschriften ausführlicher verdeutlicht, die in der neueren Forschung eine besondere Aufmerksamkeit finden. In England entstanden sie bereits um 1700. Das Erteilen von Ratschlägen zur Lebensführung stand bei ihnen zunächst programmatisch im Mittelpunkt. Bereits die erste Frauenzeitschrift der Welt, *The Ladies Mercury* von 1693, versprach Antworten zu »all the most nice and curious questions concerning love, marriage, behaviour, dress, and humour of the female sex, whether virgins, wives, or widows« (in Adburgham 1972: 26). Sie forderte wie spätere Blätter Frauen auf, Fragen einzuschicken. Spätere Frauenzeitschriften im 18. Jahrhundert gaben sich häufiger durch den Zusatz »Female« als weibliche Gegenstücke zu etablierten Zeitschriften aus, wie der *Female Tatler* (1709–1710), *Female Spectator* (1744–1746) oder der *Female Guardian* (1787).

In England agierten verschiedene Frauen deutlich früher eigenständig und auch politischer als im restlichen Europa. So brachten bereits der *Female Tatler* und der *Female Spectator* einige politische Artikel (Adburgham 1972: 57; vgl. Quelle Nr. 5 unter *www.campus.de*). Die mutmaßliche Herausgeberin des *Female Tatler*, Mary de la Revière Manley, wurde wegen einer satirischen Schrift gegen die Whig-Partei verhaftet und übernahm danach die Redaktion der Tory-Zeitung *The Examiner*. Und bereits 1716 erschien kurzzeitig eine dezidiert politische Wochenzeitschrift für Frauen, *The Charitable Mercury and Female Intelligence. Being a Weekly Collection of All the Material News, Foreign and Domestick. With some notes on the fame* (Faksimile in Adburgham 1972: 65; McDowell 1998). Deren Herausgeberin Elizabeth Powell ließ sich auch durch Haftstrafen nicht in ihrem journalistischen Engagement bremsen.

In anderen Ländern entwickelten sich Frauenzeitschriften langsamer. In Frankreich gab es vor 1789 sogar nur eine von dauerhaftem Bestand, das *Journal des dames* (1759–1778). Dies gab zwar ein Mann heraus, beschäftigte aber auch Frauen (Rattner Gelbart 1987). In England eröffnete dagegen die größere Pressefreiheit den Frauen größere Spielräume, aber auch ihre Tätigkeit als Zeitungsverkäuferinnen dürfte den Vertrieb der Blätter unter Frauen gefördert haben (Nevitt in Raymond 1998: 84–108). Da sich in England früher als auf dem Kontinent Berichte über regionale oder gesellschaftliche Ereignisse durchsetzten, war für Frauen der Zugang zu den Medien ebenfalls leichter. Dass dies nicht automatisch zur Etablierung von

Frauenzeitschriften führte, belegt ein Blick in die USA. Hier entstanden erst 1792/93 mit *The Lady's Magazine* erste Frauenmagazine, wobei Literatur, Mode und Ratschläge dominierten (Aronson 2002: 49).

Deutsche Frauenzeitschriften

In Deutschland kamen im Laufe des 18. Jahrhunderts vielfältige Frauenzeitschriften auf, die sich zunächst stark an die englischen Vorbilder anlehnten. Aus dem *Female Tatler* wurde die von Gottsched edierte, erste deutsche Frauenzeitschrift *Die vernünftigen Tadlerinnen* (1725/26), aus dem *Female Spectator* wurde *Die Zuschauerin* (1747) und aus dem englischen Blatt *Lady's Museum* das *Museum für Frauenzimmer* (1790). Zwischen 1720 und 1800 gab es mindestens 115 für Frauen konzipierte Zeitschriften im deutschen Sprachraum, wobei die meisten nach 1780 entstanden und sehr kurzlebig waren (Weckel 1998: 26). Ein wichtiger Ausgangspunkt waren nach englischen Vorbildern konzipierte Moralische Wochenzeitschriften mit ebenfalls fiktiven Herausgebergestalten, wie Titel wie *Die Braut*, *Das Mädchen* oder *Die vernünftigen Tadlerinnen* unterstreichen. Erstellt wurden die damaligen Frauenzeitschriften überwiegend von Männern. Wenn Frauen in ihnen schrieben, dann oft als anonyme Mitarbeiterinnen (wie die Ehefrauen von Gottsched und Klopstock). Dennoch dürfte dieses Rollenspiel eine große Vorbildfunktion für Frauen gehabt haben. Die fiktiven Herausgeberinnen, die ihre Meinung artikulierten, konnten Frauen anspornen, nun selbst als Journalistin, Autorin oder Herausgeberin räsonierend aufzutreten. Zudem zeigten die Blätter, dass ein Markt für Frauenzeitschriften bestand.

Autorinnen

Im Reich traten Frauen erst spät, ab 1779, selbst als Herausgeberinnen auf. Rund 16 Frauen edierten im letzten Viertel des 18. Jahrhunderts Zeitschriften, wobei viele von ihnen wie ihre männlichen Kollegen anonym blieben. Diese Frauen waren außerordentlich gebildet, vorwiegend protestantisch und kamen je zur Hälfte aus dem Bürgertum und dem Adel. Ab 1796 endete diese weibliche Herausgeberschaft vorerst. Ulrike Weckel erklärt dies mit der Professionalisierung und Kommerzialisierung des Literaturbetriebs, die zugkräftige Namen nötig machten (Weckel 1998: 198, 307).

Im Unterschied zu den englischen Vorläufern waren die Inhalte der deutschen Frauenzeitschriften bildungsbezogener, literarischer und weniger »sensationell«. Berichte über die aktuelle Politik, Prozesse oder Gewalttaten wurden nicht übernommen (Weckel 1998: 34). Lediglich im Zuge der Französischen Revolution ließen sich etwas stärkere politische Bezüge und nationalistischere Töne ausmachen. Ebenso hatten die Zeitschriften keinen protofeministischen Charakter, sondern ihr Frauenbild entsprach der bürgerlichen Geschlechterpolarität. So wandten sie sich dagegen, dass Frauen durch Schreiben und Lesen ihre Aufgaben im Haus vernachlässigten, und nur einzelne Beiträge spotteten über die bürgerlichen Rollenmodelle und männliche Besserwisserei.

Dennoch waren diese Zeitschriften für Frauen ein wichtiger Zugang zur Medienöffentlichkeit. Durch Leserbriefe traten sie in Austausch miteinander, und die Einsendung von eigenen literarischen Stücken motivierte zum öffentlichen Schreiben. Ebenso ermutigten sie Frauen zu einem eigenständigen Zeitschriftenabonnement, die hier oft als Subskribentinnen ihre eigenständige Vertragsfähigkeit unter Beweis stellten. Dass Frauenzeitschriften in Bibliotheken auslagen, vergrößerte nicht nur ihre Reichweite, sondern zeigte auch ihre Akzeptanz bei Männern (Weckel 1998: 61–67).

Auch wenn die Entwicklung des Zeitschriftenmarktes in den europäischen Ländern sehr unterschiedlich verlief, deuten die hier vertieften Beispiele an, wie dynamisch, experimentierfreudig und vielfältig seine Entwicklung sein konnte.

3.3 Deutungen, Wirkungen und Nutzungsweisen der Periodika

Deutungen der Zeitung

Welche soziale und kulturelle Bedeutung die neuen Periodika im 17. Jahrhundert hatten, wurde bislang seltener erforscht. Bereits die Straßburger *Relation* von 1609 sprach der Zeitung eine doppelte Funktion zu: Sie sollte einerseits den Machthabern helfen, damit sie »löblich verwalten und ihre Untertanen in Ruhe und Frieden zu erhalten wollen«, andererseits das Urteil von »Privatpersonen« schärfen und moralisch zur »Gottseligkeit und Besserung des Lebens und zur Warnung« verhelfen. Allen Ständen sollte die Zeitung als Weg »zu rechtschaffender Vernunft, Weisheit oder Erfahrung« dienen (*Relation* 1609, abgedr. in Blühm/Engelsing 1967: 20–22). Neben der moralischen Bildungsfunktion deutete sich somit bereits der Anspruch der Zeitung an, politische Herrschaft zu beraten und mit eigenem Urteil zu beobachten.

Frühe Schriften zur Zeitung

Ausführliche zeitgenössische Einschätzungen zu den Zeitungen geben die zahlreichen Schriften von Gelehrten, die im letzten Drittel des 17. Jahrhunderts erschienen, wie von Ahasver Fritsch (»Gebrauch und Missbrauch der Zeitungen«, 1676), Christian Weise (1676), Tobias Peucer (»Über Zeitungsberichte«, 1690) oder Kaspar Stieler (»Zeitungs Lust und Nutz«, 1695). Mehrheitlich betonten sie ihren gesellschaftlichen Nutzen (Texte in Kurth 1944, vgl. Quelle Nr. 6 unter *www.campus.de*). Wie besonders Stieler ausführte, sollten die Zeitungen vor drohenden Gefahren schützen und dem »bürgerlichen Stande« Wissen über die Welt bescheren. Allen Machthabern empfahl er die Lektüre der Zeitungen, um die richtigen Entscheidungen zu treffen, denn im Unterschied zu Ratgebern seien sie »unparteyisch/fürchten sich nicht/schämen sich und erröten auch nicht« (Stieler 1969: 20). Kritiker der Zeitungen billigten diese Funktionen allerdings nicht den einfachen Lesern zu. Vor allem der Jurist Ahasver Fritsch bezeichnete in seiner Streitschrift die Informationen der Zeitung für die Mehrheit der Leser als nutzlos, da sie sie nicht verstünden. Vielmehr könnten die Zeitungen Schaden anrichten, wenn sie gezielt falsche Meldungen druckten »um das Volk kopflos zu machen« (abgedr. Blühm/Engelsing 1967: 52; Kurth 1944).

Ein zweiter zentraler zeitgenössischer Diskursstrang drehte sich um die individualpsychologische Bedeutung des neuen Mediums (vgl. auch Pompe 2004: 42 f.). Bereits die *Relation* 1609 – wie aber auch die Doktorarbeit von Tobias Peucer 1690 – sah den Ursprung der Zeitung in der dem Menschen angeborenen Neugier. Die zeitgenössischen Kritiker der Zeitung monierten, dass ihr Gebrauch zur Sucht führen könnte. Fritsch führte als Beleg für das gesellschaftliche Ausgreifen der »Zeitungssucht« an, dass sie selbst in Gottesdiensten und Amtsstuben gelesen würden. So sehr dies ein klassischer Topos der Medienkritik ist, mahnt er jedoch gleichzeitig, die frühen Zeitungen nicht nur als Ausdruck von Rationalität zu sehen.

Drittens thematisierten die zeitgenössischen Schriften besonders die Frage, ob die Zeitungen die Wahrheit schrieben. Hier scheint das Misstrauen recht groß gewesen zu sein. Bereits 1614 warnte der calvinistische Theologe Erich Beringer davor, den Meldungen der Zeitungen zu trauen (Behringer 2003: 372). Selbst Christian Weise, der den Nutzen der Zeitung verteidigte, monierte Falschmeldungen in den Zeitungen, weshalb der Leser selektieren müsse (abgedr. in Blühm/Engelsing 1967: 56). Dass die Zeitungen selbst eine Meinung artikulierten und parteilich Kritik übten, sahen die meisten Zeitgenossen ebenfalls kritisch (Adrians 1999: 40; Berns 1976: 207). Deutlich wird hier zugleich das schlechte Image der frühen Zeitungsschreiber.

Die Forschung schrieb den frühen Zeitungen ähnliche soziale und kulturelle Folgen zu wie dem Buchdruck: sie hätten sprachlich vereinheitlichend gewirkt, zur Generierung und Archivierung von Wissen beigetragen sowie zur Etablierung fester Kommunikationsräume. Darüber hinaus machten sie Neuigkeiten zu einer allgemeinen und regelmäßigen Währung sozialer Beziehungen (Raymond 2001: 1; Wilke 2008: 40). Wie auch Tagebücher und Briefe andeuten, veränderte sich durch das Zeitunglesen bereits im 17. Jahrhundert das Weltverständnis vieler Menschen. Entfernte Vorgänge wurden nun zu einem festeren Teil der persönlichen Gedanken. Die periodischen Meldungen über entfernte Ereignisse, die mit Datum und Ort vermerkt wurden, verschoben somit die Raum-Zeit-Beziehung (so Behringer 1999: 69 f., 81).

Zeitung und Politik

Ebenso veränderten Zeitungen, Zeitschriften und Flugpublizistik die politische Kommunikation und Herrschaftspraxis. Sie publizierten Akten, Dokumente und Kriegserläuterungen der Obrigkeiten und förderten durch ihre regelmäßigen Berichte eine verstärkte öffentliche Legitimation ihres Handelns (Repgen 1997: 48 f., 83; Peacey 2013: 225). Auch die Flugpublizistik nahm dabei weiterhin eine zentrale Rolle ein, wie sich noch beim Siebenjährigen Krieg zeigte. Selbst die absolutistischen Regierungen passten sich an die Expansion der Medien an und legitimierten ihr Handeln gezielt in der Presse: sei es bei Kriegserklärungen, mit Antworten auf ausländische Meldungen oder mit unterhaltenden Stoffen aus Hof und Diplomatie (Gestrich 1994: 12, 17, 26, 85; Schultheiß-Heinz 2004: 64). Das galt sogar für die Russischen Zaren des 18. Jahrhunderts (Plambeck 1982: 41). Die Zeitungen wurden damit ein Bestandteil der Außenpolitik. Dass Herrscher und Diplomaten Zeitungsmeldungen aus anderen Ländern offiziell zurückwiesen, belegt dies ebenfalls. Die Diplomatie per Zeitung umfasste nicht nur Eingaben und offiziöse Zeitungen im eigenen Land, sondern mitunter gezielt in ausländischen Sprachen gedruckte Zeitungen, die sich an Nachbarländer richteten.

Die steigende Nachfrage nach Zeitungen belegt zugleich ein wachsendes Bedürfnis nach politischen Informationen und damit eine Politisierung der Gesellschaft. Der Zeitungshistoriker Johannes Weber nimmt an, dass die täglichen politischen Meldungen die Dignität der Obrigkeit minderten, sei es durch Berichte über andere Territorien, sei es durch eine »Säkularisierung der Wahrnehmung des Politischen«, weil die kleinteiligen Berichte die religiöse Herrschaftslegitimation unterliefen (Weber 1999: 43; Weber 1997: 46). Vor allem näherte die Zeitung die Informationsstände der verschiedenen Stände einander an. Eine starke Politisierung förderten vor allem die englischen Zeitungen. Sie trugen im Bürgerkrieg der 1640er Jahre zur Parteibildung bei, insbesondere auch durch Parlamentsberichte (Mendle 2001: 57). Die gedruckten wörtlichen Berichte aus dem englischen Parlament, die ab den 1760er Jahren dann regelmäßig auftraten, veränderten zugleich dessen Rolle, da sich politische Reden nun an eine breitere Öffentlichkeit richten mussten. Im 18. Jahrhundert brachte die englische Presse allein schon dadurch Vorstellungen von Volkssouveränität auf, weil sie ihre Leser nicht als Untertanen ansprach, sondern als »the people«, »Englishmen« oder »the public«. Erst in den 1770er Jahren übernahmen die Zeitungen jedoch in England vollends die kommentierende Funktion der Pamphlete und gewannen die Fähigkeit, durch Kampagnen politische Entscheidungen zu prägen (Barker 2000: 127, 145, 170 f.). Aber selbst in Frankreich und Österreich, wo die Presse stark von der Obrigkeit gelenkt wurde, führte sie zu einer »Durchlöcherung des Arkanbereichs politischer Herrschaft« (Arndt 2002: 23).

Zeitung und Krieg

Da die frühen Zeitungen in hohem Maße über Kriege berichteten, wurde in diesem Bereich ihre Medienwirkung diskutiert. Eine starke Medienwirkung nahm etwa der Historiker Johannes Burkhardt an, der die Zeitungen im Dreißigjährigen Krieg als

»kriegstreibend und kriegsverlängernd« bezeichnete (Burkhardt 1992: 230). Andere Autoren wiesen diese Funktion eher den Flugschriften zu (Welke 1999: 44). Auch in anderen Ländern und Konflikten riefen Zeitungen recht geschlossen zum Krieg auf (zu England etwa: Barker 2000: 139). Allerdings agierten die Zeitungen dabei nicht nur als autonome patriotische Instanz, sondern im Kontext von Herrschaftsstrukturen. Aber selbst wenn die Obrigkeit die Zeitungsinhalte mitbestimmen konnte, garantierte dies nicht automatisch die gewünschte Medienwirkung. Nach der Schlacht bei Dettingen 1743 wurden etwa die rückkehrenden französischen Truppen trotz aller Propaganda spöttisch begrüßt, da andere Medien und mündliche Gerüchte bereits andere Nachrichten verbreitet hatten (Küster 2004: 258). Die Folgen dieser Medienkriege für den realen Krieg waren allein deshalb beträchtlich, weil über die Medien der Ausgang von Schlachten mit ausgehandelt wurde (Schort 2006: 412–416, 475).

Öffentlichkeit nach Habermas

Um die gesamtgesellschaftlichen Folgen der Zeitung und der Zeitschriften im 17. und 18. Jahrhundert zu konzeptionalisieren, bot lange Jürgen Habermas' Modell der »bürgerlichen Öffentlichkeit« den einflussreichsten Ansatz. Obgleich Historiker seit Langem die empirischen Grundlagen seines Ansatzes kritisieren und korrigieren, offeriert Habermas weiterhin eine Perspektive, um Kommunikations- und Sozialgeschichte miteinander zu verbinden (zur Kritik: Calhoun 1992; Gestrich in Zimmerman 2006). Habermas fasst die bürgerliche Öffentlichkeit als »Sphäre der zum Publikum versammelten Privatleute« (Habermas 1990: 86). Dieses Publikum hätte sich im 18. Jahrhundert nach eigenen Regeln als meinungsbildendes Gremium aus der kleinfamiliären Intimität heraus formiert, um unter Berufung auf die Vernunft öffentlich zu räsonieren und kritisch den Staat zu kontrollieren. Medien sind in Habermas' Modell mehrfach von Bedeutung: Er sieht sie erstens zusammen mit dem kapitalistischen Warenverkehr und der literarischen Öffentlichkeit als eine entscheidende Vorbedingung für die Entstehung der bürgerlichen Öffentlichkeit; zweitens schufen und prägten sie Orte der bürgerlichen Öffentlichkeit, wie Lesegesellschaften oder Kaffeehäuser mit ausgelegten Zeitungen; drittens ermöglichten sie eine raumübergreifende Formierung des Publikums; viertens verstetigten die Medien die bürgerliche Kommunikation; und fünftens trugen sie laut Habermas mit zum Strukturwandel und zur Erosion der bürgerlichen Öffentlichkeit bei, da die Ausbildung von kommerziellen Massenmedien und monopolartigen Medienstrukturen das aktive Publikum in passive Konsumenten verwandelt habe.

Kritik an Habermas

Die Debatte um Habermas' Modell und die dadurch angestoßenen Forschungen gewähren Einblicke in den Zusammenhang zwischen Medienentwicklung und sozialen Formierungsprozessen. Kritisiert wurde an Habermas zunächst der von ihm angesetzte Beginn der bürgerlichen Öffentlichkeit. Mediävisten argumentieren, dass man etwa die Debatten um den Investiturstreit durchaus als Formierung einer Öffentlichkeit begreifen könne. Denn hier sei es bereits zu einer breiten, parteilichen und themenbezogenen Kommunikation gekommen, die mündlich und schriftlich einen »ad hoc-Charakter« jenseits der institutionalisierten Kommunikation hatte (Melve 2007: 643–659). Ebenso wird argumentiert, dass in der Vormoderne durchaus die Grenzen zwischen öffentlichen und privaten Räumen bewusst waren, diese Räume aber multifunktional waren (vgl. Tlusty in Rau/Schwerhoff 2004). Für das Reich wurden konfessionelle Teilöffentlichkeiten besonders im Kontext der Reformation ausgemacht. Andere Autoren verorten die Formierung der Öffentlichkeit in der ersten Hälfte des 17. Jahrhunderts – mit der Etablierung der Zeitungen und dem Ausbau des Postsystems (Behringer 2003: 673–681) – oder sehen erst das frühe 18. Jahrhundert als Beginn einer »publizistisch bestimmten Öffentlichkeit«, da vorher die journalistische Aufbereitung der Nachrichten und das Räsonnement gefehlt habe (so Weber in Kutsch/Weber 2002: 18).

Tatsächlich spricht einiges dafür, auch für das deutsche Gebiet spätestens nach der Etablierung des Zeitungsmarktes im 17. Jahrhundert von einer Öffentlichkeit zu sprechen, die um 1700 an Reichweite und Reflexion gewann. Schließlich waren weder die Zeitungen meinungslos, noch nahmen die Zeitungsleser die regelmäßigen Berichte meinungsfrei auf. Gerade das Nebeneinander von unterschiedlichen Wertungen der Korrespondenten bildete eine Frühform des Meinungsaustauschs, der durch Flugpublizistik, Bücher und andere Medien ergänzt wurde. Auch die Zeitgenossen sahen dies. So schrieb der Geschichtsprofessor Johann Peter Ludewig bereits im Jahr 1700 den Zeitungen die Aufgabe zu, »aus Kundschaft gegenwärtiger Dinge ein Urtheil auff die künfftige fassen; das ist vernünftig raisonniren lernen mögen« (zit. nach: Böning, in Welke/Wilke 2008: 296). Ebenso verglich der Dramatiker Christian Weise 1676 den Zeitungsleser mit dem Theaterzuschauer, der auch nicht in das Geschehen eingreifen könne, wohl aber »von der Action selber zu raisonnieren« vermöge (abgedr. in Blühm/Engelsing 1967: 56).

Den Ausgangspunkt für die Entstehung der bürgerlichen Öffentlichkeit sieht Habermas hingegen im England des frühen 18. Jahrhunderts. Die dort frühzeitig etablierten Kaffeehäuser, die freie Presse, ihr Selbstverständnis als »vierte Gewalt« und die dortige Debattenkultur dienen ihm als Belege. Auch dies ist zu modifizieren: Einerseits setzte dieser Prozess gerade in England bereits früher ein und wird etwa auf die dargestellten Umbrüche der 1640er Jahre datiert (Raymond in ders. 1998: 109–140). Andererseits idealisiert Habermas die englischen Verhältnisse des 18. Jahrhunderts, da die Presse erst im letzten Drittel jenes Potenzial entwickelte, das er ihr zuschreibt (Barker 2000).

Akteure der Öffentlichkeit

Zudem formierte sich die Öffentlichkeit nicht, wie bei Habermas konstitutiv angelegt, in Abgrenzung zum Staat. Vielmehr interagierten in allen Ländern Staatsbedienstete auch im neuen medialen Kommunikationsraum, selbst in England und den Niederlanden (Popkin 2005: 26; Barker 1998). Auch das Beispiel der deutschen Intelligenzblätter zeigte dies. Ebenso wird vielfach moniert, dass die Öffentlichkeit nicht auf das Bürgertum zu reduzieren sei. Denn sowohl Adlige als auch Unterschichten partizipierten an der Öffentlichkeit; Erstere etwa in Lesegesellschaften, Letztere etwa durch vorgelesene Zeitungen, Bilder, Diskussionen in Wirtshäusern oder Protestaktionen. Gleiches gilt für Frauen, die bei Habermas ebenfalls keine Berücksichtigung finden. Wie die Geschlechtergeschichte vielfältig kritisiert, war die Verbindung öffentlich/männlich und privat/weiblich ein in dieser Zeit etabliertes Konstrukt, das deshalb nicht analytisch zu übernehmen ist. Außerdem partizipierten Frauen, wie dargestellt, durchaus an der medialen Öffentlichkeit.

Öffentliche Lektüre

Eine sehr produktive Forschung stieß Habermas zu den Orten an, an denen Medien gemeinschaftlich gelesen und diskutiert wurden. Das gilt insbesondere für die Lesegesellschaften, ebenso für die Kaffeehäuser und Wirtsstuben. Allein in London existierten um 1710 circa 500 Kaffeehäuser, zudem 6.000 Kneipen (Winkler 1998: 814, 830). In ihnen lagen Zeitungen aus, was selbst mittellosen Menschen ihre Lektüre oder das Vorlesen ermöglichte. Zugleich schufen die Kaffeehausdiskussionen neue Medien. Insbesondere die frühen Moralischen Wochenschriften beriefen sich darauf, alle Neuigkeiten aus den Kaffeehäusern zu drucken, und gaben für Leserzuschriften Kaffeehausadressen an (ebd.: 824). Dennoch bildeten Kaffeehäuser nicht automatisch eine kritische Öffentlichkeit. Obwohl etwa in Wien ab 1683 Kaffeehäuser aufkamen, entstand keine ähnlich kritische Öffentlichkeit, da dort der Absolutismus dies unterband.

Für Unterschichten diente bereits der Ort des Zeitungsverkaufs als Kommunikationspunkt, also etwa das Posthaus, die Avisenbude oder die Straßenverkaufsstätte. Gegen ein Entgelt lasen hier Menschen aus Zeitungen vor, oder ein gemeinsamer Zeitungskauf wurde ausgehandelt. Auf dem Land entstanden zumindest einzelne Vorlesegesellschaften, die im ausgehenden 17. Jahrhundert von Schulmeistern und im 18. Jahrhundert auch von Landpastoren initiiert wurden (Welke in Dann 1981: 37–40; Winkler 1998: 834).

Lesegesellschaften

Darüber hinaus schuf sich das Bürgertum sozial abgegrenzte Räume der gemeinsamen Mediennutzung. Von großer Bedeutung waren privat organisierte Leihbibliotheken und die mittlerweile in zahllosen Lokalstudien erforschten Lesegesellschaften. Dies waren Zusammenschlüsse von Bürgern, um Medien wie Zeitungen, Zeitschriften und Bücher gemeinsam anzuschaffen. Sie mieteten gesonderte Räume in Gaststätten oder eigene Wohnungen zum gemeinsamen Lesen und für Mitgliederversammlungen. Finanzielle Gründe, der Wunsch nach einer breiten Auswahl an Lesestoffen und das Bedürfnis nach gemeinsamer Lektüre und Diskussion führten zu ihrer Gründung. Sie entstanden zwar ebenfalls frühzeitig in England, fanden jedoch in Deutschland eine besonders weite Verbreitung. Im restlichen Europa zeigten sich wie bei der Expansion der Periodika deutliche Differenzen, insbesondere in Osteuropa. Während im Westen des Reiches seit den 1770ern erste Lesekabinette expandierten, entstanden sie in Böhmen erst in den

1810er Jahren im Kontext der tschechischen Nationalbewegung (Šimeček in Dann 1981: 232). In Russland konnten sich organisierte Lesegesellschaften sogar bis zum Ende der Regierungszeit von Zar Nikolaus I. (1825–1855) aufgrund staatlicher Repressionen nicht entfalten. Wohl aber bestanden bereits Salons (Remnek in Barker/Burrows 2002: 232). Erst in der anschließenden Reformperiode unter Alexander II. verbreiteten sich zumindest entsprechende Zirkel stärker, die vom Freundeskreis bis zum Salon reichten und in denen ein kritischer Austausch über das Regime stattfand (Alexander in Dann 1981: 239 f.).

Welche Aussagen lassen sich anhand der Lesegesellschaften über die Wirkungen und Nutzung von Medien treffen? Erstens zeigen die Anschaffungslisten die große Bedeutung der Periodika. Neben Zeitungen wurden besonders Zeitschriften mit historisch-politischen, geographischen und anderen populären wissenschaftlichen Inhalten angeschafft. Das Abonnement von zwei Dutzend verschiedenen Zeitungen, auch aus den Nachbarländern England, Frankreich und Italien, war bei großen deutschen Lesegesellschaften keine Seltenheit. Diese Auswahl ermöglichte einen kritischen Abgleich der Zeitungsinhalte.

Soziale Folgen von Lesegesellschaften

Zweitens entstand aus der gemeinsamen Mediennutzung in den Lesegesellschaften eine der wichtigsten Keimzellen der selbst organisierten Zivilgesellschaft. Indem ihre Mitglieder sich eine gemeinsame Satzung gaben, gemeinsam mit gleichem Stimmengewicht Entscheidungen trafen und Amtsinhaber wählten, übten sie demokratische Verfahren ein. Da die Lesegesellschaften dabei experimentell Techniken der Selbstverwaltung, Gleichheit und demokratischen Aushandlung erprobten, wurden sie als eine Art Vorschule der Demokratie bezeichnet.

Drittens waren die Lesegesellschaften durch ihre soziale Exklusivität wichtig für die kulturelle und kommunikative Herausbildung des Bürgertums, wenngleich auch Adlige Mitglieder waren (Puschner in Sösemann 2002: 202). Die Lesegesellschaften waren in gewisser Weise eine »gelebte Aufklärung« und gelebte Bürgerlichkeit. Unterschichten wurden durch die Mitgliedsbeiträge oder die Satzungen ausgeschlossen. Gleiches galt anfangs für Frauen, da sie angeblich das freie Räsonieren stören würden. Ersatzweise entstandanden einzelne Damen-Lesegesellschaften. Zudem boten Leihbibliotheken ihnen einen Zugang zu Zeitungen, Zeitschriften und Büchern, erst ab dem 19. Jahrhundert auch häufiger die »männlichen« Lesegesellschaften.

Obgleich Habermas' Studie somit vielfältig widerlegt ist, zeigte die produktive Auseinandersetzung mit dem Modell der »bürgerlichen Öffentlichkeit«, welche soziale und kulturelle Prägekraft Medien im 17./18. Jahrhundert haben konnten. Deutlich wurde zudem, dass nicht nur die aus literaturwissenschaftlicher Sicht herausgestellten literarischen Zeitschriften und Bücher der Zeit von großer Bedeutung waren oder die Flugpublizistik, die Historiker bevorzugt untersuchen. Vielmehr prägten auch die Zeitungen die beiden Jahrhunderte vor dem Beginn der Französischen Revolution.

4. Medien und der Weg zur Moderne

4.1 Medien, Revolutionen und Nationalismus 1760–1848

Eine völlig neuartige, geradezu explosive Entfaltung erlebten die Medien in den großen Revolutionen des späten 18. Jahrhunderts und der zweiten Hälfte des 19. Jahrhunderts. Im Unabhängigkeitskampf der USA, der Französischen Revolution sowie in den Revolutionen um 1830 und 1848 spielten Medien eine zentrale Rolle. Einerseits förderten Medien vielfach die Dynamik der revolutionären Bewegungen, andererseits veränderten die Revolutionen die Medien. Eine systematische vergleichende Studie über dieses Wechselverhältnis steht trotz programmatischer Sammelbände noch aus (vgl. etwa: Grampp u. a. 2008; Popkin 2015).

Amerikanische Unabhängigkeit

Diese Wechselbeziehung lässt sich bereits bei der Amerikanischen Revolution ausmachen. Sie entstand aus den Protesten der nordamerikanischen Kolonien gegen die Steuererhöhungen der Engländer, wobei die Kolonien erst für Partizipationsrechte und schließlich erfolgreich für ihre Unabhängigkeit kämpften. Als Träger dieser Bewegung gelten in der Forschung lokale Ausschüsse oder patriotische protestantische Prediger. Betrachtet man den Anlass für die Proteste, fällt jedoch bereits die zentrale Rolle der Medien auf. So brachte die 1765 von den Engländern verordnete Steuer auf Drucksachen (die »Stamp Tax«) den Protest durch die Medien in Bewegung. Diese »Stamp Tax« wurde als Angriff auf die nordamerikanischen Zeitungen gesehen und von ihnen entsprechend vielfältig bekämpft: Die Zeitungen machten Eingaben und druckten Leserbriefe gegen die Steuer; sie verweigerten demonstrativ die Zahlung und benutzten stattdessen Totenkopfmarken; und sie organisierten Versammlungen, insbesondere den »Stempelsteuerkongress« 1765 in New York. Tatsächlich erreichten die Zeitungen einen geschlossenen Widerstand gegen das Gesetz, das nach einem Jahr wieder zurückgenommen wurde. Auf diese Weise wurde die (Medien-)Öffentlichkeit sich ihrer eigenen Macht bewusst (Sloan/Williams 1994: 123–130).

Visualisierungen

Charakteristisch für die Medieninhalte war, dass sie einzelne Konflikte überspitzt darstellten, um zu mobilisieren. Das galt etwa beim »Boston Massacre« 1770 bereits für den Begriff. Viele Zeitungen berichteten dramatisierend, dass die Briten auf eine unschuldige Menge in Boston geschossen und fünf Zivilisten getötet hätten. Ebenso mobilisierten die Journalisten mit Symbolen. Ein Schlüsselsymbol des Kampfes, eine Schlange mit dem Untertitel »Join or Die«, war 1754 erstmals in Benjamin Franklins *Pennsylvania Gazette* erschienen und wurde seit 1765 von zahllosen Zeitungen regelmäßig verbreitet (Frasca 2006: 148 f.). Die einzelnen Bestandteile der Schlange symbolisierten dabei die neun Kolonien, die sich gegen die Machtansprüche von Frankreich und England zusammenschließen sollten.

Journalisten als Akteure

Ebenso bildeten bei verschiedenen Revolutionen die Redaktionsbüros Keimzellen für die ersten Proteste. So wurde die berühmte »Boston Tea Party«, bei der als Indianer verkleidete Bostoner Bürger aus Protest gegen Steuern und Zölle Tee von englischen Schiffen warfen, maßgeblich im Redaktionsraum der *Boston Gazette* vorbereitet (Burns 2006: 159–162). Viele Gründungsväter der USA waren vorher journalistisch und publizistisch aktiv: Benjamin Franklin war etwa lange Zeit einer der wichtigsten Presseunternehmer in den Kolonien, Samuel Adams und Alexander Hamilton waren wichtige Publizisten (Frasca 2006). Ihre journalistischen Arbeiten machten sie bekannt und erleichterten ihre populäre Agitation im Krieg.

Auch die Debatte über die Artikel der Verfassung wurde in hohem Maße in den Zeitungen ausgetragen. Insbesondere die 85 Zeitungsartikel, die 1787/88 in verschiedenen New Yorker Blättern erschienen und heute als »Federalist Papers« bekannt sind, stammten wiederum von den Gründervätern der USA (Burns 2006: 234). Zudem trugen die Zeitungen entscheidend zur Parteibildung bei. Seit den 1770er Jahren rückten die Zeitungen enger an die sich formierenden Parteien, sodass 1808 drei Viertel der Blätter offen mit einer Partei verbunden waren (Copeland in Barker/Burrows 2002: 149). Die Blätter erhielten von ihren Parteien oft Patronage in Form von Geld, Posten und Druckprivilegien oder wurden direkt von der jeweiligen Partei gegründet (Burns 2006: 241, 262–292). Dies war jedoch kein »dark age of partisan journalism«, sondern Ausdruck einer produktiven Debattenkultur, die zur Nationsbildung beitrug.

Gerade wegen dieser zentralen Rolle der Presse wurde in Nordamerika frühzeitig die Pressefreiheit explizit gewährt. Die *Virginia Declaration of Rights* von 1776 sah erstmals auf der Basis von Natur- und Menschenrechten die Pressefreiheit vor. Die Verfassung von 1791 untersagte ebenfalls jedes Gesetz, das die Pressefreiheit einschränken könnte. Die Pressefreiheit und die in den Zeitungen geführten Debatten um das neue politische System stärkten unverkennbar deren Auflagen. So verdreifachte sich ihre Auflage auf rund 145.000 im Jahr 1800, wobei immerhin 234 Zeitungen um die Gunst der Leser buhlten (Copeland in Barker/Burrows 2002: 149). Insofern hatte die »American Revolution« nicht nur die Struktur der Presse entscheidend verändert, sondern sich auch ökonomisch für die Verleger gelohnt.

Transfer nach Frankreich

Größere Beachtung durch die Forschung fand die Rolle der Medien in der Französischen Revolution. Die französischen Zeitungen, Zeitschriften und professionellen Journalisten waren im Vorfeld der Revolution sicherlich weniger wichtig als in Nordamerika. Bis 1784 äußerte die legale französische Presse kaum Kritik am Ancien Régime (vgl. Censer 1994: 213). Die ohnehin rigide Lizenzierungspolitik und Zensur, die Ende der 1750er Jahre und nach 1776 noch einmal verschärft wurde, bot zu geringe Spielräume. Dennoch war die Rolle der Zeitungen nicht ganz bedeutungslos. Vor allem berichteten sie regelmäßig über die Ereignisse in Nordamerika und damit über ein alternatives Staatsmodell. Ausführliche Details konnten die wohlhabenden Franzosen besonders den französischsprachigen Blättern aus dem Ausland entnehmen, wie der niederländischen *Gazette des Leyde*, die auch die Unabhängigkeitserklärung abdruckte (Popkin 1989: 22).

Untergrundmedien

Eine Schlüsselrolle spielten die sogenannten Untergrundmedien. Angesichts der harten Zensur waren Pamphlete, bebilderte Einblattdrucke oder Skandalchroniken adäquatere Medien, um die Bevölkerung zu mobilisieren (Baecque in Darnton/Roche 1989: 165–176; Darnton 1985). Im Zentrum dieser Schriften stand die »Aufdeckung« von Geheimnissen und dem »wahren« Charakter der Herrscher (Engels in Mauelshagen/Mauer 2000: 185). Die Pamphlete und Schriften glichen eher der mündlichen Öffentlichkeit und spielten mit Gerüchten. Dabei geizten sie nicht mit bissigem Spott und Fantasien über die sexuellen Eskapaden des Königs und der Königin, was ähnlich wie die aufklärerischen Schriften die Entsakralisierung der Monarchie förderte (Darnton 1985: 40).

Expansion 1789

Die Pamphlete waren zugleich ein Übungsfeld für die Journalisten jener Zeitungen, die nach Ausbruch der Revolution wie Pilze aus dem Boden schossen. Ein wichtiger Journalist der Revolutionszeit wie Louis-Marie Prudhomme schrieb bereits in den beiden Jahren vor der Revolution angeblich 1.500 Pamphlete, bevor er ab 1789 das Blatt *Les Révolutions de Paris* herausgab. Die Erklärung der Menschen- und Bürgerrechte am 26. August 1789, die auch die Pressefreiheit als Menschenrecht festlegte, führte zu einer in der bisherigen Weltgeschichte einmalig rasanten Ausbreitung der Presse. In den ersten Jahren der Revolution entstanden jährlich über 300 neue Zeitungen und Zeitschriften, sodass bis 1799 rund 2.000 verschiedene Printmedien publiziert wurden, dazu rund 40.000 Flugschriften (Reichardt 2008b: 234). Ihr Seitenumfang wuchs, und die Auflagen schnellten schlagartig hoch: Die *Gazette universelle* hatte etwa täglich 11.000 Exemplare, das *Journal du Soir* 10.000. Statt der Außenpolitik rückte nun ganz das lokale Geschehen in den Mittelpunkt. Inhaltlich trennten sie nicht mehr zwischen Meinung und Nachricht. Die Grenzen zwischen den häufig kurzlebigen Zeitungen und den mitunter nummerierten Flugschriften waren dabei oft fließend. Ihr Vertrieb erfolgte nun auf der Straße, wo die Schlagzeilen ausgerufen oder die Blätter vorgelesen wurden. Ebenso entstanden Clubs mit Zeitungsabonnements, wo oft zu Beginn der Sitzungen Artikel vorgetragen wurden. Gerade ausländische Beobachter stellten erstaunt fest, jeder in Paris würde plötzlich Zeitung lesen (Gough 1988: 233, vgl. Quelle Nr. 7 unter *www.campus.de*).

Um die nicht-alphabetisierte Bevölkerung anzusprechen, spielten Bilder eine zentrale Rolle: Einerseits kam es zur Zerstörung von religiösen Bildern oder Statuen von Monarchen. Andererseits wurden Symbole der neuen Ordnung visualisiert, auch durch vom Wohlfahrtsausschuss bezahlte Künstler. Die Zerstörung der Bastille oder spöttische Bilder über Klerus und Adel zählten zu den zentralen Motiven (Reichardt in Dowe 1998: 193–200). Generell waren die Medien plurimedial und vermengten Elemente der oralen Öffentlichkeit (Lieder, Klagen, Gerüchte, Predigten etc.) mit denen der schriftlichen (Reichardt 2008b: 258 f.). Damit entstand über Nacht eine medial geprägte vielfältige Öffentlichkeit, die sich in England in vielen Jahrzehnten entwickelt hatte.

Journalisten als Politiker

Das Selbstverständnis dieser Journalisten unterschied sich markant von denen vor 1789. Sie verstanden sich selbst nicht mehr als Chronisten, sondern als politische Erzieher und Anwälte des Volks. Vor allem die radikalen Journalisten sahen sich nun auch als Richter und investigative Kämpfer gegen Korruption und Konterrevolution (Gough 1988: 173 f.). Wie in den USA war der Journalismus ein Karrieresprungbrett zu politischen Führungsposten. Jean Paul Marat (mit seinem Blatt *L'Ami du peuple*), Camille Desmoulins (*Révolutions de France et de Brabant),* Jacques Pierre Brissot (*Mercure Française* u. a.) oder Jacques-René Hébert (*Le Père Duchesne*) wurden zu Schlüsselfiguren der Revolution (ebd.: 231). Die Journalisten kamen aus allen sozialen Schichten, auch Adlige und Kleriker waren darunter (Murray 1991: 187). Ebenso wie in Nordamerika wirkten die Zeitungen parteibildend. Sie waren nicht einfach Sprachrohr der Clubs, sondern umgekehrt deren Kristallisationspunkt (Requate in Imhof/Schulz 1998: 19). Die Presse diskutierte und legitimierte Entscheidungen. Da der Gesetzgebungsprozess jetzt öffentlich war, verfolgte sie ihn und debattierte Weichenstellungen wie die Hinrichtung des Königs und die Kriegserklärung. Kampagnen der radikalen Medien förderten Ereignisse, wie den berühmten »Marsch der Marktfrauen« nach Versailles, und gaben ihnen eine kollektive Bedeutung (Gough 1988: 233). Auch die monarchistische Presse profitierte von der Pressefreiheit und startete insbesondere ab 1790 Protestkampagnen (Murray 1991: 105 f.).

Grenzen der Freiheit

Die Französische Revolution bescherte freilich nur ein kurzes Aufblühen des freien Medienmarktes. Bereits 1792 wurde eine neue Zensur eingeführt, die die monarchistische Presse unterdrückte.

Zudem subventionierten die Jakobiner, wie einst die Monarchen, nun ihre Zeitungen finanziell. Im Jahr darauf wurden »kontrarevolutionäre« Schriften zu Kapitalverbrechen, und zahlreiche Verleger und Journalisten fielen der Guillotine zum Opfer. Nach Robespierres Hinrichtung entstand wieder eine größere Pressefreiheit, die auch der politischen Rechten eine öffentliche Präsenz ermöglichte. Spätestens unter Napoleon Bonaparte kam es jedoch erneut zu einer schrittweisen Rückkehr der Zensur. Die Zeitungen benötigten wieder Lizenzen, und ein »bureau de la presse« des Polizeiministers überwachte sie. Zudem gab das offizielle Regierungsorgan *Le Moniteur* ab 1799 Texte für die wenigen anderen Blätter vor, die noch zugelassen waren: vier von der Regierung getragene Zeitungen für Paris und nur je eine pro Departement (Gough 1988: 229). Dies zeigte somit auch die begrenzte Macht der neuartig medialisierten Öffentlichkeit: Vor der Guillotine und den Truppen erwies sie sich als wehrlos.

Die Französische Revolution veränderte nicht nur in Frankreich die Medienlandschaft. In zahlreichen europäischen Ländern kam es vielmehr zu einem ähnlichen Wechselbad zwischen Modernisierung und Restauration. So führte die Revolution in den Nachbarländern zu einer deutlich stärkeren Parteinahme und politischen Polarisierung der Presse, wobei die ausführlichen täglichen Berichte ihre Auflagen in die Höhe schießen ließen. Der Wettlauf um Neuigkeiten förderte eine gewisse Professionalisierung. Besonders die englische *Times* gewann durch eigene Journalisten in Paris an Reputation.

Folgen von Revolutionsberichten

Bereits die Berichte über den Unabhängigkeitskampf in den USA hatten zu einer ersten Politisierung der westeuropäischen Öffentlichkeit in den 1770/80er Jahren geführt. So wurde in den Niederlanden die »patriotische Revolte« 1786/87 mit aufrührerischen Artikeln in Verbindung gebracht. Die späteren Artikel über die Französische Revolution gelten zudem als Anstoß für die niederländische Adaption der Revolution in der Batavischen Republik 1795 (so Broersma in ders: 2005: 233–255). Im italienischen Gebiet führte die Französische Revolution 1796–99 zu einer Lockerung der Zensur, einer markanten Zeitungsexpansion und zu medialen Sympathiebekundungen (Hibberd 2008: 17f.). Und auch in England und im Reich begrüßte die Presse anfangs den revolutionären Umsturz in Frankreich, bevor eine konservative Gegenpublizistik einsetzte und ab 1793 nur noch wenige Blätter die Gewaltherrschaft unterstützten (Barker 2000: 176–178).

Im Deutschen Reich nahmen im Zuge der Berichte über die Revolution lokale Proteste zu, die die medial verbreiteten Symbole wie Kokarden oder Freiheitsbäume aufgriffen (vgl. Berding in Böning 1992: 5–10). Die Tagespresse übersetzte oft einfach Artikel aus französischen Zeitungen oder Flugblätter. Mitunter rechtfertigte sie sogar die Gewalt mit dem Kampf für die Freiheit, räsonierte über die Ereignisse oder mahnte, die Revolution zeige Folgen von unterlassenen Reformen (Koch in Böning 1992: 242). Wenn auch vorsichtig, ergriffen die deutschen Zeitungen damit kritisch Partei. Einige richteten sich gezielt an Unterschichten und erläuterten dialogisch die Vorgänge in Frankreich. Selbst die Intelligenzblätter wurden nun politischer.

Einschränkungen unter Napoleon

Nachdem die Französische Revolution europaweit zu einem Aufblühen von publizistischen Diskussionen geführt hatte, sorgte sie ab Mitte der 1790er für deren europaweite Einschränkung. Verantwortlich dafür war zunächst die Revolutionsfurcht der Regierungen. Wenig überraschend war, dass insbesondere Österreich bereits seit 1793 die Zensur verschärfte und die Polizeihofstelle zur Pressekontrolle wiederbelebte. Sogar Lesekabinette wurden verboten. Auf Drängen des kaiserlichen Hofes kam es zeitgleich auch in Preußen zu neuen Gesetzen gegen »Aufruhr entfachende Schriften«. Allerdings zeigen Lokalstudien, dass dies vor allem die Selbstzensur verschärfte und sich nicht unbedingt in einem starken Anstieg der Verurteilungen niederschlug (Reinalter in Böning 1992: 19; Hagelweide, in ebd.: 252–255). Noch massiver waren die Folgen für die von Napoleon besetzten Gebiete. In den Rheinbundstaaten ließ er einen Großteil der Zeitungen einstellen, und oft mussten die verbleibenden zweisprachig erscheinen. In besetzten Ländern wie Württemberg durften politische Meldungen nur noch aus offiziösen Quellen wie dem *Moniteur* übernommen werden, und in Baden war nur noch eine Zeitung zugelassen, der alle Intelligenzblätter zu folgen hatten (Schneider 1966: 175 f.). Eine Verödung der Inhalte und ein massiver Auflagenrückgang waren die Folge. Ebenso kam es im eroberten Italien 1805 nach französischem Vorbild zu einer starken Eingrenzung per Lizenz und Zensur (Goldstein 2000: 86). Der französische *Moniteur* wurde damit für weite Teile Europas zum Referenzpunkt eines neuartig zentralisierten Mediensystems.

Selbst in den Mutterländern der Pressefreiheit kam es zu gewissen Einschränkungen. In England führte die Französische Revolution in den 1790er Jahren generell zu einer konservativen Wende. Dabei erhöhte die Regierung von William Pitt die Steuern für Zeitungen erneut, um die Verbreitung von radikalen Blättern zu verhindern, schrieb ein Impressum mit Anschrift der Drucker vor und förderte regierungsnahe Blätter (Barker 2000: 69 f.). Zudem nahm die Zahl der Anklagen und Haftstrafen von Journalisten zu. Sogar in den USA, wo gerade erst die Pressefreiheit verabschiedet worden war, wurde 1798 die Meinungsfreiheit eingeschränkt, indem »false, scandalous, and malicious writing« gegen die Regierung, ihre Verwaltung und den Kongress bestraft wurde. Dies führte zu rund 25 Verhaftungen, bis das Gesetz vier Jahre später wieder aufgehoben wurde. Letztlich stärkte die Kritik an diesen Einschränkungen die Pressefreiheit in den USA im 19. Jahrhundert (Lewis 2008: 21).

Propaganda

Zugleich etablierten die Napoleonischen Kriege Techniken der politischen Propaganda. Napoleon selbst war dabei ein Vorbild. In Preußen gab besonders der Reformer und spätere Staatskanzler Karl August Freiherr von Hardenberg Anstöße. Bereits 1807 forderte er in einer Denkschrift, man müsse »die öffentliche Meinung mehr ehren und bearbeiten, durch zweckmäßige Publizität, Nachrichten, Lob und Tadel usw.«, um eine »Aufregung von patriotischem Enthusiasmus« zu erreichen (zit. nach Schneider 1966: 178 f.). Ähnlich taktierte Metternich in Österreich. Die Ambivalenz dieser Wendung an die Öffentlichkeit ist offensichtlich: Sie entstammte einer autoritären Taktik, wertete aber die Öffentlichkeit als Instanz auf, mit der Regierungen ihr politisches Handeln durchsetzen und legitimieren wollten. So führte Hardenberg Amtsblätter der Regierung ein, um politische Maßnahmen öffentlich zu rechtfertigen (Hofmeister-Hunger 1994: 403, 217). Aus Angst vor der Revolution wurden gerade an Unterschichten offizielle Blätter in hoher Auflage umsonst verteilt – die *Schlesische Volkszeitung* etwa mit 40.000 Exemplaren –, um Flugblätter zu verdrängen und vor Aufwieglern zu warnen (Böning in ders. 1992: 502 f.). Und im Krieg gegen Napoleon kam es in Österreich und Preußen zu Nachahmungen seiner *Bulletins de la Grande Armée*, um mit Proklamationen, Statistiken und Kriegsliedern zu mobilisieren (Hofmeister-Hunger 1994: 265–269).

Nationalismus

Diese propagandistische Mobilisierung gegen Napoleon korrespondierte mit einer Etablierung des Nationalismus. Dass Nationalismus und Kommunikation zusammenhingen, haben frühzeitig wegweisende Studien wie von Karl W. Deutsch (1953) und Benedict Anderson (1993) betont. Dennoch berücksichtigen selbst neuere Überblicke zur Geschichte des Nationalismus die Medien kaum. Anderson sieht die Zeitungen nicht nur als Träger nationalistischer Äußerungen, sondern argumentiert, dass das Wissen um das gleichzeitige (Zeitungs-)Lesen von Millionen Anderen die vorgestellte nationale Gemeinschaft bilde (Anderson 1993: 27, 45). Medien hätten zudem als erstes massenproduziertes Industriegut einen gemeinsamen Markt geschaffen, eine gemeinsame Sprache gefördert und Landkarten verbreitet, die Nationsvorstellungen prägten (ebd.: 45). Zudem ermöglichte der lebendige Medienmarkt erst eine nationale kulturelle Kanonbildung und einen Patriotismus, der sich in negativen Völkerstereotypen und einer Abgrenzung zum französischen Lebensstil zeigte (Waibel 2008: 163–166).

Der Zusammenhang zwischen Medien und Nationsbildung zeigt sich bereits bei den Titeln vieler Zeitungen. So hießen in Nordamerika Zeitungen frühzeitig *Gazette of the United States*, *American Minerva* und *National Gazette*. Im Deutschen Reich häuften sich zwischen 1780 und 1815 Namen wie *Teutsche Mercur*, *Deutsche Chronik*, *Pomona für Teutschlands Töchter* oder *Journal von und für Deutschland*. Die mediale Mobilisierung erfolgte zudem weiterhin über Flugblätter, Karikaturen, patriotisch-politische Lyrik oder Lieder, die eine Kommunikation über soziale Grenzen hinweg förderten (Hagemann in Sösemann 2002: 296). Reden, Theaterstücke, Turnvereine und Feste ergänzten dies, wobei auch sie mit Printmedien interagierten. Reden wie Johann Gottlieb Fichtes »Reden an die deutsche Nation« oder die Predigten Schleiermachers fanden erst per Druck ihre Verbreitung. Nationalistische Schriftsteller wie Ernst Moritz Arndt oder August Kotzebue passten ihre Sprache den Medien an und richteten sich bewusst auch an untere Schichten (Hagemann in Sösemann 2002: 283). Auch das Verbrennen von französischen Medien und Symbolen, wie beim Wartburgfest 1817, unterstrich diese Verbindung von Medien und praktiziertem Nationalismus.

Mobilisierung 1813

Um für den Krieg gegen Frankreich zu mobilisieren, wurden 1813/14 nationalistische Medien zugelassen. Bereits die Russische Armee setzte dafür in den befreiten Gebieten die Zensur außer Kraft, ebenso die preußische Armeeführung, sodass es zu einem Boom von Zeitungen und historisch-politischen Journalen kam (Hagemann in Sösemann 2002: 286–295). Die preußische Regierung förderte sogar nationalistische Blätter wie Görres' *Rheinischen Merkur* und protegierte Kleists *Berliner Abendblätter* und Ernst Moritz Arndts Gedichte gegen die lokale Zensur (Hofmeister-Hunger 1994: 300–309). Die direkte mediale Ansprache der Heerführer, wie Blüchers Aufruf »An Sachsens Einwohner«, ergänzte den Aufruf des preußischen Königs Friedrich Wilhelm III. »An mein Volk« in der *Schlesischen Privilegierten Zeitung* im März 1813, der vielfältig nachgedruckt wurde. Die Kriegskonstellation führte damit zu einer neuartigen Kommunikation von Obrigkeit und Volk, die wechselseitig den Nationalismus förderte.

Transfer von Nationalismus

Es wäre genauer zu erforschen, inwieweit Medien und Nationalbewegungen in Osteuropa interagierten. Für Ungarn, Tschechien und Polen deutet sich dies an, da Zeitungen und Zeitschriften in der heimischen Sprache in genau diesem Zeitraum entstanden und ebenso Lesegesellschaften aufkamen (Balogh/Tarnói 2007). Gleiches gilt für Griechenland, wo 1811 die ersten Zeitungen aufkamen. Griechischsprachige Blätter im Ausland warben für den Freiheitskampf, den viele zentraleuropäische Bildungsbürger ideell, materiell und einige sogar kämpferisch unterstützten – wie der Schweizer Johann Jakob Meyer, der 1824 die *Ellenikà Chronikà* herausgab und dann nach Griechenland zum Kampf gegen die Osmanen zog. Dagegen konnten in Russland erst in den 1860er Jahren unabhängigere Blätter wie *Golos* entstehen, die trotz der Zensur den Nationalismus förderten, indem sie Russland etwa als aufgeklärte Kulturnation in Asien priesen (Renner 2000: 378; McReynolds 1991: 45 f.).

Ein gewisser Zusammenhang zwischen Zeitungsgründungen

und nationalen Unabhängigkeitsbewegungen lässt sich zudem in Lateinamerika erkennen. So entstanden mit Beginn des 19. Jahrhunderts in Mexiko Zeitungen, die sich meinungsstark im Unabhängigkeitskampf engagierten, was 1822 mit zur Abdankung des spanischen Vizekönigs führte. Ebenso zirkulierten in Kolumbien und Bolivien zahlreiche Zeitungen, die für die Unabhängigkeit eintraten und die Gründung der Republik Bolivien 1825 förderten. Dagegen scheint in Brasilien erst die Unabhängigkeit 1822 einen gewissen Anstieg der Zeitungen gebracht zu haben, die dann die Ausbildung von republikanischen und monarchistischen Parteien förderte (vgl. Beiträge in Wilke 1992–96).

Restauration nach 1815

In Westeuropa folgte dieser kurzen Blüte der Medien nach 1815 eine lange Phase der Restauration. Diese ergab sich nicht unmittelbar aus dem Wiener Kongress, da die Wiener Bundesakte nur »gleichförmige Verfügungen über die Preßfreiheit« versprach (Wilke 2008: 167). Ebenso gewährten einige Bundesstaaten recht liberale Verfassungen und rund zwei Drittel begnügten sich mit einer Nachzensur. Erst die Karlsbader Beschlüsse 1819 führten im Deutschen Bund zu einer drastischen und einheitlichen Einschränkung der Meinungsfreiheit. Die rigide Vor- und Nachzensur für Druckwerke bis 320 Seiten und die Kontrolle durch Spitzel wurde zum Charakteristikum dieser Epoche. Verhaftungen von Journalisten und Gelehrten, die sich öffentlich äußerten, gingen damit einher. Inhaltlich wurden die Zeitungen dadurch unattraktiv: Die Zahl der aktuellen Themen sank, und politische Meldungen stammten selbst bei einem großen Blatt wie der *Augsburger Allgemeinen Zeitung* überwiegend nur aus dem Ausland (vgl. empirisch: Blumenauer 2000). Stattdessen nahm die Publikation von Hofnachrichten und Dekreten zu, und die Selbstzensur blockierte das Räsonieren. Gemessen am Bevölkerungsanstieg expandierten die Zeitungen kaum, obgleich aufgrund der technischen Entwicklung ein Anstieg zu erwarten gewesen wäre. Denn mit der Einführung der Schnellpresse kam es ab 1814 erstmals seit Gutenbergs Zeit zu einer maßgeblichen Veränderung der Drucktechnik.

Die Zensur wurde jedoch vielfältig umgangen. Wichtigstes Mittel im Deutschen Bund war die Verlegung der Druckorte in Bundesstaaten, in denen die Zensur schwächer umgesetzt wurde, wie in Bayern oder Sachsen. Politische Artikel über das Ausland, besonders über England und die USA, verbreiteten indirekt Ideale. Zudem kam es zu einem »Ideenschmuggel«, bei dem Botschaften versteckt in Texte, Gedichte, Lieder und umfangreiche Bücher eingefügt und ebenso als Zeichen auf Taschentüchern oder Medaillen angebracht wurden (Siemann 1987).

Revolutionen 1830

Trotz oder vielmehr wegen dieser Repressionen traten um 1830 in Westeuropa erneut Protestbewegungen auf, die vielfach von Zeitungen mitinitiiert wurden. Für den Ausbruch der Juli-Revolution in Frankreich gaben vor allem die »Juli-Ordonanzen« von König Charles X. Anlass, die die Pressefreiheit und den Wahlzensus weiter einschränkten. Journalisten initiierten eine Resolution gegen die Ordonanzen, und die Protestnote, die 44 Redakteure von zwölf Zeitungen am 27. Juli 1830 plakatierten, mobilisierte die Straße gegen die Regierung (Reichardt 2008b: 241; Charle 2004: 37–41). Besonders die 1830 gegründete Zeitung *Le National* bildete eine der wichtigsten Keimzellen der Proteste (Church 1983: 74). Sie sammelte Unterschriften gegen die Ordonanzen, und ihr Herausgeber Adolphe Thiers war ein Hauptakteur der Revolution, die immerhin zur Vertreibung der Königsfamilie und zur Einsetzung des liberalen »Bürgerkönigs« Louis Philippe führte. In den 1830er Jahren wurde Thiers Minister und Ministerpräsident, 1871 sogar erster Staatspräsident der Dritten Republik.

Eine ähnliche Verbindung zwischen Medien und Revolution zeigte sich in Belgien, das nun erst als unabhängiger Staat entstand. Nachdem der König des Vereinigten Königreichs der Niederlande autoritär auf Reformforderungen reagiert hatte, erhoben sich 1830, unter dem Einfluss der Pariser Juli-Revolution, die Flamen und Wallonen im katholischen Süden gegen den stärker protestantisch geprägten Norden. Träger der Reformforderungen war besonders die Zeitung *Courrier des Pays-Bas* und ihr Redakteur Louis de Potter. Der antiklerikale Journalist förderte ein Bündnis zwischen den Liberalen und den Katholiken, die sich nun mit nationalen Argumenten gegen die Regierung stellten (Church 1983: 83). Der Kampf für die Pressefreiheit war ebenfalls ein zentraler Ausgangspunkt für die Proteste. Immerhin 70.000 Menschen unterschrieben eine Petition hierfür, während die Prozesse gegen Journalisten wie Potter diese zu Märtyrern machten. Die amtliche Druckerei, bei der das königstreue Blatt *Le National* erschien, und das Haus des Herausgebers waren Ziele der ersten gewaltsamen Proteste 1830. Auch hier führte die Revolution dazu, dass zahlreiche Journalisten in die neue Regierung wechselten.

Hambacher Fest

In Großbritannien, Italien und im Deutschen Bund kam es um 1830 bekanntlich zu keiner Revolution. Dennoch entstanden auch hier Protestbewegungen, die durch Journalisten und Medien gefördert wurden. So wurden in den italienischen Gebieten illegal nationalistische Blätter publiziert. Guiseppe Mazzini und andere gründeten ab Ende der 1820er Jahre von Marseille aus programmatische Zeitungen, um Mazzinis Bewegung »Junges Italien« zu stützen (Gernert 1990: 51 f.; Hibberd 2008: 18 f.). In Deutschland führte die Pariser Revolution zu einer Wiederbelebung der Nationalbewegung und zu stürmischen Versammlungen in einzelnen Staaten. »Pressfreiheit« entwickelte sich zu einem Schlüsselbegriff der Proteste (Koch in Grampp 2008: 286). Höhepunkt dieser Politisierung war das »Hambacher Fest« 1832. Die Schlüsselfiguren bei dessen Vorbereitung waren ebenfalls Journalisten – besonders Philipp Siebenpfeiffer, der sein Blatt *Rheinbayern* programmatisch in *Deutschland* umtaufte, und Johann Georg August Wirth, dessen Blatt *Deutsche Tribüne* fortlaufend zensiert wurde, aber trotz Prozessen weiter erschien. Sie gründeten im Februar 1832 den »Deutschen Vaterlandsverein zur Unterstützung der freien Presse«, der in Hambach ein als Volksfest angemeldetes Treffen organisierte. Immerhin rund 30.000 Teilnehmer traten hier für die Pressefreiheit, für einen deutschen Nationalstaat und gegen Polizeiwillkür ein. Medien, Vereinswelt und performative Rituale griffen folglich ineinander. In der Presse wurde das Fest von zahlreichen Artikeln begleitet, die recht offen ihre Sympathie bekundeten. Kurzfristig obsiegte die Repression: Führende Journalisten mussten danach ins Exil gehen oder wurden verhaftet, und die Pressezensur sowie die Einschränkung der Öffentlichkeit nahmen sogar noch zu. Zugleich politisierte es jene Schriftsteller der 1830er, die heute als »Das junge Deutschland« bezeichnet werden (wie Heinrich Heine oder Georg Büchner). Vor allem war es ein Fanal der Nationalbewegung und ein Vorlauf für 1848.

Radical Press in England

Wie zumeist übersehen wird, kam es auch in England zu einem zeitgleichen Zusammenspiel von Presse und Protesten. Selbst hier führte die Revolutionsfurcht nach dem Sieg über Napoleon zu Einschränkungen der Pressefreiheit sowie zu erhöhten Zeitungssteuern und -kautionen. Und vier Jahre später grenzten, zeitgleich zu den Karlsbader Beschlüssen, die »Six Acts« die öffentliche Kommunikation weiter ein. Im Vergleich zum Kontinent waren die englischen Journalisten jedoch mutiger. Mitte der 1810er Jahre und um 1830 blühte jeweils eine auflagenstarke radikale Presse auf. Sie trug kämpferische Titel wie *Poor Men's Guardian. Published in Defiance of ›Law‹, to try the Power of the ›Might‹ against ›Right‹*. Dabei schmückte eine Druckerpresse mit der Aufschrift »Knowledge is Power« jede Ausgabe dieses Blattes. Allein zwischen 1830 und 1836 entstanden rund 550 illegale Zeitungen, die auf die Steuermarke verzichteten und so mit niedrigen Preisen hohe Auflagen erzielten. Das radikale Blatt *Weekly Political Register* von William Cobett erschien sogar mit 40.000 Exemplaren (Wiener 1969: XVII). In einer einfachen anklagenden Sprache wandten sich die Blätter moralisch gegen die »Old Corruption«: Gegen die Ausbeutung des Volkes oder Ungerechtigkeit vor Gericht, und für die Pressefreiheit, freies Wahlrecht und bessere Arbeitsbedingungen. Die *Radical Press* und *Unstamped Press* prägten damit eine proto-sozialistische Bewegung und sprachen das »Volk« (»the people«) als eigentlichen Souverän der Nation an (Conboy 2002: 72).

Englische Proteste

Darüber hinaus spornten auch die englischen Journalisten Protestversammlungen an, die ähnlich ausstrahlten wie das Hambacher Fest. So wurde 1819 eine Massenversammlung mit 60.–80.000 Menschen in Manchester von der »Patriotic Union Society« initiiert, die von Journalisten des *Manchester Observer* getragen wurde. Bei der Versammlung selbst reisten zahlreiche Redakteure der Londoner Qualitätspresse an, die dann entsetzt über die blutige Niederschlagung der Versammlung mit 15 Toten und Hunderten Verletzten berichteten – besonders über die Gewalt gegen Frauen (Bush 2005: 30–35). Dies machte das »Peterloo Massacre«, wie die Presse es nannte, zu einem ähnlichen Erinnerungsort wie das »Boston Massacre« in der Amerikanischen Revolution. Ebenso spornten radikale Journalisten ein Jahr später in London bei der

The MEDUSA;

OR,

Penny Politician.

No. 25. Vol. 1.] Saturday, August 7th, 1819. [Price 1d.

"Let's Die like Men, and not be Sold like Slaves."

INFAMOUS CONDUCT OF THE LORD MAYOR.

"Proceedings of the *Devil's own.*"

It must be animating to every mind which has any feeling for the general welfare and happiness of the human race, to observe the diffusion of knowledge, more particularly political knowledge, which has so rapidly extended its light amongst what is *ignorantly* called "THE LOWER ORDERS," and ramified to every corner of the kingdom; because in that knowledge is contained a certain antidote to the much longer existence of tyranny, which has sacrificed innumerable victims to its insatiable avarice. Despotism may still hold the sword suspended, to awe into submission the men who are awakening to shake off the chains which so long have bound them; but how must they shrink with terror, when they see their slaves are acquainted with the strength of the bonds by which they are kept in this abject state. We are

Die britische *Radical Press: Medusa* 17.8.1819, aus: Paul Keen (Hg.): *The Popular Press in Britain 1817–1821*, Bd. 5, London 2003, S. 201, vgl. Quelle Nr. 8 unter *www.campus.de*.

»Queen Caroline Affair« zu Protesten an, als der angehende König George IV. die Scheidung von seiner Frau Caroline durchsetzte. Bei den Protesten und Reformen Anfang der 1830er Jahre spielten die *Radical* und *Unstamped Press* ebenfalls eine Schlüsselrolle (Barker 2000: 11 f.). Sie erreichten zudem, dass die von ihnen bekämpfte Zeitungssteuer 1836 bis auf einen Penny wegfiel. Damit schaffte sich die *Unstamped Press* selbst ab und leitete das Aufblühen einer auflagenstarken Massenpresse in Großbritannien ein.

Revolutionen 1848

Die Verbindung zwischen Medien und Revolutionen zeigte sich schließlich 1848 europaweit. Auch diese Revolution breitete sich von Paris nach Europa aus (Dowe u. a. 1998). Abermals prägten die

Medien ihren Verlauf und wurden selbst durch die Revolution verändert. Bereits in den Jahren vor 1848 wurde in vielen Ländern die Zensur gelockert, sodass die Medien liberale und nationale Forderungen artikulieren konnten und Berichte über einzelne Proteste kursierten. Im Königreich Sardinien-Piemont scharten sich die Liberalen ab 1847 um die Turiner Zeitung *Il Risorgimento*, im Deutschen Bund um die *Deutsche Zeitung*. Dieser Aufschwung korrespondierte mit technischen Entwicklungen. So fand in den 1840er Jahren die Schnellpresse eine deutlich stärkere Verwendung (Stöber 2014: 118). Da ihre Anschaffung teuer war, zwang sie zu schnell produzierten hohen Auflagen, die schwerer durch die Zensur zu kontrollieren waren. So konnten die »Forderungen des Volks« von der Offenburger Volksversammlung 1847 bereits mit Tausenden Flugblättern verbreitet werden (Siemann 1985: 115).

Während der Revolution ermöglichte diese Drucktechnik mehrere Auflagen täglich, was Protesten eine neuartige Dynamik geben konnte. Wichtige Zeitungen wie *La Presse* in Paris oder die *Kölnische Zeitung* erschienen 1848 bereits dreimal am Tag, im Fall von *La Presse* mit Auflagen von über 70.000 (Reichardt 2008a: 16, 19). Ihre Aufforderung, der König solle abdanken, hatte daher besonderes Gewicht. Die Telegrafie spielte in der Revolution hingegen noch kaum eine Rolle, da ihre Verwendung den Zeitungen aus Revolutionsangst in Zentraleuropa weitgehend untersagt blieb. Die Ausdehnung der Revolution erleichterten eher andere neue Techniken der beschleunigten Nachrichtenübermittlung – wie die Eisenbahn, die ab 1835 in Deutschland ausgebaut wurde, oder der regelmäßige Nachrichtenverkehr mit Brieftauben, den bereits Zeitungen und Nachrichtenagenturen nutzten.

Presseboom

Nach Ausbruch der Revolution war die Etablierung der Presse- und Meinungsfreiheit eine zentrale Forderung, die in vielen Ländern, selbst im konservativen Österreich, kurzzeitig umgesetzt wurde. Unter Eindruck der französischen Ereignisse stellte der Deutsche Bundestag Anfang März 1848 jedem Mitgliedsstaat die Einführung der Pressefreiheit frei (Greiling 2003: 507). In der schließlich verabschiedeten Verfassung der Paulskirche 1849 heißt es wegweisend in Artikel IV: »Jeder Deutsche hat das Recht, durch Wort, Schrift, Druck und bildliche Darstellung seine Meinung frei zu äußern.« Die Pressefreiheit ermöglichte europaweit eine rasante Medienexpansion. So kamen allein in Paris bis Juni 1848 450 neue, zumeist kurzlebige Periodika auf (Reichardt 2008b: 242). In Österreich verdreifachte sich die Zahl der Zeitungen auf 215 und in Deutschland wuchs sie auf geschätzte 1.700 (Siemann 1985: 117). Der Straßenverkauf gab ihnen zusätzlich eine neue Präsenz, wobei die Grenzen zwischen Flugschriften und kurzlebigen Periodika oft fließend waren. Insofern sollte man die Revolution 1848 nicht allein mit Barrikaden oder der Paulskirche assoziieren. Viel typischer war der zeitunglesende diskutierende Bürger.

Durch die Revolution veränderte sich schlagartig das Profil der Zeitungen und Zeitschriften. Offiziöse staatsfinanzierte Blätter wie der *Österreichische Beobachter* in Wien oder der *Rheinische Beobachter* in Bonn verschwanden. Andere Periodika unterstrichen ihren Wandel durch Streichung offiziöser Namensteile wie »amtlich« oder »priviligiert«. Gerade in der Provinz entstanden neue politisierte Blätter, und bisher »meinungslose« Zeitungen positionierten sich politisch, was sie zumeist bereits mit Namensteilen wie »Volk«, »deutsch«, »frei« oder »Bürger« unterstrichen (Greiling 2003: 506, 514; Koszyk 1966: 110). In Frankreich erinnerten die Zeitungsnamen oft an die Schlagworte der Französischen Revolution, etwa *La Liberté*.

Parteipresse

1848 entfaltete sich in Zentraleuropa zudem die Parteipresse. Wie bei den früheren Umbrüchen in Nordamerika und Frankreich gründeten nicht einfach bestehende Parteien Zeitungen und Zeitschriften als ihr Sprachrohr, sondern es kam zu einem wechselseitigen Formierungsprozess. Nun entstanden jene vier Parteirichtungen in der Presse, die bis ins 20. Jahrhundert in Deutschland prägend blieben (konservativ, liberal, katholisch, sozialistisch). Ähnlich wie in der Paulskirche fanden die Publizisten erst im Laufe der Debatte ihren politischen Ort. Entlang der tagesaktuellen Ereignisse handelten die Blätter die Programmatik der jeweils entstehenden Parteilinien aus. Auch in der Provinz waren Wirtshausversammlungen, politische Vereinsbildungen und die Ausrichtung von Lokalzeitungen miteinander verflochten (Beine 1999).

Leitorgan der konstitutionellen Liberalen war die *Deutsche Zeitung* (1847–1850), die sich an das (Bildungs-)Bürgertum richtete

(Hirschhausen 1998), dann die *National-Zeitung*. Radikalliberal war etwa das Blatt *Deutscher Zuschauer* aus Mannheim. Damit zeichnete sich jene weltanschauliche Spaltung ab, die den Liberalismus bis weit ins 20. Jahrhundert kennzeichnete. Zudem entstanden, mit kleinen Auflagen, als Vorläufer der Sozialdemokratie Blätter von Arbeitervereinen, wie etwa *Das Volk*, das Zentralorgan *Verbrüderung* oder schließlich die sozialistische *Neue Deutsche Zeitung*. Der aus dem Exil zurückgekehrte Karl Marx wurde Chefredakteur und dann auch Besitzer der *Neuen Rheinischen Zeitung* (Koch in Dowe 1998: 797). Ebenso erschienen in Frankreich Blätter von Arbeiterclubs wie *Commune de Paris* oder *La Vraie République* (Reichardt 2008a: 22).

Konservative

Auch die Konservativen gründeten mit der *Neuen Preußischen Zeitung*, die wegen ihres Eisernen Kreuzes im Kopf nur »Kreuzzeitung« genannt wurde, ein Blatt, das laut Mitgründer Ludwig von Gerlach als Mittel zur Sammlung des Konservatismus dienen und ein Gegengewicht zur *Deutschen Zeitung* bilden sollte (Bussiek 2002: 63f.). Damit begannen die Konservativen, politische Reformen mit den Techniken der Reformer zu bekämpfen: die Pressefreiheit mit einer eigenen Presse, den Parlamentarismus mit einer eigenen Fraktion. Im Vergleich zu den Liberalen blieben die konservativen Periodika und Journalisten jedoch von untergeordneter Bedeutung. Ähnliches gilt für den politischen Katholizismus. Seit 1815, besonders aber seit den 1840er Jahren hatte die Zahl der katholischen Zeitschriften zugenommen. Allein im Deutschen Bund entstanden bis 1847 92 Blätter, wobei konservative »ultramontane« überwogen. Ihre Artikel verurteilten die Revolutionen nachdrücklich und setzten sie mit der Reformation gleich, die sie als ihre Wurzeln sahen (Schneider 1998: 46f., 354–359). Die von Joseph Görres edierten *Historisch-politische Blätter für das katholische Deutschland* bildeten seit 1838 ihre wichtigste politische Zeitschrift. 1848 formierte sich auch der politische Katholizismus auf allen Ebenen der Öffentlichkeit: Als Fraktion in der Paulskirche, in Versammlungen wie dem ersten Katholikentag, durch Vereinsgründungen und eben auch durch neue Medien. Insbesondere die eher konservative Kölner Zeitung *Rheinische Volkshalle* entstand in diesem Jahr als neues Leitorgan, die 1849 durch Umbenennung in *Deutsche Volkshalle* ihren gesamtdeutschen Führungsanspruch unterstrich. Damit wuchs bei den Katholiken die Einsicht, sich in der tagespolitischen Auseinandersetzung mit dem Staat in Medien und Öffentlichkeit zu behaupten.

Satireblätter

Im Kontext der Revolution 1848 blühten zudem Satireblätter auf. Allein in Berlin erschienen 1848/49 rund 35, wenn auch nur kurzlebige humoristische Blätter, die mit Titeln wie *Der Teufel in Berlin* oder *Kladderadatsch* auf den Umsturz anspielten und ihn zugleich verhöhnten (Koch 1991: 57–130; Quelle Nr. 9 unter *www.campus.de*). Damit schloss Deutschland an Frankreich und England an, wo sich bereits in den Jahrzehnten zuvor auflagenstarke Satireblätter etabliert hatten, wie besonders *Le Charivari* seit 1832 und *The Punch* von 1841. Ihr Spott über die Feigheit und Unwissenheit der Bürger und die Unfähigkeit der neuen wie alten Politiker verriet zugleich ein gewisses Ohnmachtsgefühl.

Frauenzeitschriften

Neuartig war 1848 auch das journalistische Engagement von Frauen. Generell partizipierten auch Frauen am politischen Umbruch: Sie nahmen bei Versammlungen und Protesten teil, beim Straßenvertrieb von Drucken oder zumindest als Zuschauerinnen an Parlamentssitzungen. In Frankreich entstand 1848 eine Zeitung namens *La Voix des Femmes*, die zugleich die Gründung zahlreicher Frauenvereine initiierte und in ihren Redaktionsräumen das »Zentralkomitee der Gesellschaft der Stimme der Frauen« versammelte (Koch in Dowe 1998: 785 f.). In Deutschland partizipierten zumindest einzelne Frauen am politischen Journalismus und edierten sogar eigenverantwortlich politische Zeitungen. So trat Mathilde Franziska Anneke bei der *Neuen Kölnischen Zeitung* für eine Republik ein, und die von Louise Otto herausgegebene *Frauen-Zeitung* brachte Nachrichten und Kommentare zum politischen Tagesgeschehen und forderte Frauenrechte (Freund 2004: 173; Wischermann in Blühm/Gebhardt 1987: 351). Damit war die Revolution 1848 ein Meilenstein bei der Entwicklung emanzipierter Journalistinnen und einer weiblichen Beteiligung an der politischen Öffentlichkeit. Noch 1850 folgten Verbote die untersagten, dass Frauen Zeitungen leiteten.

Wie bei den vorherigen Revolutionen erwiesen sich die Journalisten als politische Akteure, die auch in die Politik wechselten. In

Paris übernahmen, nachdem der Herausgeber von *La Presse,* Emile Girardin, zur Abdankung des Monarchen aufgerufen hatte, erneut Journalisten zahlreiche politische Posten in der Regierung (wie Außenminister oder Kriegsminister), und der Chefredakteur von *Le National* wurde etwas später Pariser Bürgermeister. In der verfassungsgebenden Nationalversammlung waren etwa elf Prozent haupt- und zehn Prozent nebenberufliche Journalisten (Koch in Dowe 1998: 779).

Folgen von 1848

Bekanntlich scheiterte die Revolution 1848 und mit ihr die kurze Blüte einer ausdifferenzierten Medienwelt. Die politische Restauration hatte für die Medien zahlreiche Folgen: Die Pressefreiheit wurde aufgehoben, Journalisten wurden verhaftet oder zur Emigration gezwungen, und ein Großteil der gerade erst entstandenen Blätter ging wieder ein oder verlor deutlich an Auflage. Stärker noch als zuvor nahm dagegen der Staat durch finanzielle Mittel Einfluss auf die Presse. Dennoch gab es keine Rückkehr zu den alten Verhältnissen. Denn einerseits konnten die Regierungen nicht mit der alten Strenge auftreten, ohne sich selbst zu diskreditieren. Statt der Vorzensur begnügten sie sich in Deutschland nun mit der Nachzensur. Dies erleichterte das zunehmende Austesten von Grenzen (Requate 1995: 251). Andererseits hatten die Medien 1848 neue Formen entwickelt, die entweder unauffälliger fortbestanden oder seit den 1860er Jahren wieder auflebten. So konnten zumindest einzelne Satireblätter oder Parteizeitungen überleben, die Kristallisationspunkte für die Bildung politischer Vereine im folgenden Jahrzehnt waren.

4.2 Politik und Gesellschaft im Zeitalter der Illustrierten- und Massenpresse

Das ausgehende 19. Jahrhundert hat viele Zuschreibungen erhalten. Es gilt als Beginn der »klassischen Moderne«, des »politischen Massenmarktes« oder als Fin de Siècle, das zwischen euphorischem Aufbruch und Zukunftsangst changierte. Die Medialisierung der Gesellschaft spielte dabei eine zentrale Rolle. Die Jahrzehnte ab den 1880er Jahren wurden deshalb als Beginn einer »massenmedialen

Sattelzeit« bezeichnet, was die wechselseitige Transformation des Medialen und Sozialen beschreiben soll (Knoch/Morat 2003: 19 f.). Neue elektrische Übertragungsmedien (Telegrafie, Telefon), Vervielfältigungsmedien (Massenpresse, Illustrierte) und neue technische Reproduktionsformen (Foto, Phonographie, dann Film) bilden dabei Bausteine dieses medialen Emsembles. Auch die alten Medien Zeitung und Zeitschrift durchliefen in diesem »Golden Age« der Presse einen dynamischen Wandel. Ihre Auflage, Erscheinungshäufigkeit und Vielfalt expandierten schlagartig. In verschiedenen westlichen Ländern erreichten Tageszeitungen und Illustrierte sechsstellige Auflagen oder sogar die Millionengrenze, wie das Pariser *Petit Journal* bereits 1890 (Faksimiles aller Ausgaben 1863–1938 online). Selbst in kleinen Ländern wie den Niederlanden stiegen die verkauften Auflagen von 90.000 (1865) auf rund eine Million vor dem Weltkrieg an. Sogar in Russland oder Japan entstand seit den 1860er Jahren schlagartig ein bedeutender Pressemarkt (McReynolds 1991).

Ursachen für Massenpresse

Dieser Zeitungs- und Zeitschriftenboom ging mit vielfältigen gesellschaftlichen Umbrüchen einher. Eine erste Voraussetzung dafür war die nahezu umfassende Alphabetisierung durch die zuerst in Frankreich und England etablierte Schulpflicht. Ihre Einführung schuf bei den Presseverlegern zugleich die Erwartung, für Millionen neuer Medienkonsumenten einfache Massenblätter produzieren zu können (Brown 1985: 30). Zweitens war die Medienexpansion eng mit der Urbanisierung verbunden, wobei die Großstädte Themen und Absatzmärkte garantierten, während die Medien die städtische Zentralität stärkten (Zimmermann 2017: 9). Drittens förderte der Abbau staatlicher Wirtschaftsrestriktionen den schlagartigen Presseboom. In Großbritannien gilt der Wegfall der Pressesteuern (1853–1861) deshalb als zentrale mediengeschichtliche Zäsur, da dies Zeitungen billiger machte und so die Auflagen rasant anstiegen. Dadurch blühte erst die Provinzpresse auf, und liberale Blätter wie der *Daily Telegraph* brachen die bisherige Vormachtstellung der konservativen Presse und der regierungsnahen *Times* (Lee 1976: 69). Die Abschaffung der Steuern entstand aber zugleich aus dem Glauben, ein kommerzieller Wettbewerb könne effektiver vor radikalen Medien schützen (Hampton 2004: 33). Eine ähnliche Zeitungsexpansion folgte dem Wegfall ökonomischer Beschränkungen in den Niederlanden 1869 und im Deutschen Reich seit dem Reichspressegesetz von 1874 (Wetzel 1975: 61, 291; Kohnen 1995: 111). In Wien und Österreich begann erst nach dem Wegfall des »Zeitungsstempels« 1899 die Zeit der billigen Massenpresse, unter anderem mit der Gründung der *Kronen-Zeitung*.

Viertens lässt sich das Aufblühen der Presse mit der Zurückdrängung direkter und indirekter Zensurformen erklären. Ein besonders liberales Pressegesetz schuf Frankreich 1881, und in England nahm die Zahl der Verleumdungsprozesse ab, die bisher einer indirekten Zensur gleichkamen. Selbst in Russland lockerte sich in den 1860er Jahren im Zuge der Reformen von Zar Alexander II. die Zensur, was der dortigen Presse ein erstes Aufblühen bescherte, bevor 1905 weitere Erleichterungen eine zweite Welle von Zeitungsgründungen auslösten (McReynolds 1991: 220). In Deutschland gewährte das Reichspressegesetz 1874 zwar erstmalig – mit Ausnahme von 1848 – eine weitreichende Pressefreiheit, aber zugleich wurden im Jahrzehnt darauf im Zuge des Kulturkampfes und der Sozialistengesetze so viele Journalisten und Zeitungen verfolgt wie kaum zuvor. Allein in Preußen kam es in den folgenden vier Jahren zu 1.400 Prozessen (so Wetzel 1975: 159). Beleidigungsklagen gegen Journalisten machten drei Viertel der Anklagen aus. Die Sozialistengesetze 1878 führten sogar zwölf Jahre lang zu einer partiellen Rückkehr zur Vorzensur, indem sie präventiv sozialdemokratische Druckerzeugnisse verboten. Erst in den 1890er Jahren kam es in Deutschland zu einer Annäherung an die westliche Pressefreiheit und damit zu einem breiten Aufblühen der Massenpresse – obgleich kritische Journalisten weiterhin Verurteilungen fürchten mussten.

Fünftens bildeten technische Innovationen eine maßgebliche Voraussetzung für die Pressexpansion. Das galt für die Erleichterung der Pressedistribution (Eisenbahn, Dampfschiffe), der Kommunikation (Telegraf, Telefon u. ä.) und der Herstellung. Seit den 1870er/80er Jahren kamen verstärkt Rotationspressen zum Einsatz. Die Autotypie erleichterte den Druck von Fotos, und die Erfindung der Setzmaschine verband ab den 1880er Jahren das Setzen und Gießen (Stöber 2014: 121.). Durch ihre hohen Anschaffungskosten zwang die Rotationspresse ihre Besitzer geradezu, zur Amortisation äußerst hohe Druckauflagen zu produzieren.

Neue Formate

Bei allen nationalen Differenzen waren in den westlichen Ländern drei Formate charakteristisch für diesen Presseboom: die tagesaktuelle Massenpresse, die feste Parteiallianzen mied; Parteiblätter oder parteinahe Periodika; und relativ unpolitische, aber dafür reich bebilderte Wochenblätter. Allerdings sind ihre Grenzen keineswegs so eindeutig, wie viele Studien und auch die Zeitgenossen sie zogen. Die neue Massenpresse erhielt unterschiedliche Namen: *Yellow Press* in den USA, *Popular Press* in England, *Petit Presse* in Frankreich und Generalanzeiger in Deutschland. Bei aller Neuartigkeit hatte sie natürlich grenzübergreifende Vorläufer. Günstige Massenblätter mit ihren unterhaltsamen allgemeinbildenden Stoffen waren bereits in den 1830er Jahren entstanden, insbesondere mit dem *Penny Magazin* 1832, das ein Jahr später als *Pfennig-Magazin* auch in Deutschland adaptiert wurde. Ihnen folgten ab den 1840/50er Jahren rasant wachsende Wochenillustrierte für die Familie, die ebenfalls weitgehend auf Politik im engeren Sinne verzichteten. Die *Illustrated London News* (1842), die Pariser *L'Illustration* (1843) und die Leipziger *Illustrirte Zeitung* (1843) entstanden nicht nur zeitgleich, sondern das deutsche Blatt übernahm das Format und oft auch Bilder und Berichte. Ihre gezeichneten Bilder beruhten zwar häufig auf Fotos, gedruckte Pressefotos wurden jedoch erst Anfang der 1880er Jahren durch technische Fortschritte möglich und fanden sich erst ab Ende der 1890er Jahre regelmäßig in den Illustrierten und Zeitungsbeilagen. Insofern kann man bereits vor 1900 von einem rasanten Visualisierungsschub sprechen, der mit fernen Ländern, nahen Gerichtsprozessen oder gesellschaftlichen Repräsentanten vertraut machte. Allerdings blieben aktuelle Bilder in der deutschen Tagespresse bis in die 1900er Jahre selten – aufgrund von Vorbehalten, technischen Problemen beim deutschen Kleinformat und des Aboverkaufes (Weise 2015: 26).

Neue Inhalte

Zu den Schlüsselmerkmalen der Massenpresse des ausgehenden 19. Jahrhunderts zählen – neben hoher Auflage und geringem Preis – ihr lokaler Bezug, ihre Berichte über Sport und »Sensationen« (Unfälle, Verbrechen u. a.) und ihr hoher Anzeigenanteil. Allerdings sind die nationalen Differenzen und oft fließenden

Übergänge zu anderen Formaten unverkennbar. So war die neue Massenpresse nicht allein unpolitisch und nur auf Sensationen und Lokalmeldungen aus. Dies traf sicherlich besonders auf die frühen amerikanischen Prototypen dieses Formats zu, und ebenso auf das Pariser *Petit Journal*, das auf Politisches zunächst verzichtete, um Zeitungssteuern zu umgehen (Thogmartin 1998: 63 f.). Ähnliche Blätter finden sich in vielen anderen Ländern ab den 1860er Jahren, wie etwa in Dänemark ab 1863 das *Folkets Dagblad* (Hoyer in Broersma 2007: 42).

Allerdings wurden in der Forschung häufig vorschnell Eindrücke von heutigen Boulevardblättern auf damalige Zeitungen wie die *Daily Mail*, *Pall Mall Gazette* oder *B. Z. am Mittag* übertragen. Bei ihnen dominierten jedoch noch nicht Verbrechensschlagzeilen, sondern die aktuelle Innen- und Außenpolitik, obgleich Sport, Lokales und Unterhaltung ein neues Gewicht erhielten. Da diese Blätter besonders gut mit Redakteuren und Korrespondenten ausgestattet waren, lassen sie sich auch als Vorläufer des heutigen Qualitätsjournalismus sehen. Gerade die angelsächsische *Popular Press* setzte durch kritisch-investigativen Journalismus Maßstäbe. Zudem lässt sich bei allen Zeitungen eine Abkehr von der bisherigen Dominanz der Außenpolitik hin zu mehr Innenpolitik, Regionalem und Kultur erkennen (Wilke 1986). Kaum Politik im engeren Sinne brachten hingegen die auflagenstarken Bildillustrierten wie die *Illustrated London News*, die *Gartenlaube* oder die *Berliner Illustrirte Zeitung*, die vornehmlich Wissenswertes, Kurioses und Unterhaltendes aus aller Welt vereinten. Dennoch waren auch hier die Grenzen mitunter fließend. Eine bebilderte Wochenzeitung wie *Reynolds's Weekly Newspaper* griff etwa fortlaufend Spektakuläres *und* Politisches auf.

Parteilichkeit

Ebenso war die neue Massenpresse nicht generell überparteilich. Derartige Blätter starteten zwar oft programmatisch mit dem Anspruch, sich jenseits aller Parteiengrenzen an alle Menschen zu richten, die sie als gleichwertige Konsumenten ansprachen. Tatsächlich aber verließen sie oft diesen Kurs und folgten den politischen Überzeugungen ihrer Besitzer. So rückte das zunächst unpolitische *Petit Journal* nach Besitzerwechseln ins nationalistisch-konservative Lager. Ebenso wie die Blätter des britischen Großverlegers Lord

Northcliffe (*Daily Mail* u.a.) den Konservativen nahe standen, waren auch der *Berliner Lokalanzeiger* und die Illustrierte *Die Woche* aus dem Hause Scherl auf kaisertreuem konservativen Kurs. Die Grenzen zur parteinahen Presse waren hier fließend, auch wenn sie größere politische Flexibilität besaßen.

Anzeigen

Fließend waren auch die Übergänge bei der Finanzierung und dem Vertrieb. Nicht generalisierbar ist die Annahme, die neue Massenpresse habe sich stärker durch Anzeigen finanziert. Freilich machten in Großbritannien, wo Werbung schon stärker etabliert war, Anzeigeneinnahmen bei klassischen Zeitungen wie der *Times* oder dem *Manchester Guardian* mehr als die Hälfte aus und schmückten durchgehend die ersten Seiten (Brown 1985: 16). Ebenso waren die Anzeigenspalten der deutschen Partei- und Gesinnungspresse mitunter sogar größer als bei den Berliner Generalanzeigern und machten über die Hälfte der Spalten aus (Requate 1995: 363f.). Dass die neue Massenpresse durch ihre angebliche Abhängigkeit von Anzeigen ein »Herd der Korruption« gewesen sei, entsprang jedoch eher einer zeitgenössischen Kulturkritik. Vielmehr zeigte gerade die französische Presse eine oft korrupte Beeinflussbarkeit, gerade weil sie sich kaum über Anzeigen finanzierte.

Journalismus als Beruf

Mit der Massenpresse professionalisierte sich der Beruf des Journalisten. Bis in die 1850er Jahre war er eher ein Übergangs- und Nebenerwerb von Schriftstellern, Professoren oder Politikern. Erst im letzten Drittel des 19. Jahrhunderts expandierte der Journalismus international zu einem dauerhaft ausgeübten Vollzeitberuf. Wie andere neue Berufsgruppen organisierten sich die Journalisten nun in Verbänden, um ihre Interessen zu artikulieren (Requate 1995: 222–242). Kulturell entwickelte sich der Journalismus um 1900 zu einem Berufsfeld, das wie kaum ein anderes die Ambivalenzen der Moderne verkörperte. Die Melange aus sozialem Aufstieg und ungesicherter Existenz, neuer Macht und verunsichernden Selbstzweifeln, elitärem Bewusstsein und Massenkultur waren Charakteristika des Journalismus, aber ebenso des Fin de Siècle.

»News and Views«

Die Forschung unterscheidet zwei unterschiedliche journalistische Rollenmodelle, die bis ins späte 20. Jahrhundert prägend geblieben seien: einerseits der nachrichtenbezogene und investigative angelsächsische Journalismus, andererseits der meinungsorientierte und parteinahe Journalismus auf dem europäischen Kontinent (Requate 1995; Esser 1998). Die beiden Journalistenkulturen werden etwas pauschal mit Begriffen wie »Spürhunde und Missionare« (Renate Köcher) oder »News und Views« bezeichnet. Im angelsächsischen Raum proklamierten Journalisten bereits in den 1850er Jahren, die Presse bilde neben der Politik eine »vierte Gewalt«. Die angelsächsischen Zeitungen, Verleger und Journalisten neigten zwar weiterhin zu bestimmten Parteien, jedoch war diese Position unabhängiger als auf dem Kontinent. Ebenso sah sich die Presse dort ab den 1880er Jahren weniger als ein »Erzieher« (»educational agent«) denn als Stellvertreter der Leser (»representative medium«) (so Hampton 2004: 52). Der dortige Parlamentarismus, die große Pressefreiheit und die stärkere Marktorientierung begünstigten diese Entwicklung.

Investigativer Journalismus

Im angelsächsischen Raum traten ab den 1880er Jahren zunehmend eigenständig recherchierende Reporter auf, die mit Interviews und Ermittlungen vor Ort Missstände aufdeckten, um politische Reformen anzustoßen. Das erste Interview wird zwar oft dem *New York Herold* 1859 zugeschrieben, aber erst zwei Jahrzehnte später setzte sich diese Gesprächsform im angelsächsischen Raum durch (Hoyer in Broersma 2007: 36). Für ihre Enthüllungen schmuggelten sich Journalisten verkleidet in Fabriken, »Irrenhäuser« oder Bordelle. In England wurde diese Arbeitsweise, die maßgeblich William Thomas Stead aufbrachte, als *New Journalism* bezeichnet, in den USA bezeichnete man diese Journalisten als *Muckrakers* (»Schmutzwühler«) (Wiener 1988). In den kontinentaleuropäischen Ländern setzten die eigene Recherche und die Trennung von Nachricht und Meinung durch die stärkere Parteibindung der Zeitungen später ein (Høyer/Pöttker 2005). Die Journalisten sahen sich weiterhin häufiger als kulturelle und politische Erzieher. Weniger die faktenorientierte recherchierte Nachricht als das gut formulierte Argument bildete ein Ideal (Bösch in Zimmermann 2006). Entsprechend griffen deutsche Zeitungen täglich politische Kommentare ihrer Konkurrenz auf, um diese zu korrigieren.

Annäherung der Medienkulturen

Dennoch näherten sich der angelsächsische und der kontinentale Journalismus um 1900 an. Formen des investigativen Journalismus nahmen auch in Kontinentaleuropa verschiedentlich zu. So schrieb in den Niederlanden der junge Reporter Marie Joseph Brusse ab 1898 eine Reihe von kritischen Sozialreportagen, für die er verkleidet als Seemann oder als Landstreicher recherchierte (Wijfjes in Broersma 2007: 72). Obgleich in Deutschland neue Formate wie Interviews erst nach der Jahrhundertwende langsam aufkamen, reisten auch hier bereits Reporter zu den Orten des Geschehens, um eigene Recherchen anzustellen (Bösch 2009: 472). Und selbst in Russland versuchten in den 1890er Jahren derartige Reportagen die Politik und Gesellschaft zu verändern (McReynolds 1991: 164 f.). Umgekehrt nahm die Parteinähe im britischen Journalismus um 1900 tendenziell zu, während die liberalen deutschen Massenblätter, wie die *B.Z. am Mittag*, sich durchaus angelsächsischen Standards annäherten.

Die angelsächsischen Journalisten verfügten zwar über mehr Reputation als ihre Kollegen auf dem Kontinent, aber ihre Sozialisation und ihr Einkommen differierten kaum. Britische wie deutsche Journalisten der großen Zeitungen hatten in der Regel ein Studium abgeschlossen, und auch in Deutschland bestanden zumindest für Redakteure durchaus gute Verdienstmöglichkeiten (Brown 1985: 76, 210 f.; Requate 1995: 143 f., 218; Retallack 1993: 188–200). Die Professionalisierung der journalistischen Ausbildung verlief in beiden Kulturen ähnlich schleppend. So scheiterten nicht nur in Deutschland um 1900 Versuche, an Universitäten oder Handelsschulen eine Journalistenausbildung zu etablieren, am Widerstand der Hochschulen *und* am Selbstverständnis der Journalisten die Bildung und Schreibtalent als ausreichende Voraussetzung ansahen. Selbst in den USA nahm zunächst keine Universität ein Geldgeschenk an, das der Großverleger Pulitzer für eine Journalismusausbildung offerierte. Erst 1912 akzeptierte die New Yorker Columbia University schließlich doch Pulitzers Angebot, nachdem die Universität in Missouri vier Jahre zuvor den weltweit ersten Journalismus-Studiengang eröffnet hatte.

Teil der Großstadtkultur

Die neuere Forschung zeigt die soziale und kulturelle Bedeutung des Pressebooms – wie etwa seine Verbindung zur Urbanisierung. Die stärker lokal orientierte Massenpresse gab den zahlreichen Neubürgern der Großstädte eine Orientierungshilfe, erschloss die Stadt und entwickelte Vorstellungen über sie. Ihre Attraktionen, ihr Arbeitsmarkt oder ihre Verbrechen wurden hier interaktiv präsentiert. Wie insbesondere Peter Fritzsche für die Berliner Presse der Zeit um 1900 herausgestellt hat, ordneten die Medien auf diese Weise die Blicke und das Verhalten in der Stadt, indem sie etwa die Leser anleiteten, auf Spektakuläres zu achten (Fritzsche 1996: 16). Umgekehrt entstanden spektakuläre Attraktionen erst dadurch, dass die Medien Aufmerksamkeit auf sie lenkten. Mitunter initiierten die großstädtischen Blätter die Attraktionen selbst. So veranstaltete der Berliner Ullstein-Verlag Autorennen und einen »*B.Z.*-Preis der Lüfte«, um dann fortlaufend darüber zu berichten. Ebenso animierte er die Leser bereits um 1900, eigene Fotos aus der Großstadt einzusenden. In Österreich veranstaltete die Wiener Presse Schatzsuchen, und die französische Zeitschrift *L'Auto* initiierte das jährliche Radrennen »Tour de France« seit 1903, wodurch sie sofort ihre Auflage verdreifachte (Charle 2004: 197 f.). Die Erschließung der Welt wurde dabei in die Metropolenkultur eingebunden (Homberg 2017).

Die Medien prägten zugleich den alltäglichen Rhythmus der Stadt. Bereits ihr zwei- bis dreimaliges Erscheinen pro Tag (Morgen-, Mittags- und Abendausgabe) gab in Großstädten wie Berlin oder Köln das Tempo für Neuigkeiten vor. In Großbritannien blieb es bei einer Ausgabe, dafür setzte der Siegeszug der Abendzeitungen ein. Die neuen Beförderungstechniken mit Bussen und (Straßen-) Bahnen machten die Zeitungslektüre zu einer omnipräsenten Praxis, mit der Menschen zugleich ihre politische Haltung nach außen zeigten. Ebenso wurden die Zeitungsmeldungen zu einem akustischen Teil der Stadt. Deutschen Reisenden in New York, London oder Paris fielen immer wieder die Zeitungsausrufer auf. In Berlin, wo der Straßenverkauf lange verboten war, weil sich der Abonnementvertrieb besser kontrollieren ließ, kamen die Schlagzeilenrufe ab 1904 auf. Besonders die *B.Z. am Mittag* verkörperte dabei das »Berliner Tempo«. Das Massenblatt brachte zur Mittagspause bereits die Kurse der gerade geschlossenen Börse sowie internationale Meldungen vom Vormittag. Die Hektik der Presse erschien damit als Ausdruck und Ursache der grassierenden Nervosität, und Schriftsetzer galten als Patienten, die häufig in Sanatorien anzutreffen waren (Radkau 1998: 242).

Ebenso wie die Zeitungsverkäufer waren die großen Zeitungsgebäude, die Redaktion und Produktion vereinten, ein markanter Bestandteil der Großstadt. Die Zeitungsviertel wie die Londoner Fleet Street oder die Berliner Kochstraße erschienen wie ein machtvoller Kontrapunkt zu den Regierungsvierteln. Vor den Zeitungshäusern sammelten sich häufig Menschen, um wegen der Kleinanzeigen die ersten Exemplare zu ergattern. Aber auch in den Redaktionen herrschte ein reger Besuch, da die Presse bereits in ihrem Zeitungskopf für ihre Sprechstunden warb. Menschen berichteten ihnen Neues, führten Kunstwerke vor oder suchten Rat.

Verbrechen und Sozialkritik

Diese Interaktion zwischen Medien und Stadtbevölkerung haben innovative Studien auch für die Verbrechensbekämpfung gezeigt. Die neue Massenpresse stellte spektakuläre Morde dar, die durch die neue Medialität die Stadtbewohner und mitunter die ganze Welt bewegten. Die Prostituiertenmorde von »Jack the Ripper« verhalfen einem neuen Massenblatt wie *The Star* zu großem Erfolg. Dessen kritische Berichte beeinflussten wiederum die Polizeiermittlungen und trugen mit zum Rücktritt des Polizeichefs bei. Bei den zahllosen Berichten über Mörder schufen die Medien Deutungen über die Gesellschaft: Sie entdeckten die städtische Armut und die Prostitution und schufen Erklärungen, die von klassenkämpferischen bis hin zu feministischen Lesarten reichten (Curtis 2001; Walkowitz 1994: 191–220; Hett 2004: 57 f.). Die Polizei und die Zeitungen banden die Leser regelrecht in die Verbrecherjagden ein, um Zeugen und Täter zu finden (Müller 2005). Auch die Medienberichte über spektakuläre Gerichtsprozesse entfalteten Deutungen über die Unterwelt und über das zulässige Verhalten der Juristen. Wie Benjamin Hett argumentierte, schwand durch den Druck der Medienöffentlichkeit auch die Klassenjustiz (Hett 2004: 222).

Die Fotos in der Presse unterstützten mitunter diese sozialkritische Deutung der Stadt. Bereits das erste gedruckte Foto der Pressegeschichte, das Stephen H. Horgan in der *New York Daily Graphic* 1880 präsentierte, zeigte Elendsquartiere in New York. Die sozialdokumentarischen Fotos von Jacob A. Riis, die 1888/89 in der Presse erschienen, sensibilisierten die New Yorker ebenfalls nachhaltig für die Slums in der eigenen Stadt (Emery/Emery 1988: 225). Die vielfältigen Illustrierten-Bilder, die auch im deutschen Sprachraum Sex und Gewalt andeuteten, dokumentieren die bürgerliche Faszination am Exzess in den Metropolen (Holze 2014: 439). Die Journalisten traten bei ihren Recherchen als ermittelnde »urban spectators« auf, die stellvertretend die Großstadt wie einen »dunklen Kontinent« erforschten (Walkowitz 1994: 33). Die Reporter der *Berliner Illustrirten Zeitung* besuchten etwa ungewöhnliche Orte wie Gefängnisse, die »Irrenanstalt«, »Wärmehallen« oder schrieben einfach über »Berlin bei Nacht«. Und der britische Starjournalist William Thomas Stead führte 1885 inkognito im Londoner East End Gespräche mit Zuhältern und Prostituierten, um deren Leben zu beschreiben, und leitete selbst den scheinbaren Kauf eines 13-jährigen Mädchens ein. Sein investigativer Bericht über »The Maiden Tribute of Modern Babylon« in der *Pall Mall Gazette* prägte maßgeblich die Vorstellung, mitten in London würden selbst Kinder als »weiße Sklavinnen« gehandelt. Dadurch löste Stead Massenproteste mit 150.000 Teilnehmern aus, gigantische Unterschriftenaktionen und die von ihm erstrebte Heraufsetzung der Volljährigkeit (Schults 1972: 128–168; vgl. Quelle Nr. 10 unter *www.campus.de*).

Frauenemanzipation

Zu diesen Sensationen der Moderne, denen die Massenpresse den Weg bereitete, gehört auch die »neue Frau«. Liberale Zeitschriften wie die *Berliner Illustrirte Zeitung* druckten um 1900 regelmäßig weltweit kursierende Bilder von herausragenden Frauen, die neues männliches Terrain eroberten. Aus den USA zeigte sie Bilder von Chirurginnen und Polizistinnen, aus Norwegen »weibliche Stadtväter«, aus England Frauen als Wahlkämpferinnen und Suffragetten oder aus Paris »Kollegin Rechtsanwalt« und »Der erste weibliche Universitäts-Professor«. Obgleich diese Bildberichte mit ihrer millionenfachen Reichweite eine große Bedeutung für die Frauenemanzipation gehabt haben dürften, wurden sie von der Geschlechtergeschichte bisher vernachlässigt.

Auch die Frauenbewegung, die sich Mitte des 19. Jahrhunderts in den USA und in den Jahrzehnten danach in Europa zaghaft etablierte, setzte auf neue eigene Medien. Deren emanzipatorischer Inhalt unterschied sich eklatant von den Frauenzeitschriften des 18. Jahrhunderts. Das galt bereits für die nach einem New Yorker Frauenrechtskonvent 1849 gegründete *The Lily* (6.000 Abonnenten) und noch mehr für amerikanische Nachfolgeblätter wie *The Wo-*

man's Journal der »American Woman Suffrage Association«. In England diente 1858 bis 1864 *The English Woman's Journal* als wichtiges Forum der frühen Frauenbewegung. In Deutschland gab die Vorsitzende des »Allgemeinen Deutschen Frauenvereins«, Louise Otto, von 1865 bis 1895 die Vereinszeitschrift *Neue Bahnen* heraus, die Sozialdemokraten programmatisch das Blatt *Die Gleichheit* und Helene Lange *Die Frau* als neues Organ der bürgerlichen Frauen. Dabei versuchten sie auch über die aktuelle Politik aufzuklären, kritisierten einzelne Gesetze und boten eine Plattform zum Austausch kontroverser Meinungen. Die bürgerlichen Blätter argumentierten vor allem entlang der Leitdifferenz »Mann – Frau«, wobei *Die Frau* die Unterschiede zwischen Mann und Frau unterstrich. Dagegen bezog sich die sozialdemokratische *Gleichheit* vor allem auf die Differenz »Arbeit – Kapital« und ordnete Frauen in die soziale Frage ein (Kinnebrock 1999: 157).

Eine breite Öffentlichkeit erreichte die englische Frauenbewegung, weil sie spektakuläre medienkompatible Auftritte suchte: Sei es beim Kampf gegen die Prostitution und die Zwangsuntersuchung von Prostituierten, bei dem Proto-Feministinnen wie Josephine Butler in den 1870er Jahren Kampagnen anhand skandalöser Fälle organisierten; sei es bei den späteren Suffragetten, die um 1900 für das Frauenwahlrecht kämpften, indem sie mediengerecht demonstrierten und punktuelle Gewalt gegen Sachen ausübten, um Aufmerksamkeit zu erreichen.

Frauen erfuhren durch die Massenpresse generell eine Aufwertung, da die Verleger sie als wichtige Zielgruppe im neuen Absatzmarkt entdeckten. Das galt nicht nur für Mode- und Ratgeberzeitschriften, die sich explizit an Frauen richteten (wie *Die Modewelt* ab 1865 und expandierende Familienblätter wie die *Gartenlaube*). In England führten neue Zeitungen wie *The Star* oder die *Daily Mail* feste Spalten für Frauen ein, und die zahlreichen Illustrationen galten als Anreiz, um Leserinnen zu gewinnen. Neben Ratgeber-, Alltags- und Modeberichten druckten sie zahlreiche Artikel über moderne Frauen, die als emanzipatorisches Vorbild wirken konnten. Diese »Frauenseiten« waren zudem ein Ansporn, die restliche Tageszeitung mit ihren politischen Inhalten zu lesen. 1903 gründete der Großverleger Lord Northcliffe sogar mit dem *Daily Mirror* ein

Penny-Paper für Frauen – »written by gentlewomen for gentlewomen« (Lee 1976: 82). Erfolg hatte es aber erst, als es geschlechterübergreifend mit dem Untertitel *A paper for men and women* erschien.

Journalistinnen

Unter den Journalisten waren Frauen unterrepräsentiert, aber ihre Zahl nahm bereits deutlich zu. In den USA stieg der Anteil im Jahr 1900 immerhin auf schätzungsweise sieben Prozent an, und bereits 1879 war von den 166 Kongressberichterstattern in Washington jeder achte weiblich (Chambers u. a. 2004: 15; Emery/Emery 1988: 215). In England waren 1911 knapp vier Prozent der Eigentümer und Herausgeber von Zeitungen und Zeitschriften und 15 Prozent aller Schreibenden Frauen (incl. Schriftsteller, Lee 1976: 73). In England entstand deshalb bereits 1894 die »Society of Women Writers and Journalists«, und Journalismusbücher für Frauen kamen auf den Markt. Selbst in Russland traten in einzelnen Zeitungen Journalistinnen hervor (McReynolds 1991: 150 f.). Obgleich Redakteurinnen in den westlichen Ländern noch lange eine Minderheit bildeten, verschaffte der Journalismus Frauen Zugang zu einer überwiegend akademisch und politisch geprägten Tätigkeit und ermöglichte ihnen eine Partizipation an der Öffentlichkeit. Die USA und dann auch England hatten hierbei eine Vorreiterrolle inne, und einzelne Frauen rückten dort früh in Spitzenpositionen des politischen Journalismus, etwa als Auslandskorrespondentin (Margaret Fuller/*New York Tribune* 1846) oder als Autorin von Leitartikeln (Harriert Martineau/*Daily News* ab 1852) (Emery/Emery 1988: 132 f.; Chambers u. a. 2004: 18 f.).

Seit den 1880er Jahren traten einzelne Journalistinnen sogar mit spektakulären »Stunts« als Reporterinnen hervor, die sie zu Vorbildern machten. So reiste etwa Nellie Bly (Pseudonym von Elizabeth Jane Cochrane) 1889 im Auftrag von Pulitzers *New York World* in 72 Tagen allein um die Welt. Zwei Jahre zuvor hatte sie sich im Auftrag des gleichen Blattes inkognito in ein »Irrenhaus« bei New York einweisen lassen, um über dortige Missstände zu berichten, was zu Reformen führte. Folgenreich waren auch Ida Tarbells spektakuläre Artikel gegen Rockefellers »Oil Trust«, die sein Ansehen in Bedrängnis brachten, weil sie zeigten, wie er systematisch kleinere Unternehmer zugrunde richtete. Im britischen Burenkrieg prägten gleich drei Frauen maßgeblich Deutung und Verlauf: die Auslandskorrespondentin der *Times*, Flora Shaw, verteidigte im engen Kontakt zu Kolonialminister Joseph Chamberlain die Regierungspositionen; Sarah Wilson lieferte für die *Daily Mail* aufregende Eindrücke von der Front, und die Berichte der Krankenschwester Emily Hobhouse prangerten die britischen »concentration camps« an. Journalistinnen zeigten so nicht nur die Belastbarkeit von Frauen, sondern auch, dass sie Einfluss auf Politik und Gesellschaft nehmen können.

Monarchie und Medien

Die Politik wandelte sich ebenfalls durch die Medialisierung des ausgehenden 19. Jahrhunderts. Dies galt für politische Institutionen, für Politikfelder, aber auch für die politische Kommunikation insgesamt. Das lässt sich zunächst für die Monarchen zeigen. Zwar verloren die Königshäuser im späten 19. Jahrhundert an politischer Macht, aber zugleich stieg ihre öffentliche Präsenz im Alltagsleben, was ihre gesellschaftliche Stellung festigen konnte. Queen Victoria wurde deshalb als »first media monarch« bezeichnet (Plunkett 2002), Kaiser Wilhelm II. als erster »Medienmonarch« und »erster Filmstar«, dessen prunkvolle Selbstinszenierungen, Uniformen und Reisen äußerst medienkompatibel waren (Loiperdinger 1993; Windt u. a. 2005). Die volkstümliche Inszenierung der Monarchen war ein Ergebnis der bebilderten Illustrierten und der populären Massenpresse, die oft mit täglichen Meldungen über das Königshaus berichteten. Die Medien suchten zwar aktiv die Nähe der Monarchen, jedoch ließen sich die Könige auch bewusst auf die Medienlogiken ein. So veröffentlichten die Monarchen gezielt Familienbilder, die mit den bürgerlich-familiären Kontexten der Illustrierten korrespondierten – etwa Queen Victoria als Mutter oder Wilhelm I. als Kurgast (Plunkett 2002: 148; Geisthövel in Knoch/Morat 2003). Dies förderte ihre *civic publicness*, und die Fotos der Royals ebneten den Weg für den Siegeszug der Fotografie. Die Medien forderten die Monarchen zu spektakulären öffentlichen Auftritten heraus – wie 1897 das »Diamond Jubilee« von Queen Victoria oder das Gedenken an den 100. Geburtstag von Kaiser Wilhelm I.

Zugleich gefährdete die Medialisierung latent die Stellung der Monarchen. In Großbritannien bekam König Edward VII. (1902–

1910) dies bereits als Prinz zu spüren, als seine Liebesaffären und sein Hang zum Glücksspiel zu Skandalen führten, die die Monarchie in tiefe Krisen stürzten (Bösch 2009: 373–393). Der deutsche Kaiser Wilhelm II. konnte bei seinen Auftritten zwar die Zuhörer verzaubern, aber die Zeitungsberichte über seine aggressiven Formulierungen führten zunehmend zu einer breiten parteiübergreifenden Empörung, wie seine »Hunnen-Rede« im Jahr 1900 zeigte, die deutschen Soldaten das Abschlachten der Chinesen empfahl (Bösch 2009: 393–420). Ebenso scheiterte der Kaiser an dem neuen Format Interview. Die *Daily-Telegraph*-Affäre zeigte 1908, wie die überheblichen und widersprüchlichen Äußerungen des Kaisers zu Kritik und Krisen führten.

Interviews

Die Kaiserinterviews korrespondierten mit einer sich wandelnden Außenpolitik im Medienzeitalter. Die Regierungen bemühten sich nun direkter, über gezielte Äußerungen in den Medien ihre Außenpolitik zu gestalten. Schon die bezahlten Journalisten des späten Deutschen Bundes und der Bismarckzeit dienten diesem Zweck (Kohnen 1995: 160). Ebenso wie der Kaiser setzte auch Reichskanzler Bülow (1900–1909) auf Interviews mit der ausländischen Presse, obgleich diese in Deutschland bisher noch nicht üblich waren. Wie Dominik Geppert für die deutsch-britischen Beziehungen zeigte, trugen die Medien Konflikte aus, die mitunter ein Ersatz des Regierungshandelns waren. Sie griffen als inoffizielle Emissäre in die Außenpolitik ein und etablierten gezielt Stereotype. Ebenso versuchten sie, eine außenpolitische Entspannung durch deutsch-britische Besuchsreisen zu den Politikern des anderen Landes zu fördern (Geppert 2007: 351–386, 422 f.).

Skandale

Bei den politischen Debatten fällt auf, dass zeitgleich zur Ausbildung der Massenpresse in allen westlichen Ländern zahllose Skandale aufkamen. Medien und Bevölkerung empörten sich über Korruptionsfälle, Machtmissbrauch im Militär oder das deviante sexuelle Verhalten von Politikern, was vielfach in politische Krisen mündete, die das Ansehen der Eliten diskreditierten. Erinnert sei an die Panama- und die Dreyfus-Affäre in Frankreich, den Cleveland-Street- oder Parnell-Skandal in England oder die Eulenburg-Affäre in Deutschland. Sie belegen die neue Macht der Massenpresse, die nun als »vierte Gewalt« die Politik mit moralischen Anforderungen kontrollierte und politische Reformen einforderte. Angestoßen wurden die Skandale jedoch auch von den Politikern selbst, die im neuen politischen Wettbewerb eine medienkompatible politische Kommunikation wählten (Bösch 2009). Zugleich lösten einige Medienberichte selbst Skandale aus, besonders die mit erotischen Bezügen (Templin 2016).

Parlamente

Wenig untersucht ist bisher, inwieweit die Medialisierung nicht nur Spitzenpolitiker begünstigte, sondern auch die Stellung der Parlamente stärkte. Denn sowohl die parteiennahen als auch die überparteilichen Blätter berichteten regelmäßig und ausführlich über die Parlamentsdebatten und druckten seitenlange Reden ab. Die Abgeordneten rückten durch diese Medienöffentlichkeit ins Zentrum der Politik, und ihre Schlagabtausche wurden oft wie Boxkämpfe mit Spannung verfolgt (Bösch 2012). Diese mediale Präsenz der Parlamente führte auch dazu, dass bei großen Debatten der Andrang auf der Besuchertribüne immens war (Biefang 2009: 145).

Fließende Grenzen zur Politik

Die Grenzen zwischen der Politik und dem Journalismus waren weiterhin recht fließend. Die Aufwertung der Medien verstärkte sogar die journalistische Präsenz in der Politik. Selbst in Großbritannien, wo sich der Journalismus besonders früh von den Parteien abgelöst hatte, stellten die Journalisten bis 1906 die drittgrößte Berufsgruppe im Unterhaus, gerade bei den Liberalen und irischen Nationalisten (Lee 1976: 199, 294). In Frankreich, wo das Verhältnis zwischen den Parteien und den Journalisten besonders eng war, hatte in der Dritten Republik sogar rund ein Drittel aller Abgeordneten journalistische Erfahrungen. In Deutschland, wo die Reputation der Journalisten geringer blieb, galt dies für knapp zehn Prozent der Reichstagsabgeordneten im Kaiserreich, wobei ein Großteil Sozialdemokraten waren (Requate 1995: 90, 291). Aber auch führende Politiker anderer Parteien hatten einen journalistischen Hintergrund – wie Eugen Richter (Freisinn), Matthias Erzberger (Zentrum) oder Wilhelm von Hammerstein (Konservative). Dies förderte ebenfalls eine Anpassung der Politik an den Medienmarkt.

Die Großverleger dieser Jahrzehnte nahmen hingegen selten führende politische Posten ein, obwohl ihre publizistische Macht im ausgehenden 19. Jahrhundert stark wuchs. In den USA, insbesondere in New York, besaßen Verleger wie Joseph Pulitzer und William R. Hearst die auflagenstärksten Blätter. In London kontrollierten Cyril Pearson, die Morning Leader Group und insbesondere Lord Northcliffe über zwei Drittel der Gesamtauflage (Lee 1976: 293). In Deutschland zeigte sich diese Konzentration sowohl bei den großen Berliner Blättern, bei denen die drei Großverleger Ullstein, Mosse und Scherl den Markt beherrschten, als auch bei den Generalanzeigern der restlichen größeren Städte, in denen insbesondere der »Generalanzeiger-König« August Huck rund ein Dutzend Blätter besaß.

Die deutschen Großverleger nahmen eher über die weltanschauliche Grundlinie ihrer Blätter politischen Einfluss, seien es liberale (Mosse, Ullstein) oder konservative Ausrichtungen (Scherl). Erst in der Weimarer Republik trat mit Alfred Hugenberg ein deutscher Medienmogul und Parteiführer hervor, der 1928 die Führung der konservativen DNVP übernahm. In anderen Ländern zeichnete sich zumindest der Wunsch nach politischer Macht früher ab. In den USA ließ sich William R. Hearst nicht nur in den Kongress wählen, sondern trat, gleichwohl vergeblich, als Präsidentschaftskandidat an. Ebenso kandidierte Lord Northcliffe in den 1890er Jahren für die Konservativen und kaufte zur Unterstützung seines Wahlkampfes extra eine Zeitung in seinem Wahlkreis auf. Erst nach ihrem politischen Scheitern beschränkten sich die Verleger darauf, vornehmlich durch ihre Kontakte und ihre Medien die Politik zu prägen.

Pressepolitik

Angesichts der medialen Herausforderung änderten viele Regierungen ihren Umgang mit der Presse. An die Stelle der Repression trat zunehmend der Versuch, Journalisten durch informelle Beziehungen zu lenken. Die Akten dokumentieren für Großbritannien Briefwechsel und persönliche Begegnungen zwischen Politikern und Journalisten, ebenso das Nobilitieren zahlreicher Verleger (Brown 1985: 193). In Frankreich, Österreich und Deutschland lässt sich bis ins späte 19. Jahrhundert die Bestechung von Journalisten belegen sowie die Subvention von Zeitungen (Feldmann 2016: 226). Unter Bismarck zahlte die Reichsleitung aus dem sogenannten »Reptilienfonds«, der aus dem beschlagnahmten Vermögen des Welfenhauses stammte, an zahlreiche Journalisten und an regierungsnahe Zeitungen Honorare (Wetzel 1975; Kohnen 1995: 159). Auch Bismarcks Nachfolger begünstigten in der wilhelminischen Ära einzelne Journalisten mit größeren Summen. Die Reichsleitung subventionierte ebenso die wichtigste Nachrichtenagentur WTB (Wolffs Telegraphisches Bureau) und gab zu moderatem Preis einen Nachrichtenüberblick namens »Provinzial Correspondenz« für die Provinzpresse heraus. Ähnlich verfuhr die Wiener Regierung mit ihrer »Österreichischen Correspondenz« und ihrem privilegierten Zugriff auf telegrafische Meldungen (Kohnen 1995: 154; G. Stöber 2014: 60–63). Angesichts der neuen Massenpresse verloren diese verdeckten Zahlungen jedoch an Bedeutung. Zudem entwickelten sie sich zu einem Risiko, nachdem die systematische Bestechung von Journalisten in Frankreich, Italien und Deutschland in den 1890er Jahren durch Skandale bekannt wurde (Bösch 2009: 343–361; Hibberd 2008: 27).

In künftigen Studien wäre genauer zu untersuchen, wie die Regierungen ihre Kommunikation an Medienlogiken anpassten. Bereits Bismarck pflegte enge informelle Kontakte zu einzelnen Journalisten und versuchte selbst nach seinem Rücktritt, durch diskrete Indiskretionen gegenüber der Presse Politik zu betreiben. Reichskanzler Bernhard von Bülow verzichtete ab 1900 auf Klagen gegen Journalisten und setzte ganz auf den aktiven Austausch mit der Presse. Er öffnete ebenso wie verschiedene Minister gezielt sein Privatleben für die Illustrierten und ließ sich mit Frau und Hunden im Urlaub ablichten. Sein Pressereferent Otto Hammann entwickelte sich entsprechend zu einem seiner engsten Mitarbeiter. Ebenso gewährten andere Mitglieder der Reichsleitung Journalisten der eigenen oder verwandten Couleur regelmäßig Hintergrundgespräche, um anonym ihre Positionen einzuspeisen. Wenig Erfolg hatten dagegen Versuche der Reichsleitung, eine koordinierte Pressearbeit aufzubauen, die im Wesentlichen nur beim Auswärtigen Amt und beim Reichsmarineamt gelang (Jungblut 1994).

Wechselwirkungen zwischen Medien und Politik wären auch für die Parteien genauer zu untersuchen. Da die Parteien mit Ausnahme der Sozialdemokraten zunächst kaum ausführliche Programme besaßen, bildete die ihnen nahestehende Presse kurz- und mittelfristige Leitlinien aus. Ebenso verfügten die damaligen

Parteien (wiederum mit Ausnahme der SPD) noch nicht über gefestigte Organisations- und Mitgliederstrukturen. Die parteinahen Blätter waren deshalb ein Bindeglied zur Parteibasis, die sich durch den Bezug der Blätter oft erst als solche formierte. Insbesondere in Frankreich wurden die Zeitungen damit zu einem Parteiersatz, aber auch in Deutschland verbanden sie regional Gleichgesinnte (Requate 1995: 394). Da die weltanschauliche Richtung der in Kneipen und Kaffeehäusern ausgelegten Zeitungen über die Besucher entschied, schufen sie indirekt weltanschauliche Begegnungsräume. Die dort ausgelegten Zeitungen führten vielfach zu politischen Diskussionen (vgl. Bösch 2004, vgl. Quelle Nr. 11 unter *www.campus.de*).

Parteipresse

Die boomende Parteipresse in Zentraleuropa war weder ein Anachronismus noch eine neue Form journalistischer Abhängigkeit. Vielmehr bildeten Parteien moderne demokratische Organisationen, und für die journalistische Arbeit bedeutete die Parteinähe eine Unabhängigkeit von der Regierung. Dank der Parteipresse entstanden selbst dort, wo sich weitere Zeitungen wirtschaftlich nicht lohnten, mehrere Konkurrenzblätter. Die politischen Kräfteverhältnisse im Medienmarkt wandelten sich dadurch. So dominierte in Großbritannien während der liberalen Regierungszeit der 1860er bis 1880er Jahre auch die liberale Presse, dann beim Medien- und Wählermarkt die Konservativen (Lee 1976: 158, 179). Ebenso expandierten in Deutschland seit 1890 die Presse und die Wählerstimmen der SPD rasant. Auch für Norwegen ergaben Analysen, dass die Presse der Liberalen und der Konservativen im ausgehenden 19. Jahrhundert mit ihren Wählerhochburgen korrespondierte (Høyer in ders./Pöttker 2005: 77). Gleichwohl sind Wähler und Zeitungsleser nicht vorschnell gleichzusetzen. So war die Auflage der SPD-Presse vor dem Krieg deutlich kleiner als ihre Wählerzahl, bei den Liberalen war es umgekehrt (Auflagedaten nach Stöber 2014: 238, 247). Folglich dürften gerade in den 1890er Jahren viele Sozialdemokraten (links-)liberale Blätter gelesen haben. Der begrenzte Erfolg der SPD-Presse hatte viele Ursachen: Sie boten weniger Unterhaltung, Anzeigen und offene Inhalte (Leesch 2014: 102 f.).

Milieubildung

Die Medien hatten damit einen doppelten Effekt auf die »sozialmoralischen Milieus«, die sich im ausgehenden 19. Jahrhundert in vielen zentraleuropäischen Ländern durch die Kulturkämpfe und Sozialistenverfolgungen formierten. Zum einen förderte die Parteipresse die Abschottung in getrennte Lebenswelten. Sozialdemokraten, Katholiken, Liberale und Konservative bewegten sich nicht nur vielfach in eigenen Vereinen, Kneipen und Parteien, sondern auch die getrennten Medien verstärkten ihre differente Weltsicht. Ereignisse aus den jeweils anderen Milieus wurden oft ignoriert oder kritisch verspottet. Andererseits bauten die Medien, besonders die liberalen, Brücken zu anderen Milieus. Selbst in der konservativen »Kreuz-Zeitung« konnte man nun gelegentlich den Wortlaut von SPD-Reden im Reichstag lesen, wenngleich gekürzt und negativ kommentiert.

Desiderate

Gerade für Deutschland bestehen weiterhin viele Forschungsdesiderate. Im Unterschied zu England und den USA liegen bislang nur sehr wenige quellenfundierte Arbeiten zu den großen Verlegern und Journalisten vor (anekdotisch: Mendelssohn 1982; zu Theodor Wolff: Sösemann 2000; eher bis 1890: Requate 1995; zu Ullstein: Oels/Schneider 2015). Trotz der schlechten Quellenlage wäre ihr Selbstverständnis, ihr Umgang mit den Redaktionen, ihr Verhältnis zur Politik oder zu Innovationen im angelsächsischen Raum zu untersuchen. Ebenso liegen kaum Studien zur neuen Massenpresse vor, die in den Jahrzehnten um 1900 entstand. Selbst die Inhalte der größten Blätter (*Berliner Morgenpost, B. Z. am Mittag, Berliner Lokal-Anzeiger, Berliner Illustrirte Zeitung*) sind bisher kaum systematisch ausgewertet worden, sodass weiterhin sehr pauschale Urteile über sie kursieren. Inwieweit sie etwa Politikvorstellungen, Sportarten oder die Geschlechterverhältnisse veränderten, dürften mögliche Perspektiven für entsprechende Studien sein. Dagegen haben Parteiblätter wie die »Kreuz-Zeitung« bereits Bearbeiter gefunden (Bussiek 2002), ebenso einzelne Illustrierte wie »Die Woche« (Schlingmann 2006).

Ein weiteres Forschungsdesiderat sind die Medien in der deutschen Provinz, die eigentlich charakteristisch für Deutschland waren. Hier wäre vergleichend zu untersuchen, inwieweit sie lediglich den Nachrichtendiensten und den großen Zeitungen folgten und welche Beziehungen sie zu ihrem gesellschaftlichen Umfeld aufbauten – etwa bei der Konstituierung von Milieus, Parteien und lokaler Macht, aber ebenso bei der Organisation des Arbeitsmarktes, des Konsums, der Freizeitgestaltung in der Provinz und den Stadt-Land-Beziehungen. Nach bisherigen Studien las die Landarbeiterschaft auch wegen der Kleinanzeigen Zeitungen, die somit eine Quelle zu ihrer Lebenswelt sind. Sie bevorzugten dabei vornehmlich lokale und konfessionelle Wochenblätter, die lokale Eliten zur Verfügung stellten (Schulz 2005: 148f., 257). Wenig erforscht ist schließlich, in welcher Beziehung die internationale Massenpresse untereinander stand. Dabei dürfte eine genauere Analyse ihrer Adaptionen und spezifisch nationaler Traditionen einiges über die kulturellen Besonderheiten der einzelnen Länder verraten.

4.3 Globalisierung, Kolonialismus und Medienwandel

Im 19. Jahrhundert kam es zu einer beschleunigten »Verwandlung der Welt« (Osterhammel 2009). Dabei setzte in der zweiten Hälfte des 19. Jahrhunderts eine Hochphase der Globalisierung ein. Ihre Kennzeichen waren eine Verdichtung und Verflechtung der Welt, eine Zunahme von grenzübergreifenden Interaktionen und kulturellen Kontakten, vermehrte Kooperationen und Standardisierungen, aber damit einhergehend auch verstärkte kulturelle Differenzbildungen. Ebenso führte die Globalisierung mit zu einer veränderten Wahrnehmung der Welt, die Zeit und Raum zusammenrücken ließ.

Telegrafie

Die bisherige Forschung zur Globalgeschichte und Globalisierung betonte den medialen Wandel als wichtigen Motor dieses Prozesses. Vielfach verwies sie auf die Rolle der Telegrafie, der Nachrichtenagenturen und Massenpresse. Allerdings blieb es oft bei diesen einführenden Hinweisen, während sich die historischen Darstellungen auf Themen wie die Weltwirtschaft, den Kolonialismus oder kulturelle Kontakte konzentrierten (so etwa: Wendt 2007; knapp zu Medien: Osterhammel 2009: 63–83). Für künftige Arbeiten wäre es hingegen sinnvoll, die jeweilige Funktionsweise der neuen globalen Medialität in die allgemeine Globalgeschichte einzuflechten.

Die jüngere Forschung untersuchte besonders die Telegrafie als Medium und Motor der Globalisierung. International verflochten war bereits ihre Entstehung in den 1830er Jahren, an der Forscher aus verschiedenen Ländern beteiligt waren: Ihr britischer Erfinder William Fothergill Cooke sah bei einem Heidelberger Professor einen von einem Russen entwickelten Nadeltelegrafen, den er dann 1837 zusammen mit dem britischen Elektrophysiker Charles Wheatstone weiterentwickelte, patentierte und in einer Versuchsstrecke umsetzte. Der Schreibtelegraf des Amerikaners Samuel F.B. Morse und der Kopiertelegraf des Schotten Alexander Bain folgten in den Jahren darauf. Ab 1850 setzte dann eine intensivierte Verkabelung der Welt ein, die trotz immenser Kosten und zahlreicher Rückschläge mit großen Visionen und Gewinnerwartungen vorangetrieben wurde: etwa 1851 von London nach Paris, vier Jahre später bis zur Krim und 1866 schließlich, nach mehreren Fehlschlägen, auch über den Atlantik. Eingebettet war dies in einen Beschleunigungsdiskurs und Metaphern, die neue Verbindungen priesen (wie »Nervenbahnen«, Holtorf 2013: 260). Seit den 1870er Jahren erreichten die Telegrafenkabel bereits von Europa aus Rio, Kapstadt, Australien, Kalkutta und Peking, sodass man seitdem von einer medialen Vernetzung der Welt sprechen kann (vgl. Wobring 2005). Vor allem das ökonomische Interesse an Südafrika führte dazu, dass in den 1880er Jahren auch Afrika ans Kabelnetz angeschlossen wurde. Zudem förderte die Telegrafie globale Absprachen. So standardisierte 1865 der Pariser Welt-Telegrafenvertrag mit dem Morsecode eine grenzübergreifende »Sprache« für das neue Medium und schuf internationale Konventionen, die die Durchleitung von Telegrafensignalen vereinheitlichten. Fortan koordinierte die »International Telegraph Union« (ITU) die Kommunikation und hielt jährliche Treffen ab.

»Victorian internet«?

Die Telegrafie förderte bereits im 19. Jahrhundert die Wahrnehmung, die Welt und die Kulturen würden neuartig zusammenwachsen. Schon Samuel Morse prophezeite, die Telegrafie werde »das ganze Land in eine einzige Nachbarschaft verwandeln«. Der *Punch* sah nach der Verbindung von Frankreich und England die Länder als »The New Siamese Twins« (zit. in Read 1999: 13). Auch das Atlantikkabel wurde metaphorisch mit einer Nabelschnur verglichen, die Großbritannien und die USA auf neue Weise zusammenbringen würde. Aufgrund dieses Vernetzungscharakters wurde die Telegrafie als »Victorian internet« bezeichnet (Standage 2002). Trotz der immensen Beschleunigung sollte man mit derartigen Vergleichen freilich vorsichtig sein: Die damalige Telegrafie war extrem teuer, aufwendig und nur für Eliten regelmäßig nutzbar. Zudem dauerten zumindest längere Strecken noch mehrere Stunden und nach Fernost sogar Tage, da fortlaufende Stationswechsel Zeit raubten. Den Briefverkehr ersetzten die hier verschickten Kurzmeldungen ohnehin nicht. Die Telegrafie stärkte europäische Metropolen, aber zugleich rückten neue Zentren die Kommunikation ins Rampenlicht, wie Algier, Suez oder Bombay (Wenzlhuemer 2013: 154).

»Imperialistisches Netz«?

Neuere Forschungen diskutieren, ob die Telegrafie eher durch einen nationalistischen Imperialismus oder eine globale Ökonomie vorangetrieben wurde. Zweifelsohne gewährte der Besitz schneller Telegrafenlinien einen Informationsvorsprung im Handel und bei imperialen Eroberungen (so Hills 2002). Besonders Großbritannien sicherte durch sie seine globale Vormachtstellung ab und besaß um 1900 rund 68 Prozent der weltweiten Kabel; die USA immerhin knapp 20 Prozent, Deutschland hingegen nur zwei Prozent, wenn auch mit steigender Tendenz (Wobring 2005: 183 f.). Die USA konnten diesen medientechnischen Vorsprung Großbritanniens erst Jahrzehnte später durch ihren Ausbau des submarinen Telefonkabels wettmachen (Hugill 1999: 230).

Dagegen haben jüngst Dwayne Winseck und Robert M. Pike argumentiert, dass die globale Telegrafie in höherem Maße auf einer ökonomisch motivierten internationalen Kooperation beruht hätte (Winseck/Pike 2007). Statt eines Kampfes um Informationskontrolle sei eher deren Internationalisierung zu beobachten. Große Kabelfirmen wie die *French Atlantic Cable Company*, die *Indo-European Telegraph Company* oder *Western and Brazilian Telegraph Company* beruhten tatsächlich auf dem Kapital mehrerer kooperierender Länder. Beim Bau des Telegrafennetzes zwischen England und Indien waren sogar auch persische und osmanische Firmen integriert. Die einzelnen nationalen Telegrafenunternehmen waren zugleich, ähnlich wie später Microsoft oder Bertelsmann, selbst zentrale Akteure der Globalisierung. Entsprechend gilt John Pender, der einen Großteil der britischen und damit weltweiten Kabelunternehmen gründete, heute als Bill Gates des späten 19. Jahrhunderts. Die Routen der Kabel und die internationalen Akteurnetzwerke folgten dabei bestehenden Verbindungen (Müller 2016).

Staatliche Kontrolle

Zugleich lassen sich zunehmende staatliche und damit nationale Kontrollversuche beobachten. Für autoritäre Regierungen wie in Deutschland mag es nicht überraschen, dass sie die Telegrafie der Post unterstellten, um Telegramme kontrollieren zu können. Aber selbst England setzte ab 1868 verstärkt auf den Aufkauf privater Kabel und erwarb bereits zwei Jahre später das Unterseekabel nach Deutschland von Reuters (Read 1999: 51). In der Hochphase des Imperialismus zwischen den 1890er Jahren und 1910 war zugleich die staatliche Kontrolle der Kabelnetze besonders intensiv, auch in Japan und den privatwirtschaftlich organisierten USA. Die Studie von Winseck/Pike hält dem entgegen, dass insgesamt nur 20 Prozent des Netzes staatlich gewesen seien und damit staatlich-politische Interessen nur zum Teil die ökonomischen unterlaufen hätten (Winseck/Pike 2007: 226).

Unverkennbar diente die Telegrafie zudem der militärischen Kontrolle. So war der Telegrafenausbau von Großbritannien nach Indien eine unmittelbare Reaktion auf den Sepoy-Aufstand in Indien 1857/58, um bei Unruhen schneller Truppen kommandieren zu können. Entsprechend wehrten sich etwa die Chinesen gegen die Telegrafenkabel, woraufhin die Telegrafengesellschaften die Kabel dort erst heimlich verlegten, um die Chinesen dann ab 1870 trickreich mit diplomatischem Druck vor vollendete Tatsachen zu stellen (Baark 1997: 87). Auch hier förderte der Boxeraufstand den Kabelausbau, um westlichen Einfluss abzusichern (Winseck/Pike 2007: 140). Zugleich förderte der telegrafische Nachrichtenfluss in den Kolonialgebieten die nationale Kommunikation, den Nationalismus der Einheimischen und damit auch Unabhängigkeitsbewegungen – besonders in Indien (Mann 2017: 248 f.; zu China: Baark 1997: 194).

Folgen der Telegrafie

Die gesellschaftlichen Folgen der Telegrafie lassen sich in vielen weiteren Bereichen ausmachen. Evident sind sie für die Finanzwirtschaft. Vor Erfindung der Telegrafie hatte bereits ein regelmäßiger grenzübergreifender Brieftaubenverkehr den Informationsfluss zwischen den großen Börsen beschleunigt. Nun förderte die Telegrafie das Aufkommen einer globalen Weltwirtschaft, indem sie Börsen enger vernetzte und grenzübergreifende Vertragsabschlüsse erleichterte. Ebenso verstärkte sie die Konzentration auf einzelne Börsen. Waren etwa in den 1840er Jahren die Börsen in New York, Boston oder Philadelphia noch ähnlich groß, wuchs mit der Einführung des Telegrafen die Dominanz der Wall Street (Baark 1997: 53). Bereits seit den 1860er Jahren meldeten erste »Stock Ticker« auf Endlospapier die Börsenkurse. Die Vernetzung der Märkte machte die Weltwirtschaft freilich auch anfälliger. So erfolgte die erste Weltwirtschaftskrise 1857 kurz nach Etablierung des Telegrafens, und es wäre genauer zu untersuchen, inwieweit die schnelle Kommunikation nach den Fehlspekulationen einer amerikanischen Bank überhitzte Kettenreaktionen förderte.

Die Telegrafie veränderte zudem die Inhalte der Kommunikation und der Presse. Dies galt nicht nur für ihre rasant gesteigerte Aktualität. Kommunikationswissenschaftler argumentieren vielmehr, dass die telegrafische Übermittlung die Zeitungen ereignisbezogener machte und eine schlagzeilenartig verknappte Faktenorientierung förderte – also »News« statt »Views«. Schließlich war die Übermittlung extrem teuer, sodass sie auf Eckdaten beschränkt blieb. Neil Postman leitete daraus kulturkritisch ab, die Telegrafie habe den Austausch von Belanglosigkeit und Zusammenhanglosigkeit forciert. Denn durch die Telegrafie seien aktualistische, sensationelle und kuriose Informationen gegenüber reflektierten Kontextanalysen privilegiert worden, wie sie bisher in Briefen oder Büchern zu finden waren (Postman 1992: 84 f.). Tatsächlich führte die Telegrafie dazu, dass die neue Massenpresse nun ihre Vorderseiten mit kurzen zusammenhanglosen Meldungen begann, die vor allem die globale Aktualität der Zeitungen unterstreichen sollten. Sicherlich nicht zutreffend ist die oft angeführte Annahme, durch die Telegrafie habe der Anteil der Auslandsnachrichten zugenommen, der vielmehr im Kontext der Nationalstaatsbildungen, Pressefreiheit und Parlamentarisierung sank (Wilke 1984: 152).

Nachrichtenagenturen

Die Telegrafie förderte den Aufstieg global agierender Nachrichtenagenturen. Während sich bislang nur wenige große Zeitungen Auslandskorrespondenten leisten konnten, ermöglichten die Agenturen, aus allen Teilen der Welt Nachrichten telegrafisch bis in die europäischen Provinzen zu senden. Dies führte zu einer rasanten Aufwertung der Provinzpresse seit den 1870er Jahren, die entsprechend expandierte. Seit Mitte des 19. Jahrhunderts kristallisierten sich die britische Agentur Reuters, die französische Havas und das deutsche WTB als weltweit größte Agenturen heraus, zu denen sich dann insbesondere die amerikanische Associated Press (AP) gesellte. Vor allem Reuters verfügte seit den 1860er Jahren über weltweite Büros, von Australien über Bombay bis Kapstadt. Die Beispiele dafür, wie Reuters bereits vor dem globalen Kabelnetz weltweit die Nachrichtenübermittlung beschleunigte, sind legendär: etwa 1862 mit einem festen Courier von Peking nach Sibirien, um von dort aus den gerade errichteten Telegraf zu nutzen, oder bereits vor Verlegung des Atlantikkabels mit einem ausgeklügelten System von Schiffen zwischen den Telegrafen, wodurch Reuters etwa das Attentat auf Lincoln 1865 zuerst in London meldete (Read 1999: 38).

Globales Kartell

Die Nachrichtenbüros standen zugleich für eine globale Kooperation und nationale Interessenpolitik. Ihre grenzübergreifende Zusammenarbeit besiegelten 1870 geheime Kartellverträge zwischen Reuters, Havas und WTB. 1893 kam AP hinzu, die vorher bereits mit Reuters kooperiert hatte. Damit teilten sich wenige Nachrichtenagenturen die Informationsvermittlung über die gesamte Welt auf, um einen ruinösen Wettbewerb zu verhindern (Silberstein-Loeb 2014: 197). Sie vereinbarten den Austausch von Meldungen, wobei weitgehend jeweils nur eine Agentur bestimmte Regionen übernahm. Dabei dominierten deutlich Reuters (besonders im Empire von Kanada über Ostafrika und Asien bis Australien) und Havas (besonders Südamerika, Westafrika, westliches Mittelmeer), während sich das deutsche WTB mit Nordeuropa und Teilen Zentral- und Osteuropas zufrieden gab. Zudem vereinbarten die Agenturen einige Kooperationsgebiete, wie etwa die Habsburger-Monarchie. Für die deutsche Agentur brachte selbst diese Stellung als Juniorpartner zahlreiche Vorteile: Sie konnte die Kosten bei der

Nachrichtenbeschaffung reduzieren, durch deren Exklusivität Konkurrenz vertreiben und vor allem eigene Hoheitsgebiete verteidigen (Basse 1991: 48f.; Tworek 2014 u. 2019). Zudem hoffte sie auf eine weitere Expansion nach Osten.

Die Macht der Agenturen bestand nicht nur im Selektieren von Nachrichten aus anderen Teilen der Welt, sondern auch in der recht exklusiven Übermittlung. Dass ökonomische Interessen dabei politische überlagerten, zeigte die lange Fortführung des Kartells, das bis in die 1930er Jahre bestand. Die breite Abnehmerschaft verhinderte allzu einseitige und wertende Meldungen. Selbst im patriotisch aufgeladenen Burenkrieg übermittelte Reuters daher aus kommerziellen Interessen auch Berichte aus der Burenperspektive (Potter 2003: 44; Silberstein-Loeb 2014: 164). Andere Agenturen, wie etwa die russischen, hatten dagegen auf dem globalen Markt keine Chance, da sie als unzuverlässig galten, sodass WTB als wichtigster Übermittler aus Petersburg und Moskau auftreten konnte (Rantanen 1990: 169–172).

Politik und Agenturen

Aber auch bei den globalen Nachrichtenagenturen nahmen staatliche Kontrollversuche zu, um nationale Interessen zu verteidigen. Das galt besonders für WTB. Unter Bismarck sicherte sich 1865 der preußische Staat weitreichenden Einfluss, dann 1880 das Deutsche Reich mit verdeckten Subventionen. Dafür lieferte WTB verschiedenen Regierungsstellen kostenlos vorab alle Meldungen und verpflichtete sich, Äußerungen des Kanzlers und der Staatssekretäre ausführlich zu verbreiten. »Bedenklich« erscheinende Nachrichten sollten dem Auswärtigen Amt zur vorherigen Prüfung vorgelegt werden (Basse 1990: 31 f., 61–63). Damit war die grenzübergreifende Kommunikation von WTB zugleich Teil der nationalen (Außen-) Politik.

Die Zunahme des Staatseinflusses lässt sich nicht nur für Frankreich belegen, wo die Havas-Nachfolgerin Agence France Press sogar noch heute im hohen Maße von Staatsaufträgen lebt, sondern tendenziell auch für Großbritannien. Donald Reads Standardwerk über Reuters bezeichnete die Agentur für das ausgehende 19. Jahrhundert deshalb als »semi-official Institution« des Empires. Erst seit der Suez-Krise in den 1950ern, so sein pointiertes Fazit, habe sich Reuters zu einer supranationalen Agentur entwickelt, die

Nachrichten nicht mehr bevorzugt aus britischer Sicht brachte (Read 1999: 474). Ähnliches zeigen Regionalstudien zur medialen Kommunikation im Empire. So belegte Chandrika Kaul für Indien, dass die Meldungen von Reuters durch ihre enge Verbindung mit dem Indian Office oft offiziösen Charakter gehabt hatten und heikle Themen aussparten (Kaul 2003: 46 f.).

Medienwandel in Ostasien

Telegrafie und Nachrichtenagenturen förderten nicht nur das Aufkommen neuer Zeitungen in der Provinz, sondern auch in vielen Teilen der nicht-europäischen Welt. Asien, Südamerika und Afrika erhielten so leichter Zugang zu globalen Nachrichten. Nachdem etwa Reuters 1871 Shanghai zum Ausgangspunkt für seinen Nachrichtendienst in Fernost gemacht hatte, entstanden in den Städten Chinas zahlreiche ausländische Zeitungen (Wagner 1995). Umgekehrt führte das Aufkommen starker Zeitungen in Neuseeland, Australien oder Argentinien dazu, dass Agenturen und Telegrafenunternehmen diese Länder als neue Märkte erschlossen (Winseck/Pike 2008: 11).

Länder wie China und Japan hatten zwar eine lange etablierte Schrift- und Druckkultur. Dennoch adaptierten sie erst im 19. Jahrhundert auf recht unterschiedliche Weise die westlichen periodischen Medien. In keinem Land der Welt vollzog sich der Medienwandel so rasant wie in Japan, das heute die höchste Zeitungsdichte der Welt hat. Pointiert könnte man sagen, dass Japan innerhalb von zwei bis drei Jahrzehnten die gesamte westliche Entwicklung aufgriff und in eigene Traditionen integrierte. Da Japan bis Mitte des 19. Jahrhunderts stark abgeschottet war, ist dies umso erstaunlicher. Erklären lässt sich die rasche Medienexpansion mit den guten Voraussetzungen in Japan. Die Alphabetisierung war recht hoch, zudem bestand ein etablierter Büchermarkt mit kommerziellen Leihbibliotheken. Ebenso gab es mindestens seit dem 17. Jahrhundert eine Vorform der Zeitung, die sogenannten »Kawarabans«, die als Einblattdrucke über Ereignisse berichteten. 1853/54, bei der Öffnung Japans, existierten bereits rund 500 verschiedene Kawarabans mit einer Auflage von rund einer Million (Huffman 1997: 22). Verbunden mit der Verstädterung in Japan, insbesondere in Edo (später Tokyo), existierte damit ein Markt mit Verlegern, Vertrieb und Konsumenten.

Japan

Die Etablierung des neuen Medienmarktes erfolgte zudem im Kontext der zahllosen Reformen der Meiji-Zeit (1868–1912), in der sich Japan in vielen gesellschaftlichen Bereichen grundlegend veränderte, oft an westlichen Vorbildern orientiert. Wie insbesondere James Huffman argumentiert, trugen die Medien zu diesen Veränderungen entscheidend bei (Huffman 1997: 2). Nach der Einführung der ersten Zeitungen durch westliche Händler entstanden in den 1860er Jahren zahlreiche japanische Zeitungen und Zeitschriften, die, wie das *Magazin der westlichen Welt* (ab 1867), den Blick über die Grenzen erweiterten. Reisen von Japanern in die USA oder nach Frankreich vermittelten weitere Eindrücke von der westlichen Presse.

Die Medien initiierten bereits seit den 1870er Jahren die Ausbildung politischer Öffentlichkeiten und förderten gesellschaftliche Debatten. Die neue Zeitungslandschaft wies dabei Parallelen zu Deutschland auf. Einerseits entstanden parteinahe »Große Zeitungen« (*o-shimbun*) für die Eliten, bei denen Politik und die politische Positionierung zentral waren, weniger kommerzielle Interessen. Andererseits kam mit den »Kleinen Zeitungen« (*ko-shimbun*) eine Massenpresse mit einer vereinfachten Schrift auf, die eher Gesellschaftsnachrichten druckten (Huffman 1997: 41, 69–73; Nojiri 1991: 35 f.). In den 1870er Jahren sorgten Kaution und Zensur für Verfolgungen, sodass allein zwischen 1875 und 1877 144 Journalisten inhaftiert wurden. Zudem setzte die politische Führung auf eine finanzielle, oft geheime Unterstützung von Zeitungen (Huffman 1997: 53–57, 374).

Transfers von West nach Ost

Um 1900 näherte sich die Presse angelsächsischen Standards an. Die Lockerung der Zensur und die Kriege gegen China 1895 und Russland 1903/05 forcierten diesen Wandel, da die zahlreichen japanischen Kriegskorrespondenten die journalistische Arbeit professionalisierten und nachrichtenorientierter machten. Die Kriege förderten auch in Japan einen Auflagenanstieg, den Einflussgewinn einiger starker Verleger und einen populistischen Nationalismus, der die imperialistische Expansion forcierte und japanische Kriegsverbrechen ausblendete. Größere Zeitungen erreichten nun Auflagen von über 90.000 Exemplaren (Nojiri 1991: 35; Huffman 1997: 387).

Eine Hinwendung zum angelsächsischen »New Journalism« gab es nicht nur bei der Orientierung an Fakten, Sensationen und Anzeigen, sondern auch in der selbstbewussten Selbstwahrnehmung und Arbeitsweise. Verschiedene Journalisten profilierten sich nun als Anwalt von Unterschichten, etwa mit Reportagen gegen die Ausbeutung von Minenarbeitern, Prostituierten oder Rikschafahrern. Gerade Einzelfall-Kampagnen gegen die Zwangsprostitution scheinen dabei große Ähnlichkeit zu den weltberühmten Artikeln von W.T. Stead in London zu haben (Huffman 1997: 247–259). Darüber hinaus erreichten, ebenfalls wie im Westen, unpolitische Unterhaltungsblätter gigantische Auflagen. So hatte das Blatt *Die Welt der Frau* mit 400.000 Exemplaren (1909) die höchste Auflage, und die Kinderzeitschrift *Der König* erreichte 1925 mit 1,5 Millionen einen Rekord (Nojiri 1991: 28).

China

Ein derartiger medialer Modernisierungsprozess wie in Japan war selbst bei Ländern mit einer langen Schriftkultur nicht selbstverständlich. Dies gilt selbst für China. Hier gab es ebenfalls einen etablierten Buchmarkt und eine zeitungsähnliche Tradition eigener Hofnachrichten. Ausländische Missionare und Händler führten in den Vertragshäfen seit den 1840er Jahren unabhängige Zeitungen ein. Aus den chinesischen Ausgaben der *Honkong Daily Press* (1858–1919) und *North China Herald* (1861–1872) entstanden frühe chinesische Unternehmen. Seit den 1870er Jahren erreichten einige Blätter jeweils mehrere Tausend Exemplare Auflage und nationale Verbreitung, aber keine Blüte wie in Japan. Aufgrund der unklaren Rechtslage entstanden die Zeitungen vornehmlich außerhalb der chinesischen Rechtshoheit, also in Hongkong oder in den Vertragshäfen.

Dennoch war das neue Pressewesen nicht ganz unbedeutend für die chinesische Entwicklung. Ab den 1890er Jahren entwickelten sich im chinesischen Hinterland Zeitungen, und eine sogenannte Reformpresse entstand, die unterschiedliche politische Leitlinien vertrat (Vittinghoff 2002a; Wagner 2012). Nach der kurzen Reformphase 1898 folgte zwar eine scharfe Intervention gegen diese Presse, dennoch stieg die Zahl der Zeitungen in den folgenden Jahren an. Dabei suchten die Flaggschiffe der chinesischen Presse auch von ihrem Selbstverständnis her Anschluss an den englischen Journalismus: Die Zeitungen vertraten differente Standpunkte, aber verschiedene Journalisten vereinigten sich, um gemeinsam für mehr Meinungsfreiheit einzutreten, was in erste Journalistenvereinigungen mündete (Vittinghoff 2002b: 106). 1908 entstand immerhin ein Pressegesetz nach japanischem Vorbild.

Afrika

Wie sehr eine längere Schriftkultur für eine Etablierung der Presse nötig war, unterstreicht ein Blick nach Afrika. Aufgrund der geringen Alphabetisierung und der oralen Kultur hat sich in Afrika bislang keine starke Presse ausgebildet. Obwohl dort heute zwölfmal so viele Menschen leben wie in Deutschland, gibt es nur halb so viele Zeitungen. Entsprechend ist die afrikanische Geschichte der Massenmedien des 19. Jahrhunderts vor allem als ein Teil der Kolonialgeschichte zu sehen, da Blätter der Kolonialisten dominierten, die in deren Sprache erschienen – mit Ausnahme einzelner Blätter von Missionaren und ganz weniger Publikationen von Afrikanern.

In den Gebieten südlich der Sahara lassen sich sehr unterschiedliche Medienentwicklungen ausmachen, die von der jeweiligen kolonialen Konstellation geprägt waren. Die ersten Zeitungen sind in den Jahren um 1800 in Ägypten, Sierra Leone und Südafrika nachweisbar. In den britisch dominierten Gebieten und Südafrika entwickelte sich die Kolonialpresse im folgenden Jahrhundert am schnellsten, da die Briten größere Freiheiten ließen und lokale Zeitungsgründungen unterstützten. So kamen bereits um 1800 in Westafrika Blätter wie *Royal Gazette* oder *Sierra Leone Advertiser* (1801) auf. Deutlich langsamer war dagegen die Medienausbreitung in den Gebieten der Franzosen, die eher auf den Vertrieb der heimischen Presse setzten. In den deutschen Kolonien, die ab 1884 entstanden, entwickelte sich die Kolonialpresse ebenfalls spät und zögerlich. Erst um die Jahrhundertwende entstanden insgesamt elf nicht-amtliche Zeitungen: fünf in Südwestafrika, drei in Ostafrika und nur eine in Togo und Kamerun, wo wie in der Südsee offizielle Amtsblätter mit Anzeigen und einem redaktionellen Teil überwogen (Osterhaus 1990: 46).

Frühe Kolonialpresse

Obgleich die Zeitungen in allen afrikanischen Kolonien geringe Auflagen hatten, ist ihre Bedeutung nicht zu unterschätzen. Generell hatten sie eine gemeinschaftsbildende Kraft. In allen Kolonien waren die Zeitungen zudem mehr als nur Sprachrohre der Kolonialverwaltung. Häufig kritisierten sie diese im Namen der Siedler, der dortigen Wirtschaft und der dortigen Vereine und Interessenverbände, mit denen sie eng verbunden waren (Osterhaus 1990: 148–154; Pöppinghege 2001: 158, 161). Entsprechend traten die Zeitungen auch mit Kampagnen für die Interessen der Siedler ein, um so »bestimmte Entwicklungen in Gang zu setzen, zu bremsen oder zu fördern« (Osterhaus 1990: 474). Mitunter konnten die Zeitungen durchaus Entwicklungen beeinflussen und so an der Verwaltung beteiligt werden: sei es bei Personalentscheidungen, bei infrastrukturellen Entscheidungen (wie in Ostafrika die Fortsetzung des Bahnbaus) oder beim Ausbau von rassistischen Ordnungen wie insbesondere in Südwestafrika. Gerade ihre Forderung nach schärferen Maßnahmen gegen die Eingeborenen unterstreicht, dass die Etablierung der »vierten Gewalt« nicht unbedingt eine Liberalisierung bescherte.

Zeitungen von Afrikanern

Daneben entstanden bereits im 19. Jahrhundert erste Zeitungen von Afrikanern. Auch diese waren zunächst überwiegend englischsprachig. Erste Zeitungsgründer waren ehemalige Sklaven, wobei eine enge Verbindung zur frühen Emanzipationsbewegung der Afro-Amerikaner in den USA bestand. Einige Studien nehmen an, der ehemalige Sklave Charles L. Force habe 1826 mit einer aus den USA mitgebrachten Handpresse in Monrovia den *Liberia Herald* als erstes Blatt eines Afrikaners gegründet (Bourgault 1995: 154). Da Quellenbelege fehlen, wird die erste afrikanische Zeitungsgründung neuerdings auf 1830 datiert und John B. Russwurm zugeschrieben, der bereits drei Jahre zuvor mit dem *Freedom's Journal* in den USA die erste Zeitung eines Afroamerikaners herausgegeben hatte (Burrowes 2004: 49, Anm. 2). Vereinzelt entstanden auch afrikanischsprachige Zeitungen, die zunächst von Missionaren ediert, dann aber zu einem gewissen Sprachrohr der Einheimischen wurden – wie die *Imvo Zabantsundu* (»Einheimische Meinung«) in Südafrika. Indem die Missionare einheimische Sprachen druckten, werteten sie die Afrikaner zu einem eigenständigen Publikum auf. Die Arbeit für die Presse war zudem, ähnlich wie die Tätigkeit als Übersetzer, ein wichtiges Mittel für einen sozialen Aufstieg.

Die Goldküste und Sierra Leone entwickelten sich zu Keimzellen des afrikanischen Journalismus. Titel wie *African Interpreter and Advocate* (ab 1867) oder *West African Liberator* unterstrichen den Anspruch, Interessen der Einheimischen zu artikulieren und zu übersetzen. Auch in Gambia entstand etwa aus Beschwerden gegen Kolonialherren eine Zeitung von Afrikanern, die mit der Zeitungsgründung eines englischen Geschäftsmannes konkurrierte, dem die *Times* zu kolonialkritisch erschien (Grey-Johnson in Wittmann/Beck 2004: 18 f.). Die Zeitungen kultivierten das Englische unter der afrikanischen Elite und waren trotz ihrer marginalen Verbreitung und des vorherrschenden Analphabetismus nicht unbedeutend. Denn einerseits wurde jedes Exemplar vielfach verlesen und übersetzt, andererseits waren die Zeitungen Signale an die Kolonialherren. Zumindest punktuell lassen sich Kampagnen afrikanischer Zeitungen mit gewissen Wirkungen ausmachen; so bremsten sie etwa an der Goldküste in den 1890er Jahren Landenteignungen ab. Ob sich aus den afrikanischen Zeitungen heraus eine »panafrikanische Solidarität« gegen koloniale Interventionen herausbildete, ist umstritten: Vielmehr lassen sich Zeitungen von Afrikanern finden, die kriegerische Eingriffe gegen benachbarte Stämme unterstützten (so Osterhaus 1990: 280 f., 477).

Globaler Kriegsjournalismus

Welche Rolle neue Medien wie Telegrafie, Nachrichtenagenturen und die Massenpresse im Kontext der Globalisierung und des Kolonialismus um 1900 spielten, verdeutlicht vor allem ein Blick auf die Kriege der Zeit. Beim spanisch-amerikanischen Krieg auf Kuba (1898), beim Burenkrieg in Südafrika (1899–1902) und beim russisch-japanischen Krieg (1904/05) reisten jeweils ausländische Journalisten an, um vor Ort zu berichten, Fotos für die internationale Presse zu erstellen und erstmals auch Filme zu drehen (Paul 2004: 76–83). Geschätzte 300 bis 500 Journalisten kamen in dieser Zeit nach Kuba. Auf diese Weise verfolgten weite Teile der Welt die Ereignisse mit einer neuen Unmittelbarkeit. Zudem sorgte die neue Medienaufmerksamkeit auf ferne Länder mit dafür, dass sich der globale Status der kriegsführenden Parteien schlagartig änderte. So erschienen die USA nach ihrem Sieg über Spanien als expansive Großmacht. Und die Bilder des russisch-japanischen Kriegs, mit Eisenbahnen, Telegrafen und Panzerschiffen, ließen Japan als moderne Macht erscheinen (Gerbig-Fabel 2008).

Die Rolle der frühen Kriegskorrespondenten und ihre Bedeutung für die Ausbildung eines grenzübergreifenden kritischen Journalismus wurden freilich vielfach überschätzt. So galt der Krimkrieg oft als sein Ausgangspunkt, bei dem die *Times* und ihr Kriegsreporter William Howard Russell als »vierte Gewalt« mit kritischen Berichten die Regierung stürzten. Tatsächlich beruht dies auf der Mythenbildung der Journalisten selbst, während sich die *Times* als äußerst regierungsloyal erwies (Daniel in dies. 2006: 62). Ebenso spielten Fotos in diesem Krieg, obgleich dies oft in der Literatur betont wurde, noch kaum eine öffentliche Rolle. Im Burenkrieg waren zwar tatsächlich Journalisten aus allen Ländern aktiv, aber während sich in London schon längst ein kritischer Journalismus etabliert hatte, schrieben die britischen Journalisten in Südafrika kaum über die Brutalität »ihrer« Truppen. Und die kritischen Artikel des *Manchester Guardian* über die Konzentrationslager in Südafrika gingen auf Berichte der Krankenschwester Emily Hobshouse zurück (Krebs 1999: 32–54). Dass jedoch in weiten Teilen der Welt emotionale Debatten über den Burenkrieg stattfanden, die Regierungen in diplomatische Bedrängnis brachten, zeigte die neue globale Medialität (Geppert 2007: 125–176).

Forschungsperspektiven

In der jungen Globalgeschichte bestehen viele medienhistorische Forschungsdesiderate. Sinnvoll wäre vor allem, die Analyse des Medienwandels systematisch in andere Forschungsfelder zu integrieren. Für die Wirtschaftsgeschichte wäre etwa zu untersuchen, welche Folgen Medienveränderungen (wie neue Telegrafenlinien, hochaktuelle Börsenkurse in der Presse u. ä.) für den Handel hatten. Ebenso wäre in der Kolonialgeschichte herauszuarbeiten, welche Bedeutung die koloniale Medienöffentlichkeit für das regionale Alltags- und Verwaltungshandeln in den Kolonien aufwies. Wenig bekannt ist zudem über Entstehung und Verlauf der grenzübergreifenden Nachrichten (vgl. jetzt John/Silberstein-Loeb 2015). Inwieweit kam es tatsächlich durch die Agenturen zu einer weltweiten Homogenisierung von Nachrichten? Anzunehmen ist, dass diese vielfach neu selektiert und in die jeweiligen kulturellen Kontexte übersetzt wurden. Internationale Analysen zu Ereignissen, bei denen Nachrichtenagenturen und Zeitungen grenzübergreifend berichteten, wären hierfür hilfreich, ebenso zur inhaltlichen Arbeit der Auslandskorrespondenten. Neuere Studien zur Sozialgeschichte der deutschen Auslandskorrespondenten zeigen, wie während des Kaiserreichs ihr Ansehen, ihr Verdienst und ihr Zugang zu Politikern stark zunahm. Im Ausland kooperierten sie mit Korrespondenten anderer Länder (Hillerich 2018: 347–355). Insofern waren sie zentrale Akteure der »ersten Globalisierung«.

5. Moderne, Weltkriege und Diktaturen

5.1 Film und Medienkultur vor und im Ersten Weltkrieg

Um 1900 kam es zu einer grundlegenden Erweiterung des Medienmarktes. Dazu zählten besonders das Aufkommen des Films, die Verbreitung von Grammophon, Telefon und Privatkamera sowie die drahtlose Telegrafie, aus der sich seit den 1920er Jahren das Radio entwickelte. Gerade das Zusammenspiel dieser neuen Medien, die zugleich die alten Medien veränderten, rechtfertigt es, von einem »Medienumbruch 1900« zu sprechen (Käuser 2005). Zudem waren die neuen Medien Bestandteil einer zeitgleich entstehenden neuen populären »Massenkultur«: Warenhäuser, Zoos, Musik- oder Sportveranstaltungen eröffneten ebenso wie Kinos die Möglichkeit, scheinbar ohne Klassengrenzen an spektakulären Vergnügungen oder exotischen Eindrücken teilzuhaben (Maase 1997). Bereits der damals aufkommende pejorative Begriff der »Masse« deutet freilich an, dass diese Freizeitkultur bürgerliche Abgrenzungen hervorrief.

Wahrnehmungswandel

Wie medienwissenschaftliche Arbeiten betonen, korrespondierten die neuen Medien zugleich mit einer Veränderung der sichtbaren Realität. Neue zeitgleiche Erfindungen wie der Brühwürfel oder die Röntgenstrahlen hatten mit dem Film gemein, dass sie traditionelle Wahrnehmungen und Erfahrungen zerlegten und als Produkte reinszenierten (Engell 1995: 22). Der Medienwissenschaftler Friedrich A. Kittler sieht auch Parallelen zur damaligen Wissenschaft, insbesondere der »Psychophysik«, die eine experimentelle Zerlegungen der Wahrnehmung vornahm (Kittler 1995: 280). Deshalb spricht er von einem neuen »Aufschreibesystem 1900«, das den Körper medial einfange und den Beginn der »technischen Datenspeicherung« markiere. Film und Grammophon hätten dabei das Monopol der Schrift gebrochen, die Fantasie erobert und dem Buch einen beschränkten Platz zugewiesen (ebd.: 313). Angesichts der immens hohen Auflagen von Zeitungen, Zeitschriften und Büchern im 20. Jahrhundert kann man dem nur begrenzt zustimmen.

Vorläufer des Films

Die Film- und Medienwissenschaft betten die neuen Medien zugleich in längere Entwicklungen ein. Ihre Filmgeschichten setzen fast immer mit älteren Bildprojektionen ein, wie der Laterna Magica, Camera Obscura, Panoramen, Reihenfotografie und Daumenkinos (vgl. etwa: Wyver 1989: 5–14). Denn der Film löste nicht nur einen Visualisierungsschub aus, sondern war selbst das Ergebnis einer populären visuellen Kultur des 19. Jahrhunderts. Er entstand einerseits aus den visuellen Attraktionen der Jahrmarkts- und Volkskultur, was seine frühe populäre Rezeption prägte. Die große Nachfrage nach Bewegtbildern etablierte demnach den Film, der die älteren visuellen Attraktionen automatisierte, standardisierte und zu einem neuen Handelsprodukt machte (Bakker 2008: 404). Andererseits bildete wissenschaftliches Erkenntnisinteresse einen Ausgangspunkt. Schnelle Reihenfotografien sollten die Unzulänglichkeiten des menschlichen Auges kompensieren. Versuche, Bilder von laufenden Pferdebeinen (Eadweard Muybridge), vom Vogelflug (Etienne-Jules Marey) oder von Geschossen beim Einschlag (Ernst Mach) zu erstellen, führten dazu, dass Aufnahmegeschwindigkeit und Rollverfahren beim Bildtransport verbessert wurden, was die Grundlage für die Filmtechnik bildete.

Erfinderkonkurrenz

In den 1890ern entwickelten Erfinder in verschiedenen Ländern fast gleichzeitig Filmapparate. Auch dies belegt das große Bedürfnis nach bewegten Bildern und erklärt den schnellen Erfolg des neuen Mediums. In den USA erschuf der Erfinder Thomas Edison bereits 1891 den »Kinetographen« zur Aufnahme und das »Kinetoskop« zum Abspielen von Filmen. Letzteres konzipierte er als Guckkasten, bei dem gegen Einwurf einer Münze eine Person einen Film sehen konnte. Dies zeigt, wie offen die Gebrauchsweise des Films anfangs war. Ab 1894 bescherte seine Erfindung ihm Einnahmen in den amerikanischen und westeuropäischen Großstädten. Obwohl Edison das 35 Millimeter-Filmformat mit beidseitiger Perforation entwickelte, gelten jedoch die französischen Brüder Lumière als die wegweisenden Erfinder des Films. Sie übernahmen Edisons Filmformat, schufen aber 1895 einen Apparat, der zugleich die Aufnahme, das Kopieren und Abspielen von Filmen ermöglichte und diese auf eine helle Fläche projizierte. Ende 1895 führten sie ihre Filme erstmals öffentlich und gegen Eintritt in Paris vor. Diese Erfindung war technisch auch anderen im selben Jahr entwickelten kontinentalen Filmapparaten überlegen, wie dem ebenfalls 1895 vorgestellten Doppellicht-Projektor (»Bioscope«) der Berliner Brüder Skladanowsky oder dem Projektor der Briten Robert W. Paul und Birt Acres. Die Lumières waren zudem geschicktere Unternehmer. Sie vermarkteten ihre Erfindung weltweit, indem sie ihre Apparate nicht einfach verkauften, sondern Kameramänner in ihrem Namen anstellten. Diese führten weltweit ihre Aufnahmen gegen Eintritt vor und filmten bei ihren Reisen zugleich exotische Eindrücke anderer Länder für ihre nächsten Stationen. 1896 endete damit der kurze Erfolg von Edisons Filmautomaten.

Globale Ausbreitung

Der frühe Film hat damit eine doppelte globalgeschichtliche Dimension. Einerseits verbreitete er sich rasch zu einer weltweiten Attraktion: Von Mexiko über Buenos Aires, St. Petersburg, Kairo, Bombay, Shanghai bis nach Japan und Australien konnte man bereits 1896 Filmvorführungen besuchen, die häufig die Mitarbeiter der Lumières veranstalteten (Abel 2005: 38, 216; Vasey in Nowell-Smith 1996: 53). Andererseits verbreiteten die Filme aus fernen Ländern spektakuläre Ereignisse und (klischeehafte) alltägliche Aufnahmen. Bis zum Ersten Weltkrieg blieb auch der Vertrieb der Filme international. Frankreich war dabei das führende Filmland – dank der Lumières und großer Filmunternehmen wie Pathé (das 1897 die Rechte von den Lumières übernahm), Gaumont und Eclair. So stammte in Deutschland vor dem Weltkrieg knapp die Hälfte der Filme aus französischen Produktionsfirmen oder Verleihen, und nur je 13 Prozent aus den USA und eigenen Produktionen, acht Prozent aus Italien und sechs aus Großbritannien (Birett 1991: XV). Umgekehrt machten in den USA europäische Filme bis 1909 knapp die Hälfte des Marktes aus (Bakker 2005: 313). Die großen westlichen Länder erlangten folglich durch die Filme eine visuelle Deutungsmacht. So ist in Deutschland bis 1911 nur ein aufgeführter

Film aus Japan nachweisbar, aber rund 50 Filme über Japan wurden gezeigt, die vornehmlich aus französischer Produktion stammten (Auflistung in Birett 1991: 327 f.).

»Early Cinema«

In der Filmgeschichtsschreibung hat sich eingebürgert, inhaltlich das »Cinema of Attractions« bis 1906 von der späteren Stummfilmzeit bis Ende der 1920er Jahre abzugrenzen. Blickt man auf den Wandel der Programmgestaltung, der ökonomischen Strukturen und der Abspielstätten, so bildet bereits 1913/14 eine markante Zäsur des »Early Cinema«. Stummfilme und Tonfilme bezeichnen einige Filmwissenschaftler wiederum als unterschiedliche, eigenständige Medien: den Stummfilm als erste Form des Bewegtbildmediums, den Tonfilm als erste Form des technisch reproduzierten audiovisuellen Mediums (so Müller 2003: 385–389). Allein für Deutschland zählt Herbert Birett anhand von Programmankündigungen knapp 17.000 Filme für die Zeit zwischen 1895 und 1911, doch vermutlich waren es mehr als doppelt so viele (Birett 1991: XVII). Ihre Inhalte verweisen auf den Entstehungskontext des Films und seine Intermedialität: auf die Massenpresse (aktuelle und historische Ereignisse, Alltägliches, nationale Kultur und Landschaften u. ä.), auf Attraktionen des Jahrmarkts und Varietés (Komik, Exotik, Akrobatik u. ä.) und auf fiktionale Literatur und das Theater, da einzelne Kurzfilme bereits Abenteuer-, Liebes- oder Kriminalgeschichten erzählten. Erzählende längere Filme mit festeren Genres gab es freilich erst nach 1907 – nach einer ersten Filmkrise und dem dadurch ausgelösten Strukturwandel.

Inszenierte Moderne

Die frühen Filme sind gute, selten genutzte Quellen für Historiker, die sowohl Alltagsszenen als auch besondere Ereignisse zeigen. Die Filme der Lumières lichteten etwa verschiedene Großstädte von Hamburg bis München ab, wobei Menschenaufläufe auf Kreuzungen und bekannten Plätzen im Vordergrund standen. Ebenso zeigten sie Feste und Aufmärsche mit Uniformen, vorzugsweise mit Kaiser Wilhelm II. (34 Filme von 1895/96 in Loiperdinger 1999, vgl. auch Quelle Nr. 12 unter *www.campus.de*). Die frühen Filmaufnahmen inszenierten somit die Moderne, indem sie häufig Straßen- und Eisenbahnen, Großstadtverkehr, Fabriken, Schiffstaufen oder Weltausstellungen zeigten. Auf diese Weise konstruierte der Film das neue Zeitalter der Technik und der »Massen« sowohl auf der

Leinwand als auch im Zuschauerraum. Der frühe Film war experimentierfreudig und sorgte so für neue Wahrnehmungen (Kreimeier 2011). Die Filme hatten oft lokale oder nationale Bezüge, waren aber zugleich für den internationalen Vertrieb gedreht. Damit förderten sie die Ausbildung von regionalen und nationalen Identitäten sowie ein globales Bewusstsein.

Zu dieser Moderne gehörte auch die vielzitierte »Invention of Tradition«, also die Etablierung scheinbar alter Traditionen, zu der neue Medien beitrugen. Weltweit kursierten etwa Filme der spektakulären Krönungsfeier von Zar Nikolaus II. (1896), den gigantischen Umzügen des »Diamond Jubilee« von Queen Victoria (1897) oder den barocken Selbstinszenierungen des deutschen Kaisers Wilhelm II., die bereits 1895 der Brite Birt Acres bei der »Opening of the Kiel Canal« filmte. Wilhelm II. wurde durch seine prunkvollen Auftritte und vielen Reisen zu der am meisten gefilmten Person dieser Zeit (Loiperdinger 1997). John Thompson sprach von einer »mediazation of tradition«, also von einer medienorientierten Traditionsbildung (Thompson 1995: 180).

Frühe Kriegsfilme

Ein nicht minder relevanter Gegenstand der »optischen Berichterstattung« waren Kriege. Zahlreiche frühe Kriegsfilme sind heute kostenlos online einsehbar. Sie zeigten Truppenabmärsche mit jubelnden Zuschauern, militärisches Gerät oder das Durchqueren des Feindeslandes, jedoch kaum reale Kämpfe. Angesichts des Transportgewichts der Kameras und der ungenügenden Objektive waren derartige Aufnahmen fast unmöglich. Scheinbare Kampfszenen waren fast immer Nachstellungen, um die Kriegsgegner zu diskreditieren und die eigene Kampfeskraft zu verherrlichen. Generell waren die Grenzen zwischen dem dokumentarischen Anspruch und der fiktionalen Reinszenierung fließend. Schiffsunglücke oder aktuelle Ereignisse in der Nachbarschaft wurden ebenso nachgestellt wie Aufnahmen verstorbener Persönlichkeiten wie etwa Bismarck.

Filmvorführungen

In den letzten Jahren wurden zudem die Aufführungsorte und das Verhalten der Zuschauer erforscht (vgl. etwa mit literarischen Beispielen: Paech/Paech 2000). Die Aufführungsorte des »Early Cinema« unterschieden sich deutlich von den heutigen, da eigens gebaute Kinos in Europa erst in den 1910er Jahren expandierten. Frühe Filme wurden einerseits auf Märkten, Festen oder Vereinstreffen gezeigt, sei es in Zelten, Hallen oder unter freiem Himmel, andererseits in festen öffentlichen Orten wie Kneipen. Zumindest tendenziell bestanden nationale Unterschiede: In Deutschland liefen die Filme häufiger in Varietés oder billigen Kellerkneipen, in Frankreich oft auch in Cafés, in England in Music Halls, in Shanghai in Teehäusern und in Japan auch in den traditionellen Theatern. Entsprechend unterschiedlich war das Verhalten der Zuschauer: Im Varieté folgte eher förmlicher Applaus, in Kneipen gab es lebhaftere Reaktionen. Zugleich entstanden insbesondere in den USA und Frankreich bereits ab 1896 feste »Kinematographentheater«. Gerade aus internationaler Perspektive gab es somit keine gradlinige Entwicklung vom Jahrmarktfilm zum Kino (Brandt 1994: 89).

Zuschauerreaktion

Das Kino der Stummfilmzeit war nicht stumm. Recht üblich war Begleitmusik, deren Qualität je nach Etablissement und Eintrittspreis von einem verstimmten Klavier bis hin zu Orchestern in den späteren Filmpalästen reichte. Filmerklärer und Geräuschmaschinen begleiteten mitunter das Geschehen, besonders in der Frühphase der festen Kinos. Vor allem artikulierte das Publikum häufig lebhaft seine Emotionen und bestimmte so jeweils die Deutung der Filme mit. Die Filme selbst versuchten, die Zuhörer in unterschiedliche emotionale Stimmungen zu versetzen. Werbeanzeigen versprachen ebenso Lachen, Liebe oder Schauer wie etwa patriotische Freude. Der abgedunkelte Raum erleichterte es, Gefühle expressiv auszudrücken. Dass eine frühe Lumière-Aufnahme eines einfahrenden Zuges die Zuschauer in Panik versetzt hat, ist zwar eine nicht belegte Legende, die wohl aus Geschäftsinteresse verbreitet wurde (Loiperdinger 1996), aber ihre Verbreitung verweist auf die intendierte emotionale Wirkung des Filmes, der die Zuschauer im wörtlichen Sinne bewegen sollte.

Das bisher wenig untersuchte Zuschauerverhalten bildet gerade für Historiker ein interessantes sozial- und kulturhistorisches Forschungsgebiet. So scheint der frühe Film in hohem Maße der patriotischen Vergemeinschaftung gedient zu haben. Erschienen die eigenen Truppen oder der Monarch auf der Leinwand, sprangen die Zuschauer oft von ihren Plätzen auf, schrien »Bravo« oder sangen. Umgekehrt reagierten sie mit lauten »Pfui-Rufen« bei fremden Mächten, etwa bei Aufnahmen von Engländern im Burenkrieg,

Der Kinematograph, Nr. 37, 11. 9. 1907 (aus Jung/Loiperdinger 2005: 171)

was nationalistische Vereine zu nutzen versuchten. Der deutsche Flottenverein etwa proklamierte, dass die patriotischen Gesänge zu seinen Marine-Filmen auch wenig Flottenbegeisterte anstecken würden (Bösch in ders. / Borutta 2006: 220 f.).

Zuschauergruppen

Kaum verlässlich erforscht ist die soziale Zusammensetzung der Zuschauer. Im internationalen Vergleich zeigen sich aber gewisse

Unterschiede. In den USA und Großbritannien besuchten eher Unterschichten oder untere Mittelschichten die frühen Filme. Dagegen richteten sie sich in Japan frühzeitig an wohlhabendere Schichten, da die Filme in die Theaterkultur eingebettet wurden (Abel 2005: 45–47; Sklar 2002). Einschätzungen über die deutschen Zuschauer bezogen sich lange auf den zeitgenössischen Diskurs und eine frühe Doktorarbeit von Emilie Altenloh (1914) über Kinozuschauer. Danach besuchten besonders Frauen, Jugendliche und Arbeiter die Filme. Jedoch lässt Altenlohs empirisch unzureichende Basis keine repräsentativen Schlüsse zu (Filk/Ruchatz 2007). Vielmehr entsprang die angebliche »Kinosucht« der Frauen, Kinder und der »Masse« eher moralischen Ängsten und Abgrenzungen des Bürgertums. Bereits die patriotische Nutzung des Films in bürgerlichen Vereinen verweist darauf, dass durchaus auch Männer aus dem Kleinbürgertum und Bürgertum zu den Besuchern zählten (Müller 2003: 194–201). Ebenso waren die Produzenten der Filme bürgerlich und damit die Filmperspektiven. Dennoch wandelte das frühe Kino die Struktur der Öffentlichkeit: Es ermöglichte einerseits Frauen eine Partizipation an einem neuen öffentlichen Raum, andererseits Begegnungen unterschiedlicher sozialer und politischer Milieus – zumindest stärker als Theater, Lesegesellschaften oder Ausstellungen.

Diese bürgerliche Angst vor den neuen Medien belegen die moralischen Protestbewegungen, die sich im späten 19. Jahrhundert in vielen westlichen Ländern gegen die Music Halls, das Theater, Groschenhefte und den Film richteten. Diese oft von Lehrern und Pastoren getragenen, zumeist konservativen Gruppen führten kaum nachweisbare Einzelbeispiele dafür an, dass die neuen Medien Kinder und Frauen sittlich verderben würden, zu Verbrechen verleiteten und die Jugend nervös und verträumt machten. Auch Teile der Arbeiterbewegung richteten sich gegen den »Schund« in Filmen und Groschenheften. Sie lehnten Filme als reaktionär, militaristisch oder unrealistisch ab, da sie von den gesellschaftlichen Problemen ablenkten (Maase 2001).

Wandel um 1910

In den Jahren um 1906 geriet der Film in eine Krise. Der Absatz stagnierte oder brach ein, da die Kurzfilme nicht mehr als neue Attraktion galten und das Bürgertum eher auf Distanz blieb. In den 1910er Jahren darauf kam es zu grundlegenden Umstrukturierungen. Diese wurden oft als »Verbürgerlichung« des Films bezeichnet. In der Tat passte sich die Filmwirtschaft in hohem Maße den bürgerlichen Konventionen des Theaters an, um zahlungskräftige Kunden zu binden. In den Städten entstanden nun zahlreiche feste Kinos und Filmpaläste, die mitunter prunkvoll wie Theater mit Rängen ausgestattet waren. Dies förderte die soziale Abtrennung der Schichten bei den Sitzplätzen, durch unterschiedliche Eintrittspreise und Kleiderordnungen. Zudem disziplinierten die festen Sitze die Zuschauer. Der dunkle Raum wurde auf diese Weise respektabler. Auf der Leinwand setzte nun das Erzählkino ein. Statt kurzen Attraktionsfilmen nahmen nun in Akten aufgearbeitete dramatische Stoffe zu. Schnitte, Montagen und Zwischentitel stifteten längere Narrationen. Zudem bemühten sich die Filmproduzenten um bekannte Schauspieler von Theatern, um dem Kino Reputation zu verleihen. Das Anpreisen der Stars knüpfte ebenfalls an Theatertraditionen an. Tatsächlich führte all dies zu einer rasanten Expansion der Kinos und der Zuschauerzahlen.

Mit den fiktionalen Langfilmen bildeten sich Genres aus. Diese lassen sich als eine verfeinerte Zielgruppenansprache und eine Steuerung der Erwartungen und Rezeption verstehen. Einzelne Länder präferierten dabei differente Genres, die wiederum ihre Images in der Selbst- und Fremdwahrnehmung prägten. So produzierten die Amerikaner früh Westernstoffe und Slapstick-Filme, während Italien für Historien- und Monumentalfilme bekannt wurde, seit 1905 »Die Eroberung Roms« erschienen war. Dänemark und Schweden wurden für melodramatische und erotische Filme berühmt, Frankreich für experimentelle und fantastische. Insbesondere George Méliès setzte den Film für ein Spiel mit der Wahrnehmung ein und verfilmte fantastische Stoffe wie die Reise zum Mond (als globaler Vergleich: Nowell-Smith 1996). Charakteristika des frühen deutschen Films sind schwerer auszumachen. Als typische Motive wurden etwa Treue und Pflicht, Unschuld und Errettung sowie das Motiv der Verwandlung benannt (so Haucke 2005: 21–38).

Frühe Filmzensur

Mit der Etablierung des Films professionalisierte sich dessen staatliche Kontrolle. Sie erfolgte anfangs ohne gesonderte Zensurgesetze wie bei der Theaterzensur. Während der Vorstellung prüfte die Ortspolizei den Inhalt und die Reaktionen der Zuschauer.

Entsprechend subjektiv und regional verschieden fiel die Zensur aus. Mancher verbotene Film war im Nachbarort erlaubt. Zudem konnten die Zuschauer durch ihr Verhalten Verbote fördern, indem sie im Kino lauthals protestierten, worauf Filme mitunter als Störung der »öffentlichen Ruhe« abgesetzt wurden (Loiperdinger 2003: 73). Diese lokale Zensur wurde nach 1910 in vielen Ländern stärker koordiniert. Dies korrespondierte mit einem Wandel im Filmvertrieb, da Filme jetzt nicht mehr verkauft, sondern verliehen wurden. In Preußen folgte 1911 eine Vereinheitlichung der Verbote, Schnittauflagen und Altersbeschränkungen. Zwei Jahre später entstand etwa auch in Italien eine nationale Zensurstelle (Hibberd 2008: 30). Selbst in Großbritannien und den USA kam es in diesen Jahren zu einer Vorzensur, die jedoch die Filmwirtschaft selbst organisierte. Nachdem jedoch einige US-Staaten eine staatliche Zensur einführten, stärkte der Supreme Court dieser 1915 den Rücken: Filme sah er wegen ihres kommerziellen Charakters und ihrer gefährlichen Wirkung nicht als Teil der geschützten Pressefreiheit. In anglophonen Ländern führten vor allem moralische Bedenken zur Zensur, weniger politische (Maltby in Nowell-Smith 1996: 235). Dennoch beeinflusste die Zensurpraxis die Inhalte und die »Schere im Kopf«.

Medien und Kriegsausbruch

Der Erste Weltkrieg veränderte die bislang etablierte Medienkultur. Umgekehrt diskutiert die Forschung, welche Rolle der mediale Massenmarkt für den Kriegsausbruch spielte. Quellenfundierte Arbeiten widerlegen die Annahme, die Medien hätten zum Krieg aufgehetzt. So war die englische Presse vor 1914 nicht durchweg deutschlandfeindlich. Insbesondere die liberalen Blätter hielten sich bewusst mit Kritik zurück, um eine Deeskalation zu erreichen. Auch Wilhelm II. wurde vor Kriegsbeginn selten verspottet (Schramm 2007: 498 f.; Reinermann 2001: 414). Ebenso thematisierten die großen deutschen Zeitungen zwar zunehmend einen möglichen Krieg, lehnten diesen aber mehrheitlich ab. Allerdings verstärkte ihr zunehmend konsistenter Fatalismus den Eindruck, es gäbe keine Handlungsalternative zum drohenden Krieg. Dies dürfte auch auf die Politiker und Militärs zurückgewirkt haben, die vielfach auf die Presse verwiesen (Rosenberger 1998: 324). Zudem sahen die deutschen Eliten die Zurückhaltung der britischen Öffentlichkeit als Zeichen dafür, dass England sich aus dem Krieg heraushalten würde und man ihn deshalb eher riskieren könnte.

Der Weltkrieg bescherte der Presse kurzzeitig eine gewaltige Nachfrage, die mit Extrablättern bewältigt wurde. Mittelfristig retardierte er die frisch aufgeblühte Printlandschaft. Der Rückgang von Anzeigen, Papierknappheit, fehlende Mitarbeiter und ein Absatzeinbruch aufgrund der abwesenden Soldaten führten dazu, dass Auflage, Umfang und Zahl der Zeitungen sanken – in Deutschland um ein Fünftel. Inhaltlich unterstützten die Zeitungen zunächst recht geschlossen den Krieg. Schon bei Kriegsausbruch konstruierten die bürgerlichen Medien die Vorstellung einer breiten Kriegsbegeisterung. Die Bilder aus Berlin und einigen Universitätsstädten suggerierten eine Kriegsfreude, die real gerade auf dem Land und bei den Arbeitern kaum bestand.

Presse im Krieg

Je nach politischer Linie differierte jedoch der Grad der Unterstützung. Am uneinheitlichsten war diese bei den sozialdemokratischen Medien. Am Tag des Kriegsausbruchs rief der sozialdemokratische *Vorwärts* noch zu Gegendemonstrationen auf. Kurz danach stellten sich alle SPD-Blätter hinter ihre Reichstagsfraktion, die den Kriegskrediten und damit dem Krieg zugestimmt hatte. Kriegskritische Artikel im *Vorwärts* führten 1916 sogar zur Entlassung von Redakteuren durch die Partei (Danker u.a. 2003: 62f., 68). Während des Krieges blieb insbesondere die linke *Leipziger Volkszeitung* kritischer und veröffentlichte am 19. Juni 1915 ein Manifest der Kriegsgegner. Auf diese Weise förderte die Presse die Spaltung der SPD. So fielen rund 20 lokale SPD-Zeitungen an die USPD, besonders in Thüringen und Sachsen. In der liberalen Presse war es besonders das renommierte *Berliner Tageblatt* unter Theodor Wolff, das sich ab 1916 kritischer zum Krieg äußerte und dafür mit Verboten belegt wurde (Sösemann 2000: 150f.).

Die bürgerliche Presse trug den Krieg jedoch überwiegend patriotisch mit. Sie pries Erfolge, und als diese ausblieben, wich sie technikfasziniert auf die Kämpfe zu Luft und zu Wasser aus. Ebenso diffamierte sie die Kriegsgegner und romantisierte den Kampf. Deutsche und französische Illustriertenbilder zeigten zu einem Viertel Soldaten im Lageralltag (Waschen, Nähen, Singen) oder touristische Impressionen, aber nur zu einem Prozent Kampfhandlungen.

Zahllose einfache Soldaten versandten nun als »Amateurjournalisten« ihre Reisebeschreibungen. Völlig ausgeblendet wurde der Tod, den die Printmedien nur indirekt über Denkmäler und die zerstörte Kriegstechnik der Gegner zeigten, ganz selten zumindest über tote Pferde (Eisermann 2000: 135–138). Dabei druckten die französischen Medien häufiger Bilder von Ruinen und zerstörten Kirchen, um die Deutschen als kulturlose Barbaren zu brandmarken.

Film und Krieg

Der Krieg veränderte auch den Filmmarkt. Nachdem er bislang, trotz französischer Dominanz, recht international war, wurden nun Filme aus gegnerischen Ländern abgesetzt. In Deutschland führte dies zu einem plötzlichen Filmmangel, obgleich die Menschen begierig auf aktuelle Aufnahmen von der Front waren. Die rasch gedrehten Aktualitätenfilme versprachen in ihren Ankündigungen Kampfszenen, konnten dies aber kaum einlösen. Die weiterhin gezeigten nachgestellten Kriegsszenen wurden dagegen schnell von den Soldaten im Kino durchschaut und mit Gelächter quittiert. Erst ab 1916 kam es zu einer gewissen »realistischen« Wende (international vergleichend: Oppelt 2002).

Einen festen Bestandteil der Propaganda bildeten emotionalisierende Spielfilme. Britische, französische, russische und amerikanische Filme zeigten die Deutschen häufig als Barbaren, die in Belgien Kinder getötet und Frauen vergewaltigt hätten (Dibbets/Hogenkamp 1995: 40). Gerade in England führte eine enge Kooperation zwischen Regierung und Filmwirtschaft zu einer intensiven und erfolgreichen Filmproduktion. Nach den »Hunnen«-Filmen läuteten die Briten auch die realistische Wende ein: Mit »The Battle of the Somme« entstand hier 1916 ein schockierend realistisch wirkender Film, der trotz Bedenken der Regierung in sechs Wochen knapp 20 Millionen Zuschauer mit Empathie auf den Krieg einschwor (Reeves 1997: 15). In den USA machte bereits 1915 der Film »The Battle Cry of Peace« (1915) Werbung für eine Kriegsbeteiligung, indem er die fiktive Bombardierung New Yorks durch Flugzeuge und betrunkene Angreifer mit Pickelhaube zeigte. Nach dem amerikanischen Kriegseintritt folgten zahlreiche weitere Filme, die die Bedrohung von Frauen durch deutsche Soldaten thematisierten. Die deutschen Filme hingegen verunglimpften weniger die Gegner, sondern betteten den Krieg etwa in Liebesgeschichten ein, die die klassenübergreifende Gemeinschaft im Krieg propagierten. Generell setzte die Filmwirtschaft aber vor allem auf ablenkende Unterhaltung, um einem Defätismus vorzubeugen.

Kriegszensur

Gemeinsam war allen Ländern die Einführung von Zensurbestimmungen, auch wenn diese in Großbritannien weniger regide ausfielen als in Frankreich oder Deutschland. Bei keiner Kriegspartei konnten sich die Journalisten frei an der Front bewegen, auch im liberalen Großbritannien bis 1915 nicht. In Deutschland hob der Notstandsparagraph die Pressefreiheit auf, und ein 26-Punkte-Katalog spezifizierte Berichtsverbote, die nicht nur Militärisches betrafen (wie Truppenbewegungen), sondern auch Aussagen zur Wirtschaft und der Versorgungslage oder unpassende Anzeigen. Detailversessene Ergänzungen der folgenden Jahre versammelte 1917 ein Zensurbuch (abgedruckt in Fischer 1973: 194–215). Dabei drohten meist nur Ermahnungen und Beschlagnahmungen, aber auch Zeitungsverbote und Gefängnisstrafen. Über die Zeitungen aus dem neutralen Ausland waren allerdings Heeresberichte der Kriegsgegner zugänglich. Um nicht völlig von den Berichten der Frontsoldaten abzuweichen, ordnete die Oberste Heeresleitung 1917 eine realistischere Darstellung an.

Kriegspropaganda

Ein weiteres Charakteristikum des Ersten Weltkriegs war eine aktive Propaganda des Staates. In Frankreich zentralisierte das Kriegsministerium sie im *Bureau de Presse* und spannte die Agentur Havas ein. In Großbritannien entstand bereits gleich nach Kriegsausbruch das *War Propaganda Bureau*, das bis Mitte 1915 rund 2,5 Millionen Publikationen initiierte. In Kooperation mit der Filmwirtschaft regte es Filmproduktionen an und schickte im November 1915 die ersten Kameramänner zur Westfront. Dabei übernahmen bedeutende Verleger wie Lord Beaverbrock und Lord Northcliffe die Leitung der staatlichen Propaganda (Lee 1999).

Dagegen hatte die deutsche Heeresführung weder eine eigene Medienpolitik vorbereitet, noch war sie bis 1916 willens, die neuen Medien vergleichbar aktiv zu nutzen. Der Glaube an einen schnellen Sieg, Skepsis gegenüber den Medien und eine Überschätzung des Augusterlebnisses waren dafür verantwortlich. Die Heeresleitung setzte anfangs eher auf die Zensur, auf »alte Medien« wie Plakate und amtliche Zeitungsmeldungen und blieb gegenüber der ausländischen Propaganda reaktiv. Im Unterschied zu den Westalliierten vereinheitlichte sie ihre Propagandaarbeit kaum, sodass die Oberste Heeresleitung (OHL) zu Kriegsende 22 Pressestellen unterhielt. Erst ab 1916 setzten sich in der OHL die »Modernisten« durch, die sich stärker an den Westalliierten und der Wirtschaftswerbung orientierten, bei der Umsetzung aber weiterhin auf Schwierigkeiten stießen (Creutz 1996; Schmidt 2006: 140).

Dennoch entstanden medienpolitische Innovationen. Dazu zählten die täglichen Pressekonferenzen der OHL, ferner das ihm unterstellte, 1915 gegründete Kriegspresseamt oder die »Zentralstelle für Heimatdienste«, die das neutrale Ausland mit Zeitungen, Fotos und Filmen versorgte. Mit rund 3.000 »Presseanweisungen« wurde versucht, vertraulich Publikationen zu lenken (Wilke 2007: 51–57, 104). Wenngleich ihre Umsetzung kaum bekannt ist, standen sie für einen neuen intensiven Informationsaustausch zwischen dem Staat und den Medien. Eine wichtige Innovation war zudem die Gründung des Bild- und Filmamtes (Bufa) im Januar 1917, das die Film- und Fotopropaganda der Regierung und des Militärs erstellte und organisierte. Obgleich die Professionalität und Wirkungsmacht der Bufa ebenfalls gering war, signalisierte sie eine neuartige Kooperation zwischen Wirtschaft, Filmindustrie und Staat. Diese mündete indirekt Ende 1917 in die Gründung des großen Filmkonzerns Ufa (Universum-Film AG), bei dem Filmfirmen, Banken und verdeckt der Staat als Kapitalgeber auftraten, um per Film deutsche Interessen zu vertreten. Die Oberste Heeresleitung erhoffte sich so Einfluss auf Nord-, Ost- und Südosteuropa (Kreimeier 1992: 39 f.).

Schwer zu bilanzieren ist der Erfolg dieser Bemühungen. Bezeichnenderweise sparen viele Studien zur Propaganda diesen Aspekt aus (so auch: Schmidt 2006). Unmittelbar nach Kriegsende verbreitete sich in Deutschland schnell die Ansicht, die Alliierten hätten den Krieg wegen ihres moderneren Medieneinsatzes gewonnen, der ihre Bevölkerung besser mobilisiert habe. Gerade in Großbritannien und den USA dürfte die Propaganda tatsächlich mit erklären, warum dort zahllose Männer begeistert in den Krieg zogen. Dass viele Deutsche von der Kapitulation im Herbst 1918 völlig überrascht wurden und diese den Demokraten anlasteten, deutet ebenfalls auf die Wirkungsmacht der Medien hin, die erst Anfang Oktober 1918 über die bevorstehende Niederlage informierten (Welch 2000: 243). Damit trugen die Medien indirekt dazu bei, die erste deutsche Demokratie zu belasten. Zugleich gilt aber auch hier: Die Akzeptanz und Deutung von Medieninhalten wird durch bestehende kulturelle Dispositionen geprägt, und die waren auch zum Kriegsende vom Glauben an die deutsche Überlegenheit beeinflusst.

5.2 Goldene Jahre? Die »Massenkultur« der 1920er

Die Medienkultur der 1920er Jahre unterschied sich in vielerlei Hinsicht von der Vorkriegszeit. Die größte Veränderung bescherte die Etablierung des Radios. Die Idee, per Funk, aber auch per Telefon viele Menschen gleichzeitig akustisch anzusprechen, war bereits vor dem Krieg in vielen Ländern erprobt worden. In Ländern wie Ungarn und Italien wurden bereits in den 1890er Jahren öffentliche Musikveranstaltungen per Telefon an angemeldete Hörer übertragen. Grundlage für das Radio bildete vor allem die drahtlose Telegrafie. Dennoch war das Radio auch ein Kind des Krieges. Denn im Weltkrieg sammelten Hunderttausende von Soldaten erstmals Funkerfahrung. Da das frühe Radio technisch noch recht kompliziert war, bildeten diese Funkamateure nach Kriegsende in vielen westlichen Ländern eine grundlegende Hörergruppe (vgl. Beiträge Lersch u. von Ullmann-Mauriat in Lersch/Schanze 2004: 35, 112; Pinkerton 2008: 169 f.).

Radio in Nord- und Südamerika

Auch der Rundfunk verbreitete sich rasant in weiten Teilen der Erde. In der ersten Hälfte der 1920er Jahre entstanden in Nordamerika und Westeuropa Radiostationen, ebenso in vielen Ländern Südamerikas, Osteuropas und in Japan. In der zweiten Hälfte der 1920er Jahren funkten Radiostationen bereits in Indien (Shrivastava 2005: 12), der Türkei und Marokko. Die Organisation, Inhalte und soziale Bedeutung des Radios differierten jedoch beträchtlich. In Nord- und Südamerika entstanden von Beginn an zahlreiche private Sender, während sich der Staat zurückhielt. Die USA hatten eine Vorreiterrolle und besondere Ausstrahlungskraft. Da hier bereits die vorherige Infrastruktur privat organisiert war (wie

Telegrafie, Telefon oder Eisenbahn), gründeten erneut private Unternehmen – wie die frühen Radiohersteller – 1920 erste Stationen und produzierten eigene Radioprogramme, um ihre Apparate abzusetzen. Bis Ende 1922 hatte das *Department of Commerce* bereits über 600 Stationen lizensiert, wobei auch Kaufhäuser, Zeitungen, Universitäten und religiöse Gruppen Sender betrieben, aber kommerzielle Sender überwogen (Hilmes 2004: 44). Entsprechend schnell waren bis 1925 bereits über fünf Millionen Geräte abgesetzt. Ab Mitte der 1920er nahm allerdings der Anteil der Großunternehmen markant zu, und neben die lokalen Stationen traten starke nationale Networks wie ABC, CBS oder NBC. Da sich diese amerikanischen Stationen über Werbung finanzierten, sendeten sie hörerorientierte Unterhaltungsformate wie populäre Musik, Quizsendungen, Hörspiele und Ratgebersendungen. Ähnlich wie in den USA verlief die Entwicklung in vielen Ländern Lateinamerikas, obgleich die Radiodichte dort deutlich geringer war. In Mexiko, Argentinien oder Brasilien waren es ebenfalls Hersteller von Radiogeräten oder andere Unternehmen (wie die Zigarrenindustrie), die werbefinanzierte Sender gründeten. So gab es in Argentinien 1925 bereits 25 Sender und damit deutlich mehr als in Deutschland (Meinecke in Wilke 1992 Bd. 1: 46 f.).

Westeuropäisches Radio

In Europa spielte dagegen die staatliche Lenkung eine größere Rolle. Die staatlichen Interventionen während des Ersten Weltkriegs dürften den öffentlichen Kontrollanspruch verfestigt haben. Hinzu kam mit der russischen Revolution 1917 und anschließenden Revolutionsversuchen in Europa die Angst, Kommunisten könnten mithilfe des Radios an die Macht kommen. Dementsprechend startete das Radio in Ländern mit einem starken Kontrollanspruch erst spät: in Deutschland erst 1923, in Japan 1925. Antiamerikanische Ressentiments bremsten die Radioentwicklung zusätzlich.

Jenseits des amerikanischen Kontinents war das Radio in den 1920ern sehr unterschiedlich organisiert. Einige Länder hatten ebenfalls Privatsender (wie Spanien, Portugal, Italien), andere nebeneinander private und staatsnah kontrollierte Sender (wie Frankreich) oder nur eher staatsnah organisierte Sender (wie Japan oder Deutschland). Wieder andere Länder gaben privaten Pionierunternehmen Monopole: So wurde in Großbritannien bereits 1927 die vormals private BBC zu einem konkurrenzlosen öffentlich-rechtlichen Unternehmen. Ähnlich wie die Presse war das Radio der Niederlande strukturiert, das bereits von den unterschiedlichen weltanschaulich-religiösen Milieus des Landes getragen wurde. Ebenso war die Reichweite der Sender durch die politische Kultur der Länder geprägt. Während in Großbritannien die BBC eine nationale Integration von London aus fördern sollte, führte in der Weimarer Republik der kulturelle Föderalismus zu einer regionalen Senderstruktur. Die neun Regionalgesellschaften waren zwar AGs, aber die Post hielt jeweils 51 Prozent der Aktien, ebenso bei der Deutschen Reichsfunk-Gesellschaft, die die »Deutsche Welle« trug (Dussel 1999: 30–39). Die bürgerliche Angst vor einer freien Medienentfaltung und der staatliche Kontrollanspruch führten zu diesem Modell. Die Deutschen lehnten selbst den Begriff »Radio« ab und sprachen gezielt vom »Rundfunk«, um das »One to Many«-Prinzip zu unterstreichen und sich von den USA abzugrenzen. Darüber hinaus regulierte die 1925 gegründete »International Broadcasting Union« (IBU) grenzübergreifende europäische Frequenzfragen, organisierte aber auch einen internationalen Austausch von Konzertprogrammen (Eugster 1983: 29–56).

Inhalte

Die Radiosendungen der 1920er Jahre sind kaum überliefert. Inhaltsanalysen stützen sich daher vor allem auf Sendemanuskripte und Programmzeitschriften. Die staatsnahen oder öffentlich-rechtlichen Sender wie in Japan, Deutschland oder Großbritannien hatten inhaltlich vor allem den Anspruch, die Hörer durch bürgerliche Bildung zu erziehen. Dazu zählten Vorträge, klassische Musik, literarische Hörspiele oder Informationen, obgleich in der zweiten Hälfte der 1920er Jahre bereits Sportberichte, leichte Operetten oder Humorvolles zunahmen. In Deutschland bestand etwa die Hälfte der Sendungen aus Wort- und Musikbeiträgen. Aus Rücksicht auf die Kirchen war das Sonntagsprogramm in einigen Ländern ernster gehalten und enthielt kirchliche Feiern. Deshalb wichen britische Hörer sonntags oft auf ausländische Sender wie »Radio Normandie« und »Radio Luxembourg« aus (Fortner 2005: 51). Gerade nachts gingen Hörer auf internationale »Senderjagd«, da nach dem regionalen Sendeschluss der Empfang störungsfreier war (Leonhard 1997: 368).

Bezeichnenderweise hatten die Sender kaum eine genauere Vorstellung über die Hörerrezeption (Briggs 1995: 295; Führer 1996: 771). Erste Umfragen ergaben in Deutschland, dass Unterhaltung, leichte Musik, Nachrichten und die Zeitsignale besonders beliebt waren. Eine Hörerforschung setzte erst um 1930 in den USA ein, um Hörergruppen gezielter anzusprechen. Die werbefreie BBC legte dagegen erst 1936 erste Hörerstudien vor, was ihr geringes Interesse an den Publikumswünschen belegt (Scannell/Cardiff 1991: 375).

Politik im Radio?

Das frühe Radio sendete anfangs kaum Politik oder politische Debatten – weder in gefestigten Demokratien wie Großbritannien oder der Schweiz, noch in Ländern mit autoritären Traditionen wie Deutschland oder Japan (zur BBC: Scannell/D. Cardiff 1991 Bd. 1: 28–38; zu Japan: White 2005: 81 f.; vergleichend: Lersch in ders./Schanze 2004: 39). Im deutschen Radio waren in den 1920er Jahren selbst Nachrichten selten, und sie kamen nicht zur Hauptsendezeit. Zudem wurden sie von einer zentralen staatlich kontrollierten Stelle produziert, der späteren »Drahtloser Dienst AG« (Dradag), wenngleich nicht alle regionalen Sender sie ungefiltert übernahmen (so Heitger 2003: 254 f.). Die Ausblendung von Politik zielte auf eine überparteiliche Einheit. Tatsächlich konnte die Weimarer Republik so extreme Parteien aus dem Radio fernhalten. Eine politische Debattenkultur und breitere Informationspolitik hätten jedoch vermutlich die Republik eher stabilisieren können – gerade weil das Radio leichter differente Milieus ansprechen konnte.

Hörer

In den westlichen Industrieländern entwickelte sich das Radio bis Ende der 1920er Jahre zu einem Massenmedium. 1929 gab es in Deutschland etwa drei Millionen registrierte Hörer, zudem zahlreiche »Schwarzhörer«. Dennoch hat die Forschung herausgearbeitet, dass das Radio nur in geringem Maße Klassengrenzen überwand. Die hohen Anschaffungskosten für den Apparat, die hohen Rundfunkgebühren und die bildungsbezogenen Inhalte führten dazu, dass das Radio überproportional von mittleren und oberen Einkommensgruppen genutzt wurde (Führer 1996: 724; Dussel 1999: 72). Ebenso wurde zwar in vielen Ländern angestrebt, durch das Radio Stadt und Provinz zu vereinen, dennoch blieb das Radio vorerst in den Großstädten verankert. Die noch mangelhafte Elek-

FRANKFURT

WELLENLÄNGE 428,9 METER, 10 kW

06,45: Dr. Laven: Gymnastische Uebungen
11,45: Tagesdienst. Amerikanische Baumwolle- und Metallkurse
11,55–12,00: Uebertragung des Glockenspiels aus dem Darmstädter Schloß
Anschl.: Nachrichten- und Wetterdienst, Frankfurter Effekten, New-Yorker Metalle und Baumwolle
12,55: Nauener Zeitzeichen
14,50: Schlachtviehmarkt
15,25: Berliner Produkten, deutsche und ausländische Baumwolle, Kölner, Berliner und Hamburger Viehmarkt
15,30–16,00: **Jugendstunde** (Leitung: Mittelschulrektor K. Wehrhan): **Aus dem Buch der Sage und Geschichte: Rektor Wehrhan: „Rittersagen: König Rother und andere Rittersagen"**
16,05: Nachrichtendienst
16,25: Londoner u. Berliner Metalle u. Devisen Magdeburger Zucker, Berliner Effekten, Bericht der Gießener Wetterdienststelle
16,30–17,45: **Nachmittagskonzert** (Uebertragung aus der Ausstellung „Blumen und Früchte")
17,45–18,05: Die Bücherstunde
18,05: Hamburger Metalle, Getreide u. Produkten, Berliner Butter, ägypt. und Liverpooler Baumwolle
18,15–18,30: Vereinsnachrichten, Frankfurter Abendtendenzbericht, Kölner Butter, Mannheimer Getreide, Häute und Felle
18,30–19,00: Stadtmedizinalrat Dr. Fischer-Defoy: „Das neue deutsche Gesetz zur Bekämpfung der Geschlechtskrankheiten"
19,00–19,30: Schachstunde (Lehrer: Prof. Dr. N. Mannheimer)

19,30: Erster Volkskunstabend
des Frankfurter Bundes für Volksbildung:
Orchesterkonzert
von Dr. Hochs Konservatorium
Musikalische Leitung: Herm. v. Schmeidel.
Solist: Kurt Willich (Klavier)
1. Beethoven: Ouvertüre zu Collins Trauerspiel „Coriolan"
2. Chopin: Klavierkonzert F-Moll
3. Haydn: Symphonie D-Dur
Anschließend: Besprechung von Mannheim: **Zither-Konzert**
20,12: Wetterdienst
21,15: Nachrichtendienst
Anschl.: Tages-, Wetter- und Sportdienst

Regionales Radioprogramm, Auszug aus *Der Deutsche Rundfunk*, 29.9.1927, aus: Leonhard 1997: 341; verkabelter Radioempfang mit Detektor (aus: Koch/Glaser: 13; vgl. Quelle Nr. 13 unter *www.campus.de*).

trifizierung erklärt dies ebenfalls. So hatte in Deutschland nur die Hälfte der Haushalte einen Stromanschluss.

Radiopolitik

Um 1930 kam es international zu einer verstärkten staatlichen Kontrolle des Radios, die mit einer Politisierung einher ging. Der Rundfunkhistoriker Edgar Lersch schloss daraus, dass es bei der staatlichen Radiokontrolle keinen deutschen Sonderweg gegeben habe, sondern das Radio im Zuge der Weltwirtschaftskrise überall »als Element der nationalen Integration instrumentalisiert« worden sei (Lersch in Lersch/Schanze 2004: 44). Zumindest tendenziell lässt sich dies erkennen, auch wenn die Radiokulturen unterschiedlich blieben. So förderte in den USA die durch den Radio Act 1927 gegründete »Federal Radio Commission« nationale Sender und beschnitt Lizenzen kleinerer Stationen, in Frankreich übernahm der Staat 1933 den kommerziellen Sender »Radio Paris«, und in Argentinien wurde das Radio 1929 dem Marineministerium unterstellt und die Lizenzvergabe stärker überwacht. In Deutschland war dieser Umbruch jedoch besonders drastisch: Hier kam es bereits 1932 unter Reichskanzler Franz von Papen zu einer Verstaatlichung des Rundfunks. Und bereits 1932 wurde mit der »Stunde der Reichsregierung« dem Kabinett zwischen 18.30 und 19.30 Uhr Sendezeit bereit gestellt. Reichskanzler Papen sprach in seiner kurzen Amtszeit 18-mal im Radio, nie dagegen im Reichstag (Lerg 1980: 453). Damit waren bereits vor der nationalsozialistischen Machtübernahme die Weichen für eine staatliche Radiopropaganda gestellt.

Schallplatten

Komplementär zum Radio entwickelte sich die Plattenindustrie. Nachdem um 1900 bereits der Grammophon- und Plattenverkauf kommerziell angelaufen war, erreichte er ab den 1920er Jahren eine erste Hochphase. Entgegen aller Befürchtungen führte dies, wie beim Radio, gerade nicht zum Verkümmern von Live-Musik bei Tanzveranstaltungen und Konzerten, sondern zu deren Ausweitung und Erfolg. Die Schallplatten förderten zugleich eine nationale Annäherung des musikalischen Geschmacks. Allerdings reichte ihre Verbreitung bei weitem nicht an Massenmedien wie Radio und Film heran. Da Platten noch sehr teuer waren, gaben nach einer Studie von 1937 nur drei Prozent aller Arbeiterhaushalte überhaupt Geld für Schallplatten oder Musikinstrumente aus (Ross 2008: 45–50, 130).

Aufstieg Hollywoods

Auch beim Film lassen sich in den 1920er Jahren markante Veränderungen aufzeigen. Dazu zählte der Siegeszug des amerikanischen Films. Nachdem der internationale Absatz der europäischen Filme bereits im Krieg eingebrochen war, kam die europäische Filmindustrie aus Kapitalmangel ganz zum Erliegen. Damit fehlten den europäischen Filmproduzenten gerade während des starken Filmbooms ab den 1910er Jahren Kapitalressourcen für aufwändige Filme (so Bakker 2005: 313, 342 f.). Die USA konnten nun reüssieren, weil sich hier kleinere Produktionsfirmen zu wenigen großen kapitalstarken Studios zusammenschlossen. Der Erfolg von Hollywood hatte viele weitere Gründe: den großen heimischen Absatzmarkt und die Orientierung am Publikumsgeschmack, wobei die eingewanderten Regisseure und Schauspieler Anpassungen an unterschiedliche Märkte erleichterten. Ebenso förderten der gezielte Aufbau von Stars sowie die Konstruktion von Genres und Filmmarken den Erfolg Hollywoods, das sich selbst als Marke verkaufte (Cousins 2004: 42 f.). Während der amerikanische Filmanteil auf dem europäischen Markt signifikant anstieg, sank der Anteil der europäischen Filme in den USA 1915 auf unter sieben Prozent. Die großen französischen Filmunternehmen Pathé und Gaumont verkauften ihr internationales Geschäft und konzentrierten sich nun ganz auf den einheimischen Markt. Andere, wie Eclair oder Cecil Hepworth in Großbritannien, gingen bankrott, genau wie ein größerer Teil der vormals exportstarken italienischen Filmfirmen. Zu den Verlierern zählten aber auch amerikanische Filmstudios, die etwa in New York und Florida ansässig waren.

Grenzen Hollywoods

Zu den großen Kinonationen, in denen sich Hollywood kaum durchsetzen konnte, zählte vor allem Japan. 1926 registrierte man hier 126 Millionen Kinobesucher, 1940 über 400 Millionen. 90 Prozent der Filme waren jedoch inländische Produktionen, sodass Japan zu einem der wichtigsten Filmproduzenten wurde (Zöllner 2009: 323). In Europa war Deutschland das Land, das sich am besten gegenüber Hollywood behaupten konnte und nun zum größten Filmhersteller aufstieg. Dies lag zum einen an der Inflation nach dem Krieg, die den Export deutscher Filme verbilligte, den deutschen Markt aber für ausländische Filmfirmen unattraktiv machte. Zum anderen profitierten die Deutschen von der bereits 1917 erfolgten Kapitalkonzentration bei der Gründung der Ufa, die sich zu Europas größtem Filmkonzern entwickelte (Kreimeier 1992). Mit Filmkontingentierungen trug zudem der Staat dazu bei, noch Mitte der 1920er Jahre einen deutschen Marktanteil von rund 40 Prozent zu behaupten. Dieser Erfolg stand aber auf wackligen Beinen: Die Schulden der deutschen Filmfirmen und auch der Ufa nahmen ständig zu, sodass letztere nach dem finanziellen Desaster von Fritz Langs »Metropolis« 1927 an den Konzern des Konservativen Alfred Hugenberg verkauft wurde, durch den sie in nationalistisches Fahrwasser geriet (Kreimeier 1992: 149–157, 190–205). Die Durchsetzung des Tonfilms, die in Deutschland recht schlagartig 1929 erfolgte, retardierte erneut den Siegeszug von Hollywood und führte besonders in Deutschland zu einer gewissen Renationalisierung des Films. Denn synchronisierte Filme hatten zunächst kaum Erfolg in Deutschland, da die Stimmverkopplung als künstlich empfunden wurde. Anfängliche Versuche mit mehrsprachig aufgenommenen Filmen brachten ebenfalls kaum Erfolge. Ohnehin sank die Zahl der Kinobesucher durch die Wirtschaftskrise 1932 deutlich (Ross 2006: 177; Müller 2003: 299–308).

Die 1920er Jahre gelten deshalb als goldene Zeit des deutschen Films. Zweifellos stammen die international bekanntesten deutschen Filme aus diesen Jahren. Gerade in der frühen Weimarer Republik, als die Filmzensur noch wenig etabliert war, entstanden kunstvolle expressionistische Filme wie »Das Cabinet des Dr. Caligari« (1920) oder »Nosferatu – Eine Symphonie des Grauens« (1922). Geht man jedoch von den Zuschauerzahlen aus, ergibt sich ein anderes Bild der Weimarer Filmkultur. In ihrer Frühphase erfreuten sich Abenteuer- und Detektivfilme mit Seriencharakter größter Beliebtheit, zudem Melodramen mit leidenden Frauen (so Kaes in Jacobson u. a. 2004: 39 f.). In der späten Weimarer Republik erfolgte auch beim Film eine politische Wende. Wie Helmut Kortes quantitative Auswertung ergab, nahm ab 1931 der bereits geringe Anteil sozialkritischer Filme stark ab, während heitere und nationalistische Filme beim Publikum reüssierten (Korte 1998: 423). Ohnehin hatten die oft zitierten sozialistischen Filme wie »Kuhle Wampe« (1932) weitaus weniger Erfolg als patriotische Historienfilme wie »Fridericus Rex« (1920–23). Historienfilme machten am Ende der Weimarer Republik immerhin über ein Viertel der erfolgreichen Filme aus (ebd.: 160), was den Eskapismus der Zeit belegt.

Quoten und Zensur

Nicht nur die Zuschauer, sondern auch der Staat selektierte Filminhalte. Da Filmen eine besonders starke Wirkung zugeschrieben wurde, kam es in den meisten Ländern nun zu Zensurpraktiken nach moralischen und weltanschaulichen Kriterien. In Deutschland regelte diese Eingriffe 1920 das Reichslichtspielgesetz, während die Filmprüfstellen in Berlin und München die vorherige Sichtung betrieben. Die bisherigen Aufgaben der Polizei übernahmen nun Gremien, die je zur Hälfte mit Mitgliedern der Volkswohlfahrt/Jugendbehörden sowie Personen aus dem Filmgewerbe und Filmkennern besetzt waren. Sie beurteilten vorab die mögliche Wirkung auf die Jugend oder das Ausland sowie für die Wahrnehmung der Klassengegensätze und sprachen entsprechend Schnittauflagen, Verbote oder Alterseinschränkungen aus. Obgleich eine politische Zensur nicht vorgesehen war, bot die Behauptung, ein Film würde die Sicherheit gefährden, hierfür ein Einfallstor. Ebenso griff der Staat mit Quotierungen ein. 1928 beschränkte die deutsche Regierung den Filmimport auf 260 Filme, die französische grenzte die Zahl etwas später sogar auf 120 ein. Und die Briten führten 1927 eine »Screen Quota« ein, nach der mindestens 7,5 Prozent der Filme Eigenproduktionen sein sollten. Tatsächlich führte dieser Protektionismus zu einem Anstieg der Eigenproduktionen, die durch den Tonfilm noch weiter zunahmen.

Massen- statt Klassenkultur?

Zwischen 1910 und 1930 kam es zu einem kontinuierlichen Anstieg der Zahl der Kinos und ihrer Besucher. Bereits die Zeitgenossen erklärten dies mit dem gesteigerten Bedürfnis nach Zerstreuung in Zeiten der Not. 1928 gab es in Deutschland 5.267 Kinos mit 1,87 Millionen Sitzen und damit doppelt so viele Plätze wie ein Jahrzehnt zuvor. Schätzungen gehen für Ende der 1920er Jahre von rund sechs Millionen Kinobesuchern pro Woche aus. Damit schien die Kinonutzung eine milieuübergreifende Massenkultur geschaffen zu haben. Tatsächlich blieb sie jedoch disparat (Führer 1996; Ross 2006 u. 2008). Kinobesuche erfolgten besonders in bürgerlich geprägten Städten. In den Arbeiterstädten des Ruhrgebiets lagen die Kino- und Besucherzahlen deutlich niedriger als im benachbarten bürgerlichen Düsseldorf. Gerade der Ausbau der Filmpaläste führte dazu, dass das Stammpublikum in überproportionalem Maße aus höheren Einkommensgruppen kam – und nicht vornehmlich aus »kleinen Ladenmädchen« bestand, wie in Anlehnung an Siegfried Kracauers Essays oft behauptet wurde. Die Wirtschaftskrise und der Tonfilm verstärkten diesen Trend. Trotz des Massenpublikums begegneten sich im Kino auch nur bedingt unterschiedliche soziale Milieus. Während Arbeiter weiterhin billige Kinos in der Vorstadt bevorzugten, ging das Bürgertum in die Filmpaläste der Innenstädte. Zudem sahen Arbeiter und bürgerliche Mittelschichten tendenziell unterschiedliche Filme, selbst wenn sie ähnliche Kinos wählten: das Bürgertum eher Literaturverfilmungen und teure amerikanische oder deutsche »Blockbuster«, Arbeiter Abenteuerfilme oder amerikanische Western, das Kleinbürgertum dagegen vor allem deutsche Filme (Ross 2008: 157).

Tumulte im Kino

Im und vor dem Kino kam es zumindest in den Großstädten häufiger zu politischen Auseinandersetzungen. Gerade in Deutschland entstanden vielfach gezielte Proteste im Kino, um Skandale auszulösen (Nowak 2015). Wie bei Theaterprotesten wurden dabei Filmaufführungen gestört, die als moralisch verwerflich oder unpatriotisch erschienen – etwa bei »Im Westen nichts Neues« unter Beteiligung von Joseph Goebbels (Jelavich 2006: 160–174). Für Österreich wurde ebenso von einer »Kampfzone Kino« gesprochen (Moritz u. a. 2008). Auch der Tonfilm brachte die Zuschauer nicht gleich zum Schweigen. Der Deutungskampf wurde zudem in den großen Tageszeitungen ausgetragen, die seit den 1920er Jahren regelmäßige Kinorubriken einrichteten. So sah einer der wichtigsten Filmrezensenten der Zeit, Siegfried Kracauer von der *Frankfurter Zeitung*, Filmkritiker als »Gesellschaftskritiker« an, die in den Durchschnittsfilmen versteckten Ideologien zu enthüllen und zu brechen hätten (Kracauer 1932/1974: 11).

Intellektuelle Filmdeutungen

Die Weimarer Kritiker glänzten zugleich mit wegweisenden Essays zur Bedeutung des Films. Viele von ihnen verbanden ihn mit dem Wandel von psychischen Dispositionen. Das gilt etwa für Béla Balázs, der den Film als historische Zäsur ansah, weil er eine Wendung zum Visuellen, eine neue Sprache der Gebärde und damit eine internationale Kommunikation eingeleitet habe, die zu einer »gemeinsame Psyche des weißen Menschen« führe (Balázs 1924/2001: 16 f., 22). Besonders wirkungsmächtig blieb Siegfried Kracauers Deutung des Films als ein Tagtraum der Gesellschaft, so wie sie selbst sich zu sehen wünsche. Seine spätere Schrift »Von Caligari zu Hitler« versuchte entsprechend, anhand von Filmen »tiefenpsychologische Dispositionen, wie sie in Deutschland von 1918 bis 1933 herrschten, aufzudecken« (Kracauer 1947/1979: 7). Zu Schlüsseltexten der heutigen Medienwissenschaft entwickelten sich besonders Walter Benjamins Schriften. Anhand von reproduzierbaren Kunstwerken wie Film und Foto konstatierte er einen Wahrnehmungswandel in der Moderne, der durch einen Verlust der Aura und Tradition, eine zerstückelte Wahrnehmung und gleichartige Erfahrungsformen gekennzeichnet sei (Benjamin 1936/2002: 351–

383). Nicht minder wegweisend waren Erwin Panofskys zeitgleiche Analysen, die dem Film eine »Dynamisierung des Raumes« und eine »Verräumlichung der Zeit« zuschrieben (1936; einführend: Schöttker 1999: 65–107).

Wandel der Presse

Im Vergleich zum Film und Rundfunk erscheint das dritte große Massenmedium der Zeit, die Presse, recht unverändert gegenüber der Vorkriegszeit. Ein wirklich nationaler Pressemarkt bestand immer noch allenfalls bei den Zeitschriften, kaum aber bei der Tagespresse, wenn man von kleinen überregionalen Parteiblättern absieht. Und weiterhin verstanden sich die meisten Printjournalisten als Erzieher, weniger als neutrale Informanten. Auch die Auflage stieg nach ihrem Einbruch im Krieg wieder auf die alte Höhe und kletterte bis 1932 trotz Wirtschaftskrise auf geschätzte 18 Millionen Exemplare, wobei zwei Drittel der Zeitungen eine Kleinauflage von unter 5.000 Exemplaren hatten (Dussel 2004: 129). Die Stellenanzeigen, die vermehrte Lesezeit und der Rückzug ins Private dürften zu dieser Stabilität in der Krise ebenso beigetragen haben wie der inhaltliche Wandel der Presse. Denn obgleich in Deutschland und Frankreich die Parteipresse charakteristisch blieb, verlor sie ab Mitte der 1920er Jahre an Bedeutung. In Berlin etwa sank die Auflage der Parteiblätter in der zweiten Hälfte der 1920er etwa um 20 Prozent, während die der Boulevardblätter sich verdreifachte (Charle 2004: 247–266; Fulda 2009: 22 f.). In den USA war der Boulevardjournalismus zwar schon seit den 1880er Jahren etabliert, aber auch hier gilt das Jahr 1926 als »climax year of the war of the tabloids«, die besonders in New York mit sensationellen Fotos und Geschichten um Auflagenrekorde kämpften (Emery/Emery 1988: 326).

Zugleich vermischten sich die Grenzen zwischen der populären und parteinahen Presse. Nachdem sich in Deutschland etwa die liberale *BIZ* (*Berliner Illustrierte Zeitung*) als erfolgreichste Illustrierte etabliert hatte, gründeten die Kommunisten die *AIZ* (*Arbeiter Illustrierte Zeitung*), die es am Ende der Weimarer Republik auf eine stolze Auflage von einer halben Million Exemplare brachte. Wie die *BIZ* druckte sie bildreiche, spannende Reportagen, bei denen jedoch die Unterdrückung der Arbeiterklasse und die Leistungen der Sowjetunion im Vordergrund standen (Willmann 1974). Ebenso agierten Boulevardblätter wie Hugenbergs *Berliner Lokal-Anzeiger* für die Konservativen, indem sie Demokraten skandalisierten und explizit zur Wahl der DNVP aufriefen. Parteinah waren zudem viele scheinbar unpolitische Provinzblätter. Die vergleichende Erforschung dieser Provinzpresse bildet weiterhin ein Desiderat, trotz erster Ansätze, die Differenzen zeigen (Meier 1997; für Pressebilder: Dussel 2011). Wie Fallstudien anhand der Themen, Fotos und Wertungen ergaben, bezogen sie durchaus parteilich Stellung, tendenziell eher zugunsten der bürgerlichen Parteien (Fulda 2009: 107–130). Zeitungen desselben Ortes vermittelten damit an gewöhnlichen Tagen ein äußerst unterschiedliches Nachrichtenbild, was sie durch Auslassungen, Wertungen und Hierarchisierungen erreichten (z. B. Führer 2008: 299–306).

Politische Wirkungen

Gerade für die Weimarer Republik stellt sich damit die Frage, welche Bedeutung die Presse für die politische Kultur und das Scheitern der Demokratie hatte. Zweifelsohne förderte sie die politische Polarisierung und erschwerte Kompromisse zwischen den Politikern. Denn diese waren tendenziell kompromissbereiter als die ihnen nahestehende Presse, die jedoch die Wahrnehmung der Politiker prägte und ihr Bild von der öffentlichen Meinung verzerrte (Fulda 2009: 211). Bei den Lesern ging die politische Ausrichtung der Zeitung eher indirekt mit dem Wahlverhalten einher. So lag der Anteil der sozialdemokratischen Zeitungsauflagen nur bei drei bis vier Prozent, obgleich sie rund ein Viertel der Wähler erreichten. Umgekehrt brachen die liberalen Parteien selbst in Großstädten wie Hamburg und Berlin fast völlig ein, obwohl hier starke liberale Blätter dominierten (Dussel 2004: 140; Führer 2008: 318 f.). Offensichtlich lasen viele Sozialdemokraten die linksliberale Presse, weil sie in der SPD-Presse Sport, bunte Meldungen und packende Fotos vermissten. Ebenso lässt sich der Aufstieg der NSDAP nicht aus ihrer Presse heraus erklären, die nur eine Auflage von 500.-700.000 Exemplaren erreichte, aber schließlich über ein Drittel der Wähler gewann. Sie profitierte vielmehr von dem politischen Klima, das die konservative Presse schuf, deren tägliche Auflage auf drei bis vier Millionen anwuchs.

Hugenberg

Eine Schlüsselrolle nahm dabei Alfred Hugenberg ein, der vom Vorsitzenden der Krupp AG zum Besitzer des größten Medienimperiums aufstieg. Da Hugenberg zugleich Reichstagsabgeordneter und ab 1928 auch Vorsitzender der DNVP war, stand er für eine neuartig weitreichende Verbindung von Politik und Medien. Von seiner Struktur her ist sein Medienimperium gut erforscht (Holzbach 1981; Gossel 2009), weniger jedoch die Inhalte und Wirkungen seiner Medien. Das »System Hugenberg« beruhte im Printbereich auf fünf Säulen: auf eigenen Anzeigenexpeditionen wie der Ala (Allgemeine Anzeigen GmbH), seiner Nachrichtenagentur Telegrafen-Union, dem Aufkauf des Scherl-Verlags und weiteren Zeitungsgründungen, den Materndiensten der Wipro (Wirtschaftsstelle für die Provinzpresse), die für rund 300 Provinzverlage Druckvorlagen unterschiedlicher politischer Couleur lieferten, und der Vera-Verlagsanstalt GmbH, die Zeitungen Finanzhilfen anbot. Hugenbergs Unternehmen nutzten dabei die ökonomischen Schwächen kleinerer Zeitungen aus, um politischen Einfluss zu nehmen. Außer konservativ ausgerichteten Zeitungsvorlagen bot er auch zentrumsnahe und weniger parteiliche Matern an, um das gesamte »bürgerliche Lager« unter seinem Dach zu einen und breite Gewinne zu erzielen.

Versagen des Staats?

Entsprechend lässt sich fragen, ob die Weimarer Demokraten die antidemokratischen Medien zu wenig eindämmten. Tatsächlich mangelte es den Regierungen nicht an Engagement. So betrieben sie eine aktive Zensur gegenüber nicht-demokratischen Printmedien. Im Unterschied zur Reichsverfassung von 1871 garantierte die Weimarer Reichsverfassung in Artikel 118 zwar die Meinungsfreiheit und sprach ein Zensurverbot aus, aber mithilfe des »Gesetzes zum Schutz der Republik« und dem Notverordnungsartikel 48 kam es insbesondere in den Krisenjahren 1922/23 und 1931/32 zu zahllosen Zeitungsverboten; 1932 waren es alleine 294. Sie trafen rechtsextreme Blätter, linksintellektuelle Satire und besonders die kommunistische Presse (Petersen 1995). Ebenso gab das 1926 eingeführte »Gesetz zur Bewahrung der Jugend vor Schund- und Schmutzschriften« eine breite Handhabe – selbst gegenüber Groschenheften.

Zudem betrieben die Weimarer Regierungen eine aktive Medienpolitik. Die Presseabteilungen wurden ausgebaut und zentralisiert, mit einem »Reichspressechef« an der Spitze. Der Staat verfügte weiterhin über die halboffizielle Nachrichtenagentur WTB, die für ihn Informationen aus dem Ausland einholte und amtliche Meldungen verbreitete. Ebenso wurde die Kommunikation mit den

Journalisten freier und intensiver. Auf der Berliner Pressekonferenz erschienen nunmehr Regierungsvertreter auf Einladung der Journalisten, um ihre Politik zu vermitteln. Die Weimarer Republik scheiterte also nicht an mangelnden Möglichkeiten, radikale Stimmen zu unterdrücken – bei Film, Radio und Presse zeigten sich vielmehr zahllose Eingriffe. Was eher fehlte, war ein gemeinsamer politischer Austausch unterschiedlicher Meinungen.

5.3 Diktaturen und Zweiter Weltkrieg

Die politischen Umbrüche der 1930er/40er Jahre führten in vielen Ländern zu grundlegenden Umstrukturierungen der Medienlandschaft. Die Diktaturen und autoritären Regimes veränderten die Medienstrukturen ebenso wie die Propagandaschlachten und Besatzungen im Zweiten Weltkrieg. Damit rückten die Medien nun stark unter das Primat der Politik, wenngleich sich umgekehrt die Politik Medienlogiken anpasste. Detailliertere vergleichende Studien zu dieser Entwicklung stehen freilich noch aus (vgl. zu Deutschland mit Seitenblicken auf Spanien und Italien: Zimmermann 2007).

Status von Propaganda

Insbesondere die nationalsozialistische Propaganda fand früh eine größere Aufmerksamkeit in der Forschung. Das lag zunächst daran, dass der Nationalsozialismus lange Zeit mit ihrer Verführungskraft erklärt wurde. Der scheinbar moderne, subtile und allumfassende Apparat von Joseph Goebbels entlastete so die Deutschen von ihrer Verantwortung. Die Manipulation »der Massen«, die viele Zeitzeugen und Historiker herausstellten, war jedoch zugleich eine durch die Massenbilder der Propaganda geschaffene Vorstellung. Neuere Forschungen zeigen die Grenzen der scheinbar perfekten Propaganda, ihre Unkoordiniertheit und die Politik des Unpolitischen. Ähnliches gilt für das faschistische Italien, wo das Propagandasystem vielfach an den eigenen Ansprüchen scheiterte und ebenfalls oft auf Ad-hoc-Maßnahmen beruhte (Galassi 2008; Zimmermann 2007). Insofern spricht einiges dafür, den Begriff Propaganda nicht mehr als analytischen Begriff zu verwenden, da er als Quellenbegriff eine einseitige Beeinflussung suggeriere und damit kommunikative Interaktionen überdecke (Mühlenfeld 2009: 528; dagegen: Sösemann 2011).

1933 als Zäsur

Betrachtet man zunächst die Entstehungsphase der westlichen Diktaturen mediengeschichtlich, so fallen einige gleitende Übergänge auf. Selbst für Deutschland, wo sich der politische Umbau besonders schnell und radikal vollzog, relativiert die Forschung die Zäsur von 1933 leicht. Einige Entwicklungen zeichneten sich bereits vorher ab, wie die Verstaatlichung und Politisierung des Rundfunks 1932, die Krise der liberalen Presse um 1930 oder die nationalistische Wende in vielen Führungsetagen. So wurde der Leiter der Rundfunkabteilung und wichtigste Rundfunkkommentator im Dritten Reich, Hans Fritzsche, bereits 1932 Chefredakteur des Rundfunk-Nachrichtendienstes. Ebenso ließen alle drei faschistischen Diktaturen nach ihrer Etablierung die bürgerliche Presse noch einige Zeit bestehen, wenn auch kontrolliert. Die damit einhergehende personelle Kontinuität bei den bürgerlichen Journalisten, die nicht als »marxistisch« oder (in Deutschland) als jüdisch ausgegrenzt wurden, unterstreicht den hohen Grad der Selbstanpassung (vgl. Frei/Schmitz 1999: 22–26; Galassi 2008: 204; Lorenzen 1978: 180).

Dennoch bildet das Jahr 1933 eine markante medienpolitische Zäsur in Deutschland. Das gilt besonders für das Verbot der »linken« Presse, dem in Deutschland rund 200 SPD-Zeitungen und 35 KPD-Blätter zum Opfer fielen, die nur marginal im Exil fortbestehen konnten (Danker u.a. 2003: 116–130). Die Zeitungen der großen jüdisch geprägten Verleger, wie insbesondere von Ullstein und Mosse, behielten nach deren Zwangsverkauf ihre Namen, um Kontinuität zu suggerieren. Ebenso lieferten in Italien 1926 die Attentate auf Mussolini den Vorwand, die antifaschistische Presse zu verbieten, und in Spanien wurde sie ab 1939 ausgeschaltet. Die in allen Regimes eingeführte Zensur war rechtlich kaum geregelt. Insgesamt setzten die Regimes weniger auf den täglichen Rotstift als vielmehr auf eine Vorselektion der Journalisten durch Berufskammern. Italien führte sie bereits 1926 ein, und in Deutschland entstand 1933 die »Reichskulturkammer«. Wer ihr aufgrund politischer oder rassischer Kriterien nicht beitreten konnte, hatte im Nationalsozialismus quasi ein Berufsverbot. Beim Rundfunk verlor so bereits 1933 schätzungsweise rund ein Achtel aller Angestellten seine Posten, insbesondere in Leitungsfunktionen (so hochgerechnet am Kölner Beispiel: Diller 1980: 127). Von einer umfassenden oder planmäßig gelenkten Personalpolitik der Nationalsozialisten kann man jedoch selbst beim Radio nicht sprechen (Münkel in Marßolek/Saldern 1998 Bd. 1: 125).

Zentralisierungen

Die Presse wurde in allen Diktaturen schrittweise zentralisiert. In Italien reduzierte sich die Zahl der Zeitungen bereits bis 1934 auf ein Viertel (Galassi 2008: 204). Parallelen zu den europäischen Diktaturen zeigten sich auch im imperialistischen Japan, das ab 1942 die Zahl der Zeitungen auf nur eine pro Bezirk verkleinerte; dies war die Grundlage für die bis heute weltweit einmalig hohen Auflagen einiger japanischer Zeitungen (Saito in Gunaratne 2000: 563). In Deutschland setzte die Pressekonzentration mit der sogenannten »Amman-Verordnung« von 1935 verstärkt ein, die sich im Sinne der Volksgemeinschaftsideologie gegen den »ungesunden Wettbewerb«, die »Skandalpresse« und konfessionelle Zeitungen richtete. Ihr fielen in kurzer Zeit circa 500 bis 600 Zeitungen zum Opfer. Geheime Aufkäufe über Strohmänner förderten ihre Konzentration im nationalsozialistischen Eher-Verlag, was die seit Jahrhunderten etablierte Pressevielfalt in Deutschland zerstörte. Nach 1935 verlor insbesondere die katholisch-zentrumsnahe Presse als erste und oft durch heimliche Aufkäufe ihre Unabhängigkeit. Inwieweit die Besitzerwechsel jeweils inhaltliche Veränderungen in den Medien bescherten, wäre genauer zu erforschen. Erst während des Zweiten Weltkriegs wagten die Nationalsozialisten eine umfassende Zerschlagung der bürgerlichen Presse. Sowohl politische als auch ökonomische Motive waren ausschlaggebend, da dies für die NSDAP eine immense Bereicherung bedeutete. NSDAP-Blätter wie der *Völkische Beobachter* erreichten so eine tägliche Auflage von 1,2 Millionen (1941). Gegen Kriegsende verfügte der Eher-Verlag der NSDAP über 82 Prozent Marktanteil. Die deutsche Zeitungslandschaft schrumpfte insgesamt auf ein Viertel zusammen: 325 Parteiblättern standen noch 650 private Zeitungen gegenüber, die vornehmlich kleine Lokalblätter waren (Frei/Schmitz 1999: 37 f.). Auffällig ist, dass auch in demokratischen Ländern wie den USA seit den 1930er Jahren eine verstärkte Pressekonzentration einsetzte.

Was die Diktaturen aus politischem Kalkül durchsetzten, war damit nach der Weltwirtschaftskrise tendenziell auch ein ökonomisch bedingter Trend.

Medienlenkung

Die Lenkung der Medien erfolgte in allen Diktaturen über Propagandaministerien. Die Medieninhalte gaben sie durch verstaatlichte Nachrichtenagenturen, tägliche Pressekonferenzen und zahllose Presseanweisungen vor. Für den Nationalsozialismus sind allein bis 1939 über 15.000 Presseanweisungen dokumentiert, danach folgten geschätzte 60.000 (editiert in Bohrmann/ Toepser-Ziegert 1984–2001). In Italien erreichte die Zahl der Anweisungen mit rund 4.000 Stück 1937/38 ihren Höhepunkt (Galassi 2008: 433 f.). Die Presseanweisungen teilten den Journalisten konkrete Inhalte mit, die Platzierung von Artikeln und auch Verbote (Wilke 2007). Dabei hatte das Regime in hohem Maße die deutsche Selbstdarstellung gegenüber dem Ausland im Blick (Pöttker 2006: 171). Kaum erforscht ist dagegen, inwieweit derartige Meldungen tatsächlich umgesetzt wurden. Eine Fallstudie für zwei Mannheimer Zeitungen macht lediglich in fünf Prozent der Fälle Abweichungen aus, die bei dem bürgerlichen Blatt nicht höher lagen als bei der dortigen NSDAP-Zeitung (Dussel 2010: 558).

Presseanweisung zur Reichspogromnacht (10.10.1938) laut heimlicher Aufzeichnung

»Zu den Ereignissen der vorigen Nacht sagte das Propagandaministerium: Im Anschluss an die heute morgen ausgegebene DNB-Meldung koennen eigene Berichte gebracht werden. Hier und dort seien Fensterscheiben zertruemmert worden, Synagogen haetten sich selbst entzuendet oder seien sonstwie in Flammen aufgegangen. Die Berichte sollen [nicht] allzu groß aufgemacht werden, keine Schlagzeilen auf der ersten Seite. Vorlaeufig keine Bilder bringen. Sammelmeldungen aus dem Reich sollen nicht zusammengestellt werden, aber es koenne berichtet werden, dass auch im Reich aehnliche Aktionen durchgefuehrt worden seien. Einzeldarstellungen darueber sind zu vermeiden. Ueber oertliche Vorgaenge koenne ausfuehrlicher berichtet werden [...]«

(aus: Bohrmann/Toepser-Ziegert 1999, Bd. 6.3: 1060 f.)

Professionalisierung?

Die Presseanweisungen standen zugleich für ein Dilemma der Diktatoren, das auch Goebbels mehrfach beklagte: Einerseits wünschte er sich eine interessante mitreißende Presse, andererseits sorgten die Kontrollen für eine einfallslose Gleichförmigkeit. Daher gründete Goebbels 1940 mit der Wochenzeitung *Das Reich* ein Blatt, das als intellektuelles Aushängeschild für das In- und Ausland gedacht war und »Edelfedern« mehr Freiheit geben sollte. Sowohl in Italien als auch in Deutschland scheiterten hingegen Versuche, durch die Einrichtung von Journalistenschulen einen neuen Typus des professionellen systemtreuen Journalisten zu schaffen. In Italien wurde die dortige bereits 1933 geschlossen, die deutsche Reichspresseschule 1939, die immerhin rund 750 Volontäre mit guten Berufschancen durchlaufen hatten. Zu ihrer Schließung trugen in beiden Diktaturen die umstrittene Finanzierung, chaotische Verwaltungsstrukturen und der Eindruck bei, die Schulen brächten keine guten Journalisten hervor (Galassi 384–389; Müsse 1995). Lediglich in der spanischen Diktatur etablierte sich dauerhaft eine staatliche Journalistenausbildung, die das Pressegesetz von 1938 verpflichtend vorschrieb (Lorenzen 1978: 200 f.).

Bilderwelten

Die politische Radikalisierung entstand auch in der Medienpolitik nicht allein von oben. Um die Glaubwürdigkeit und Attraktivität der Medien zu sichern, dämpften Goebbels und Mussolinis »Ministero della Cultura Popolare« mitunter zu radikale Töne der Journalisten (Zimmermann 2007: 107). Beide Regimes setzten auf eine Politik des Unpolitischen, die vermutlich besonders wirksam die Diktaturen stützte. Besonders auflagenstarke Blätter wie die *Berliner Illustrierte Zeitung* brachten regelmäßig unterhaltsame Bildberichte über die politische Elite, die Aufbruchsstimmung und die scheinbar modernen Errungenschaften, die die Diktaturen geschaffen hätten. Der Fotohistoriker Rolf Sachsse sieht die staatlich gelenkte Propagandafotografie daher als ein »Medium zur Erziehung zum Wegsehen«, das zur Schaffung positiver Identifikationsmuster diente und »negative« Erinnerungen wie die Verbrechen überdeckte (Sachsse 2003: 14–18). Die Illustrierten zeigten sogar Fotoberichte von Konzentrationslagern und Gettos, jedoch völlig verharmlost als »Erziehungslager« inszeniert (Knoch 2001: 76–88).

Die heroisierte Bilderwelt der Illustrierten spielte auch im Zweiten Weltkrieg eine herausragende Rolle. Sie visualisierte den Soldaten als »gut ausgebildeten Facharbeiter des Krieges« und den Kampf als eine Sportveranstaltung. Leichen waren nicht nur in Deutschland, sondern auch in demokratischen Medien wie in denen der USA meist nur vom Gegner zu sehen, wo besonders japanische Opfer diskriminierend gezeigt wurden. Erst ab 1943 kamen in den USA zumindest dosiert auch gesichtslose Bilder von den eigenen Opfern in die Presse, gerade weil sich die Alliierten nun auf der Siegerseite wussten (Paul 2004: 237–240, 252 f.). Im Unterschied zum Ersten Weltkrieg schufen die Deutschen zudem eine moderne internationale Illustrierte, um in den besetzten und »befreundeten« Gebieten das eigene Ansehen zu stärken: Mit einer Auflage von bis zu 2,4 Millionen erschien ab 1940 die Zeitschrift *Signal*, die von der Wehrmacht unter Beteiligung des Auswärtigen Amtes und des Propagandaministeriums in rund zwei Dutzend Sprachen im Ausland erschien (Rutz 2007). *Signal* warb relativ subtil mit den Mitteln des modernen Journalismus für den Nationalsozialismus. In Anlehnung an das amerikanische Magazin *Life* druckte es Reportagen mit hochwertigen Farbfotos, die etwa heldenhafte Soldaten, Familienidyllen und hübsche Frauen zeigten. Um breite Leserschaften im Ausland zu gewinnen, waren die Artikel bewusst ideologisch entschärft.

Widerstand in den Medien?

Umstritten ist, in welchem Maße einzelne Presseorgane Resistenz zeigten (zuletzt: Studt 2007; Heidenreich/Neitzel 2010). In der spanischen Diktatur, wo zumindest die renommierte Tageszeitung *ABC* mitunter monarchistische Standpunkte einnehmen konnte, waren die Spielräume vermutlich größer (Lorenzen 1978: 154). Für Deutschland wurde debattiert, in welchem Grad die *Frankfurter Zeitung* als seriöses Aushängeschild für das Ausland gewisse Freiheiten besaß und nutzte. Immerhin nahm sie bei anderen Zeitungen entlassene linksliberale Journalisten auf und stellte sogar jüdische Redakteure verdeckt als Kaufleute an. Ihre vorsichtige Distanz zum Regime drückte sie sprachlich häufiger durch Konjunktive und Zitate aus, durch die Vermeidung von NS-Vokabular oder durch nicht-zensierte Meldungen aus Lokalzeitungen (so recht einseitig: Gillessen 1987: 200–229). Derartig gezielt dosierte kleine Spielräume dienten aber zugleich der Stabilisierung des Regimes, zumal sich in der *Frankfurter Zeitung* ebenso Artikel finden lassen, die das System unterstützten (Sösemann 2007: 34 f.). Formen der Resistenz lassen sich auch in einzelnen anspruchsvollen katholischen Blättern ausmachen wie der Zeitschrift *Hochland* oder der katholischen Bistumspresse, deren Auflage Ende der 1930er Jahre anstieg – trotz oder gerade wegen ihrer »Theologisierung«. Allerdings hatten auch sie eine kalkulierte Ventilfunktion.

Radio und Politik

Wie sehr Medienpolitik und Propaganda auf öffentliche Stimmungen reagierten, lässt sich auch für den Rundfunk zeigen. Das Radio wurde Anfang der 1930er Jahre von sehr unterschiedlichen Regimes als politisches Sprachrohr entdeckt: In den USA verteidigte Präsident Roosevelt seit 1933 regelmäßig in den »Fireside chats« seine Politik, in Großbritannien erhielten Minister und Parteiredner Sendezeiten (Scannell/Cardiff 1991: 51), und in Brasilien nutzte der autoritäre Präsident Getúlio Vargas das Radio zur Herrschaftssicherung (Wilke in ders. 1992: 108). Dass die NSDAP-Führung ab 1933 regelmäßig politische Reden und Feiern per Radio sendete, korrespondierte insofern mit einer generellen Politisierung des Mediums. Die Kommunikationsstruktur des Radios, bei dem eine Person zur »Masse« spricht, kam dem nationalsozialistischen Gesellschaftsentwurf besonders entgegen. Aber auch in demokratischen Ländern ließ das Radio Regierungschefs als herausgehobene Charismatiker erscheinen. So reagierten in den USA die Radiohörer auf Franklin D. Roosevelts Reden mit verehrenden Briefen (Craig 2000: 154 f.).

Hitlers große Reden wurden ausführlich übertragen und sogar Kino-, Theater- und Konzertsäle für den kollektiven Empfang freigeräumt, um ihn zu einem Erlebnis zu machen. Hitlers Reden entsprachen von ihrer Dauer und ihrem Satzbau her jedoch weniger dem Medium Radio als etwa die von Präsident Roosevelt. Letztere waren professioneller und vermutlich erfolgreicher, da sie die Zuhörer persönlich, knapp, leicht verständlich und mit warmer Stimme adressierten und so bereits vor Kriegseintritt schätzungsweise 30 Millionen Menschen erreichten (Craig 2000: 195; Führer 2008: 97 f.).

Mehr Musik

Zugleich reduzierte das NS-Regime ab 1935 tendenziell seine offene Propaganda. Um den Hörerwünschen zu entsprechen, kürzte es den Wortanteil und damit insbesondere Parteireden und bildungsbürgerliche Vorträge. Dafür nahmen Unterhaltungssendungen mit leichter Musik zu. Neben als typisch deutsch angesehener Musik liefen sogar auch eingedeutschte Formen von Tango, Swing und Jazz, obgleich Jazz offiziell als »Niggermusik« bekämpft wurde (Dussel 1999: 92–94). Der Nationalsozialismus erwies sich somit als eine Stimmungsdiktatur, bei der das Radio populär der Zerstreuung dienen sollte – garniert mit einigen explizit ideologischen Sendungen. Nachdem 1942 die Rückschläge im Krieg zunahmen, verstärkte Goebbels die Unterhaltungsprogramme zur Ablenkung. 1944 bestanden 82 Prozent des Programms aus Musik, wodurch das Radio Normalität in einer zerstörten Lebenswelt suggerierte (Dussel/Lersch 1999: 122). Der Krieg förderte auch in Großbritanien diesen Trend: Auch die bildungsbürgerliche BBC orientierte sich nun an den Hörerbedürfnissen und integrierte so die Arbeiter in die Radiowelt. Zugleich gewann die BBC nach Kriegsausbruch im Inland an Reputation, weil sie vertrauenswürdig für den Kampf und das Durchhalten im Bombenkrieg warb.

Damit zeigen sich deutliche Unterschiede zum Radioprogramm in Italien und Spanien. Unter Mussolini stieg seit den 1930er Jahren der Anteil der Politik und direkten Propaganda an, und bildungsbürgerliche Sendungen wurden nicht vergleichbar reduziert. Dies mag mit erklären, warum das Radio im italienischen Faschismus eine geringere Verbreitung hatte und weniger zur Systemstabilisierung beitrug. Noch unattraktiver war das franquistische Programm in Spanien, das ohnehin nur eine kleine, vornehmlich städtische Mittelschicht empfangen konnte (Zimmermann 2007: 148–159). Obgleich Ausstrahlungen in Cafés, Schulen und öffentlichen Plätzen die Hörerzahl vergrößerten, lässt sich somit nicht der generelle Schluss ziehen, das Radio hätte bei der Etablierung der rechten Diktaturen eine Schlüsselrolle gespielt.

Die Publikumsorientierung des NS zeigte sich auch bei der Organisation des Radios. Die NSDAP zentralisierte es zwar, indem regionale Rundfunkgesellschaften ihre Anteile an die Reichs-Rundfunk-Gesellschaft verloren. Jedoch verhinderten Proteste von Hörern und regionalen Parteieliten bis zum Krieg eine Vereinheitlichung des Rundfunkprogramms (Dussel 2000: 83–87).

Im Zweiten Weltkrieg ließ das Regime auch bei diesem Medium bisherige Rücksichten fallen und installierte 1940 ein einheitliches Reichsprogramm, das nur noch vormittags kleine regionale Anteile hatte. Damit fielen auch die bislang noch stark verbreiteten mundartlichen Programme weg, was den Deutschen eine einheitlichere Sprechweise nahebrachte (Führer 2008: 89 f.).

Radio und Volksgemeinschaft

In Deutschland propagierten die Nationalsozialisten das Radiohören als eine praktizierte Form der Volksgemeinschaft, die sich durch den gleichzeitigen Empfang konstituiere. Der Ausbau von Programmen für einzelne soziale Gruppen, wie die Landwirte oder die Jugend, sollte die soziale Integration steigern. Besonders intensiv erforscht wurde in diesem Kontext eine der beliebtesten Radiosendungen, »Das Wunschkonzert«. Diese Sendung suggerierte eine scheinbar politikfreie und plebiszitäre Unterhaltung, bei der pro Sendung teilweise mehrere Zehntausend Musikwünsche mit Grüßen eingingen. Diese wurden, teilweise unter Goebbels persönlicher Beteiligung, so ausgewählt, dass sie alle sozialen Gruppen und unterschiedliche Musikstile berücksichtigten. Indem die Sendung ab 1939 als »Wunschkonzert für die Wehrmacht« auch die Verbindung zwischen Heimat und Front repräsentierte, materialisierte sie die Idee der Volksgemeinschaft im Krieg (Koch 2003: 172–206).

Entsprechend bemühte sich der Nationalsozialismus, das Radio flächendeckend zu verbreiten. Der Bau des billigen »Volksempfängers« trug deutlich dazu bei, dass sich der Bestand an Radios bis 1938 auf neun Millionen verdoppelte und 1943 mit 16 Millionen seinen Höchststand erreichte. Auch wenn dies im Vergleich zu anderen gescheiterten »Volksprodukten« (wie dem Volkswagen) ein Verkaufserfolg war, ist es kein Beleg für die herausragende Modernität des Nationalsozialismus. Die Hörerdichte der USA blieb unerreicht, und in Frankreich und Norwegen stieg die Hörerzahl in dieser Zeit noch stärker an (König 2004: 84; Frei/Schmitz 1999: 84). 1941/42 erreichten Schweden und Dänemark die höchste Rundfunkdichte in Europa, dann folgten Deutschland und Großbritannien. Generell blieb in Europa ein Nord-Süd-Gefälle bei der Radioverbreitung bestehen. In Italien stieg trotz großer Bemühungen die Zahl der Radiogeräte bis 1942 nur auf 1,8 Millionen. Und obgleich die Diktaturen eine recht milieuübergreifende Medienrezeption förderten, kann man auch dies kaum als »modern« bezeichnen, da sie mit Gewalt und Verboten erzwungen war und eine freie Auswahl aus Medienangeboten im Sinne einer modernen, funktional differenzierten Gesellschaft gerade nicht stattfand (Ross 2008: 386; König 2004: 255). Die NS-Medien waren Teil der Moderne, aber in ihrer pathologischen illiberalen Form.

Auslandssender

Das heimische Radioprogramm ließ sich in allen Diktaturen besonders gut kontrollieren. Zugleich unterlief das Radio wie kein anderes Medium Kontrollen durch den grenzübergreifenden Empfang ausländischer Sender, auch wenn dieser bei einfachen Geräten wie dem »Volksempfänger« schlechter war (König 2004: 39 f.). Bereits vor dem Krieg entstanden zahlreiche Auslandssender, um Weltanschauungen zu verbreiten (wie »Radio Moskau« ab 1929) oder das eigene Kolonialreich zu stabilisieren (wie »BBC World« ab 1932). Großbritannien richtete bereits 1938 parallel zu seiner Appeasementpolitik einen deutschsprachigen Sender ein, um die deutsche Bevölkerung gegen einen Krieg einzustimmen (Seul in Bösch/Geppert 2008: 91). Während des Zweiten Weltkriegs kam es zu einem regelrechten Kampf zahlreicher Auslandssender. Die Deutschen strahlten ebenso fremdsprachige Programme aus wie ab 1942 auch die USA, die nach ihrem Kriegseintritt »Voice of America« (VOA) als Auslandssender einrichteten (additiver Überblick: Wood 1999). Laut NS-Verurteilungsakten hörten die Deutschen insbesondere die BBC und den Schweizer Landessender »Beromünster« (Hensle 2003: 321). Aber auch der deutsche Propagandasender für England war anfangs recht erfolgreich: Bei einer Umfrage Anfang 1940 gab ein Viertel der Briten an, am Vortag »Lord Haw-Haw« gehört zu haben, wie der Sprecher William Joyce wegen seines Upper-Class-Akzentes spöttisch genannt wurde. Neugier, Spott und Informationsbedürfnis erklären den Zuspruch (Williams 2010: 127).

Einflussreicher waren jedoch die deutschsprachigen Sender der BBC und VOA. Sie versprachen nicht nur objektivere Informationen über den Kriegsverlauf, die deutschen Verluste und die politische Lage. Sie lockten auch mit moderner Musik, politischer Satire und anderen Unterhaltungsformaten. Deutsche Sprecher, insbesondere Prominente wie Thomas Mann, sollten das Vertrauen in ihre Informationen verstärken. Deutsche Emigranten erhielten aus Misstrauen in der Regel aber keine Leitungsfunktionen in den Sendern. Neben dieser »weißen Propaganda«, die erkennbar von Auslandssendern kam, kursierte eine »schwarze Propaganda«. Sie ließ ihre Herkunft unklar und suggerierte, dass Widerstandsgruppen im eigenen Land sendeten. Dies sollte die Machthaber verunsichern, wobei ihr Ton schärfer und die Inhalte unseriöser waren.

Wie sehr das NS-Regime die »Feindsender« fürchtete, zeigten die vielfältigen Reaktionen. Bereits bei Kriegsbeginn verbot die »Verordnung über außerordentliche Rundfunkmaßnahmen« das Hören ausländischer Sender. Das NS-Regime erprobte Störsender (allerdings mit geringem Erfolg) und sendete im Krieg gezielt westliche Musikstile, um die eigenen Hörer zu binden. In besetzten Gebieten wie den Niederlanden beschlagnahmten die Deutschen sogar gezielt Radios. Nach dem Krieg rühmten sich viele Deutsche, unter Einsatz ihres Lebens heimlich ausländische Sender gehört zu haben, was oft als Widerstand stilisiert wurde. Entgegen dem weitverbreiteten Mythos ergingen wegen des Hörens von »Feindsendern« jedoch keine Todes-, sondern Haftstrafen. In Verbindung mit anderen Beschuldigungen konnten sich Urteile freilich bis hin zur Hinrichtung erhöhen (Hensle 2003: 139).

Durch die »Feindpropaganda« veränderte sich auch in den westlichen Demokratien die Medienpolitik. Der Staatseinfluss nahm stark zu. Das britische »Ministry of Information« war bei Kriegsende eine Behörde mit 3.000 Mitarbeitern, und das amerikanische »United States Office of War Information« (OWI) brachte es sogar auf 14.400 Mitarbeiter. In Großbritannien war eine Zensur zwar nur bei Berichten gegen die Kriegsinteressen erlaubt. Aber Churchills Regierung setzte insbesondere linksliberale Zeitungen unter Druck und beaufsichtigte die Beiträge der BBC und der Presseagenturen, um die Durchhaltekraft zu stärken (Williams 2010: 134, 140). Über die populäre Medienansprache wurde die Heimat auch in Großbritannien zu einem Teil der Front.

Wirkungen

Die Wirkung der alliierten Radiopropaganda auf die Deutschen ist schwer zu taxieren. Insgesamt ist sie hoch zu veranschlagen, obgleich sie keinen breiten Widerstand auslöste. Die Sendungen informierten über das Vorrücken der Alliierten und reduzierten so, im Unterschied zum Ersten Weltkrieg, frühzeitig den Siegesglauben, was wiederum die Abkehr vom Regime förderte. In Deutschland dürften die oft satirischen Beiträge über die NS-Elite den Spott über das Regime verstärkt haben. Dass zahlreiche deutsche Städte schließlich kampflos übergeben wurden, lag auch an den genauen Informationen, die die Deutschen über das Vorrücken der Gegner hatten. In besetzten Gebieten wie Frankreich oder den Niederlanden waren die Sendungen oft eine wichtige Brücke zu Exilorganisationen, die den Widerstand formierten. So mobilisierte Charles de Gaulle seit seiner berühmten Radioansprache vom 18. Juni 1940 regelmäßig in der Sendung »Ici Londres« zum Widerstand gegen die deutschen Besatzer. Ebenso klärten die deutschsprachigen Auslandssender über die Verbrechen der Nationalsozialisten auf. So berichteten die deutschsprachigen BBC-Sendungen bereits ab Juni 1942 sehr detailliert über den Holocaust, in der Woche vor Weihnachten 1942 sogar täglich. Diese Berichte wurden wiederum von anderen Sendern aufgegriffen, wie vom niederländischen »Radio Oranje« (Longerich 2006: 438).

Film und Propaganda

Eine besondere Aufmerksamkeit durch die Forschung erhielten die Filme und Wochenschauen im Nationalsozialismus. Während Historiker frühzeitig die Organisation der Filmpolitik untersuchten, verfassten Medienwissenschaftler zahlreiche ästhetische und inhaltliche Filmanalysen (etwa Segeberg 2004). Generell lassen sich strukturelle Ähnlichkeiten zur NS-Presse- und Rundfunkpolitik erkennen. Charakteristisch für das Kino im Nationalsozialismus waren eben nicht bekannte Propagandafilme wie »Triumph des Willens«, »Jud Süß« oder »Der ewige Jude«, obgleich diese bis heute im Mittelpunkt der Forschung stehen und wie im Fall von »Jud Süß« durchaus erfolgreich sein konnten. Bei den über 1.000 zwischen 1933 und 1945 produzierten Filmen dominierten vielmehr vom Anteil her – und erst recht von den Zuschauerzahlen – scheinbar unpolitische Werke. Knapp die Hälfte waren Komödien und gut ein Viertel Melodramen, wohingegen unmittelbare Propagandafilme je nach Auszählung zwischen einem Zehntel und einem Viertel der Produktionen ausmachten (Welch 2001: 36).

Die wenigen expliziten Propagandafilme kamen hauptsächlich im Zuge der generellen Radikalisierung des Nationalsozialismus um 1937 und 1940/41 in die Kinos, während der Komödienanteil insbesondere nach der Niederlage von Stalingrad 1943 weiter anstieg, was die Zerstreuungsfunktion des Kinos unterstreicht. Auch das Genre des Kriegsfilms spielte nur eine untergeordnete Rolle. In den faschistischen Diktaturen in Italien und Spanien waren explizite Propagandafilme ebenfalls relativ selten. Auch hier dominierten Komödien und Melodramen. Den spanischen Komödien wurde dabei eine Doppeldeutigkeit zugeschrieben, die subversives Lachen förderte (so Marsh 2006: 39 f.; Zimmermann 2007: 210–213). Auffällig ist, dass viele Propagandafilme historische Stoffe wählten, um ihre Aussagen subtiler und allgemeingültig zu vermitteln. Die Geschichten großer Männer (Robert Koch, Carl Peters, Andreas Schlüter u. a.) oder historische Konflikte und Kämpfe (Patrioten, Jud Süß, Kolberg u. a.) zählten dazu. Diese historisch grundierte Propaganda lässt sich auch für Italien und Großbritannien ausmachen (Fox 2007: 223–243). Ästhetisch innovativ waren die NS-Propagandafilme sicherlich nicht, trotz Leni Riefenstahls Werken. Dies zeigt bereits der Vergleich zum frühen Weimarer Film.

Problematisch und viel diskutiert ist die Unterscheidung zwischen unpolitischen und politisch-propagandistischen Filmen. Erst galt nur ein kleiner Teil der Filme als propagandistisch, seit den 1970er Jahren zählen zunehmend alle Filme der Zeit dazu, da auch Komödien zur Stabilisierung der Diktaturen beitrugen. Wenngleich die Übergänge zwischen Tendenz- und Unterhaltungsfilmen sehr fließend waren, muss für einzelne Filme graduell abgestuft werden, welche Werte und Normen sie auch implizit vermittelten (Zimmermann 2007: 171 f.). Die Unterscheidung zwischen »fascist films« und »films made under fascist regimes« markiert, dass in beiden Fällen das Regime den Rahmen bildete (Witte 1998: 29).

NS-Filmpolitik

Wie eng die Filme mit dem nationalsozialistischen Regime verbunden waren, verdeutlicht ein Blick auf die NS-Filmpolitik. Sie ähnelte der Pressepolitik, war aber in ihrem kontrollierenden Zugriff deutlich weitreichender. Auch hier selektierte die Zwangsmitgliedschaft in der Reichsfilmkammer die Filmschaffenden nach politischen und rassischen Kriterien, was die Emigration von rund 1.500 zum Teil berühmten Schauspielern und Regisseuren zur Folge hatte. Die verschärfte Zensur betraf zunächst vor allem Filme der Zeit vor 1933, während neue Filme durch die zunehmenden Vorkontrollen gelenkt wurden. Die Subventionen durch die neu eingerichtete Filmkreditbank zählten hierzu, da alle Drehbücher vor einer Finanzierung von dem »Reichsfilmdramaturgen« abgesegnet werden mussten, der dem Propagandaminister unterstand. Dennoch kam es besonders während des Krieges zu zahlreichen Zensurfällen, die auch propagandistische Filme trafen: weil beteiligte Personen in Ungnade fielen (so bei Titanic, 1943), weil hohe Offiziere protestierten (Große Freiheit Nr. 7, 1943), aufgrund politischer Akzente (Das Leben kann so schön sein, 1938) oder dem Wandel der politischen Lage (Besatzung Dora, 1943). Einfluss nahmen die Machthaber zudem durch verdeckte Aufkäufe von Produktionsfirmen, die zur Zentralisierung der Filmwirtschaft beitrugen. Bereits 1937 dominierten die Ufa, Tobis und Terra fast den ganzen Filmmarkt, wobei der einst mit Hitler verbündete Hugenberg im gleichen Jahr seine Ufa-Aktienmehrheit an das Reich verlor (Kreimeier 1992: 305 f.). Sie wurde zum Kern der 1942 gegründeten Ufa-Film GmbH (Ufi), die die gesamte deutsche Filmproduktion zusammenfasste. Widerstand war im Film somit allenfalls durch eine »ästhetische Opposition« (Karsten Witte), durch doppeldeutige Anspielungen oder Aussparung aller inhaltlichen Verbindungen zum Regime möglich.

Hollywood und Diktaturen

Die protektionistische Filmpolitik, der Übergang zum Tonfilm und die wachsenden Zuschauerzahlen stärkten die einheimische Filmindustrie. Dennoch kamen im nationalsozialistischen Deutschland in den 1930er Jahren noch gut 20 Prozent der gezeigten Spielfilme aus den USA, weitere 20 Prozent aus anderen Ländern, insbesondere aus Österreich (Spieker 1999: 337). Hollywood passte sich aus ökonomischen Interessen an den deutschen Markt an und verzichtete etwa auf erkennbare jüdische Charaktere. Der deutsche Schnitt und die Synchronisation veränderten US-Filme zusätzlich. Ein Rückzug vom deutschen Markt erfolgte eher aus ökonomischen Gründen, da Zensur, Kontingentverordnungen und das Währungsgefälle wirtschaftliche Risiken bargen (Spieker 1999: 331–334). Führende Nationalsozialisten schätzten die US-Filme als gemeinschaftsbildende Vorbilder. Erfolg hatten sie freilich vornehmlich in den Großstädten, während die Zuschauer auf dem Land und in den Arbeiterrevieren deutsche Filme bevorzugten (Führer in ders./Ross

2008: 98–108). Erst als sich die fehlende internationale Konkurrenzfähigkeit des deutschen Films abzeichnete, kam es Ende der 1930er zu stärkeren Einschränkungen von US-Produktionen und 1940 zu deren Verbot. Eine tendenziell ähnliche Entwicklung lässt sich für Italien und Spanien ausmachen, wo Hollywood bis in die 1930er noch größere Erfolge feierte, dann aber eine Renationalisierung des Films forciert wurde. Subventionen, Quoten und Nachwuchsförderung stärkten insbesondere in Italien die heimische Filmindustrie.

Film in besetzten Ländern

Krieg und Besatzung eröffneten dem deutschen Film neue, oft erzwungene Absatzmärkte in den verbündeten und besetzten Gebieten. Die Nationalsozialisten versuchten auch per Film ihre Weltanschauung in diese Länder zu tragen, wogegen sich die besetzten Länder kaum wehren konnten (Kreimeier 1992: 389–399). Der Filmexport gelang jedoch nur mäßig: In fast allen Ländern bevorzugten die Zuschauer weiterhin heimische Filme und Wochenschauen (Vande Winkel/Welch 2007). Nur in Italien gelang durch ein Abkommen ein gewisser deutscher Absatz, und Deutschland wurde das Hauptexportland für italienische Filme, aber weitergehende Kooperationspläne der »Deutsch Italienischen Film Union« versandeten. In den neutralen Ländern strahlten insbesondere die Schweizer deutsche Wochenschau- und Filmproduktionen aus, auch aus Mangel an eigenen Filmen. Die erhoffte Filmhegemonie als »europäisches Hollywood« gelang den Deutschen aber sicher nicht.

Wochenschauen

Eine Schlüsselrolle bei der Propaganda spielten die Wochenschauen, die bereits seit den 1910er Jahren im Vorprogramm liefen und heute gut zugängliche Quellen sind (ca. 6.000 Wochenschauen unter www.wochenschau-archiv.de). Wegen ihres propagandistischen Potenzials liefen in Italien bereits 1926 Dokumentarfilme verpflichtend vor dem Hauptfilm, zumal Presse und Radio dort nur kleinere Bevölkerungsteile erreichten. Deutschland zog 1938 mit der Pflicht zur Ausstrahlung der Wochenschauen nach. Die Wochenschauen präsentierten ähnlich wie die Bildillustrierten heroisierte Darstellungen der Parteieliten und der scheinbaren Modernisierung des Landes sowie Unterhaltsames aus Sport, Alltagskultur oder Modewelt (Bartels 2004: 279 f.). Im Vordergrund standen musikalisch unterlegte Bildeindrücke, kaum dagegen sachliche Informationen durch den Sprecher. Neben den deutschen Wochenschauen der Ufa, Bavaria/Tobis und Deulig blieb in den 1930er Jahren auch die amerikanische Fox-Wochenschau präsent. Wie beim Spielfilm wurde dies durch Selbstanpassung erkauft. Erst 1940 erfolgte die Zentralisierung aller Wochenschauen in der »Deutschen Wochenschau« (Bartels 2004: 162). Auch im franquistischen Spanien erschienen bis 1941 die Fox-Wochenschau und die »Actualitades Ufa«, bis sich die eigene Wochenschau »NO-DO« durchsetzte (Zimmermann 2007: 235).

Kriegsdarstellungen

Die Forschung untersuchte vielfach die Wochenschauen während des Weltkriegs, die als virtuose Propaganda gelten. Ihre dramatischen Aufnahmen vom Kampfgeschehen verdankten sie den bereits 1938 gebildeten Propaganda-Kompanien (PK), die über je 250 Wort-, Bild-, Film- und Rundfunkberichterstatter und insgesamt rund 300 Filmberichterstatter verfügten. Die Propaganda-Kompanien, die 1942 auf immerhin 15.000 Mann anwuchsen, waren Teil der kämpfenden Truppe und somit keine unabhängigen Journalisten. An der Front konnten sie recht frei filmen und sollten möglichst authentische Kampfszenen einfangen. Sie schickten ihr Material nach Berlin, wo dann eine Selektion, Neukompilation und oft auch Nachvertonung unter Aufsicht des Propagandaministeriums stattfand – teilweise unter Abnahme durch Goebbels.

Wie quantitative Auswertungen zeigen, nahmen Berichte über die deutschen Truppen nun die Hälfte der Wochenschauen ein (Bartels 2004: 427). Die Bilder ähnelten der von Riefenstahl aufgebrachten Ästhetik mit schnellen, teilweise harten Schnitten und Kontrasten und einem Wechsel von Totalen und Nahaufnahmen. Inhaltlich schilderten sie recht ortlos in kleinen Erzählungen das Vorwärtsrücken der Soldaten, zeigten moderne Technik und die Romantik des Soldatenlebens. Gerade in den ersten Kriegsjahren waren sie oft die eigentliche Attraktion im Kino und zudem ein Bindeglied zwischen Front und Heimat. Niederlagen erwähnten sie allenfalls indirekt, was besonders im Fall von Stalingrad ihre Glaubwürdigkeit minderte. Während deutsche Opfer zunächst weitgehend ausgespart wurden, zeigten die Wochenschauen gegen Kriegsende sehr drastisch die Gewalt gegen deutsche Frauen, die sogar von ihren Vergewaltigungen durch sowjetische Soldaten berichteten. Dies sollte Angst schüren und für den »Volkssturm« mobilisieren.

Generell kam es im Nationalsozialismus, ähnlich wie im gesamten Westen, zu einem Kinoboom. Die Zahl der Kinobesucher erreichte 1936/37 bereits wieder den früheren Höchststand von 1928. Auch das soziale Spektrum der Zuschauer wurde breiter: Unterschichten gaben nunmehr doppelt soviel für das Kino aus wie zehn Jahre zuvor. Die NSDAP brachte den Film zudem in die kleinen Dörfer, wo das Medium bisher kaum bekannt war. Da sozialistische Filme verboten waren, vereinten die Kinos jetzt zwangsweise häufiger unterschiedliche Milieus. Auch der an Hollywood angelehnte Aufbau von Stars dürfte den milieuübergreifenden Zulauf bei erfolgreichen Filmen gefördert haben. Dennoch blieb die soziokulturelle Trennung im Kino der 1930er Jahre erkennbar (Ross 2006: 185–193).

Über die Deutung der Filme entschied auch in den Diktaturen das Verhalten des Kinopublikums mit. Die Spitzelberichte des SD und die Deutschlandberichte der Exil-SPD vermerkten mitunter Zuschauerreaktionen: Vorrückende Soldaten oder patriotische Szenen feuerte das Publikum durchaus mit Applaus und Zurufen an, aber es sind auch Momente der Resistenz verzeichnet; etwa, wenn beim Auftritt Görings ein »Kichern« einsetzte oder dem Applaus für Hitler im Wochenschaufilm ein Schweigen im Kino folgte. Nach Kriegsausbruch verzeichneten die Berichte zum Teil »lautes Lachen« über gestellte Szenen oder Zeichen von Langeweile, wenn sich Wochenschau-Szenen wiederholten (Stahr 2001: 168–182; vgl. Quelle Nr. 14 unter *www.campus.de*).

Insgesamt stieß die mediale Propaganda durchaus auf Akzeptanz. Die teilweise sehr hohen Zuschauerzahlen bei Propagandafilmen zeigen dies ebenso wie die hohen Auflagen von NSDAP-Zeitungen. Dennoch ist von Zuschauer- und Leserzahlen nicht auf ihre direkte Wirkung zu schließen. Denn schließlich gelang es der NS-Diktatur weder, 1939 eine breite Begeisterung für den Kriegsbeginn auszulösen, noch konnte sie den Stimmungsumschwung 1943 verhindern. Am stärksten war die Wirkung der NS-Propaganda sicherlich Mitte der 1930er Jahre beim Suggerieren politischer, sozialer und ökonomischer Erfolge und um 1940 bei der Rechtfertigung der Angriffskriege. Wie nachhaltig diese Erfolge waren, zeigte sich in den Jahrzehnten nach 1945, in denen Bilder und Klischees der NS-Propaganda weiterhin kursierten: etwa die Vorstellung, der Nationalsozialismus habe Faulheit, Korruption und Kriminalität ausgeschaltet und Probleme geordnet angepackt. Dass historische Filme und Dokumentationen nach 1945 dieses Film- und Bildmaterial erneut zeigten, förderte diese Tradierung, was als »später Triumph des Joseph Goebbels« bezeichnet wurde (so Paul 2004: 247).

6. Medien im Zeitalter des Kalten Krieges

6.1 Medien in der DDR und im kommunistischen Osteuropa

Nach 1945 kam es in fast allen Ländern, die in den Zweiten Weltkrieg involviert waren, zu einem Wandel im Mediensystem. Besonders massiv war der Umbruch jedoch im sowjetisch beherrschten Osteuropa. Medienwissenschaftler sprachen daher von einem eigenständigen sozialistischen Medienmodell (vgl. Thomaß 2007: 33 f.). Im Unterschied zu den rechten Diktaturen im 20. Jahrhundert war das sozialistische Mediensystem nicht nur vom Staat kontrolliert und gelenkt, sondern fast ausschließlich im Staatsbesitz bzw. im Besitz der kommunistischen Parteien. Das galt für den Rundfunk, die Nachrichtenagenturen, den Film und die Presse – bis auf wenige Ausnahmen wie kirchliche Blätter und den Samisdat, also inoffiziell verbreitete Medien.

Sowjetische Entwicklungen

Erzwungenes Vorbild für die Umstrukturierungen der ost- und mitteleuropäischen Öffentlichkeiten war die Sowjetunion. Im Vergleich zu den faschistischen Diktaturen hatten sich die sowjetischen Kommunisten zunächst nur im geringen Maße auf moderne Massenmedien gestützt. Nach der Revolution 1917 fehlte es an Papier, erfahrenen Journalisten und an einer alphabetisierten Bevölkerung. Die hohen Auflagen von zunächst kostenlos verteilten Massenblättern für das Land (wie *Bednota*) brachen daher in den 1920er Jahren ein, als sie Geld kosteten. 1924 lag die Gesamtauflage mit 2,5 Millionen noch deutlich unter der Auflage vor der Revolution und betrug nur ein Achtel der deutschen Zeitungen (Lenoe 2004: 16). Die immens hohen Auflagen, für die besonders das Parteiblatt *Prawda* bekannt war, entstanden erst ab den 1950er Jahren.

Inhaltlich standen bei den kommunistischen Medien weniger Nachrichten als vielmehr die Erziehung der Mediennutzer im Vordergrund (Behrends in Daniel/Schildt 2010: 245). Die zahlreichen Zensur- und Lenkungsmaßnahmen, die insbesondere um 1930 verabschiedet wurden, zeigen die permanente Unzufriedenheit der Parteiführung, aber auch das große Vertrauen in mediale Propaganda, die die Leistungsfähigkeit des Landes und die Menschen verändern sollten. Auch der Anspruch, über das Radio die illiterate Landbevölkerung zu erreichen, konnte in den 1930er Jahren kaum eingelöst werden. Bleibende Leistungen schuf der Film der 1920er Jahre. Sowohl Agitationsfilme als auch künstlerische Werke wurden unterstützt, um die wenig alphabetisierte Bevölkerung emotional für das System einzunehmen. Unter Stalin wurden jedoch selbst offiziöse Meisterwerke zensiert, wie Eisensteins Revolutionsfilm »Oktober« (1927/28). Und obgleich es in der Sowjetunion offiziell keine Zensur gab, stieg die Zahl der Zensoren bis in die 1970/80er Jahre auf geschätzte 70.000 an (Lauk in Høyer/Pöttker 2005: 173). Neben die Vor- und Nachzensur gesellte sich dabei ab den 1930er Jahren eine prozessuale Zensur für vergangene Veröffentlichungen, die das textuelle und visuelle Mediengedächtnis fortlaufend umschrieb und etwa Bilder retuschierte (Waschik 2010: 12).

Trotz der vielfältigen Kontrollmaßnahmen war die sowjetische Presse nicht so monolithisch gewesen wie lange angenommen (Aumente u.a. 1999: 18). Die Zeitungen priesen zwar bei wichtigen aktuellen politischen Themen recht gleichgeschaltet die Erfolge des eigenen Landes priesen, wiesen aber dennoch ein eigenes Profil auf, das teils politisch gewollt war, teils von den Redaktionen selbst abhing. Ebenso wurden innerparteiliche Machtkämpfe über die Presse ausgetragen (Lenoe 2004: 182–211). Neben der kommunistischen Ideologie sollten die Medien vor allem die Einheit und Identität der Nation fördern, die sich aus heterogenen Republiken mit Dutzenden Sprachen zusammensetzte. Die wichtigsten Zeitungen und Fernsehsender waren deshalb in russischer Sprache. Seit den 1970er Jahren wurde die russischsprachige Presse aus Angst vor einem abspalterischen Nationalismus sogar noch weiter ausgebaut.

Nach 1945 übertrug die Sowjetunion ihre Medienpraxis auf die besetzten osteuropäischen Staaten. Da die Medien auch hier Teil des Staatsapparates wurden, hing ihre Entwicklung in hohem Maße vom politischen Kurs der Sowjetunion ab. Bis 1947 gewährten die Sowjets in Osteuropa noch gewisse Freiräume, um Vertrauen zu gewinnen, worauf dann Gleichschaltungen und personelle Säuberungen folgten. Zumindest tendenziell kann man ab den 1960er Jahren mehr gelenkte Spielräume ausmachen, die erst in den 1980er Jahren etwas größer wurden.

Differenzen im »Ostblock«

Begriffe wie »Kommunistisches Mediensystem« überdecken freilich die Differenzen in Osteuropa. Besonders große Spielräume hatten die Medien in Jugoslawien, wo sogar Kooperationen mit dem Westen möglich waren – etwa bei zahlreichen gemeinsamen Filmproduktionen und durch die Mitgliedschaft in der »Europäischen Rundfunk-Union« (EBU) als einziges sozialistisches Land. Entsprechend präsentierte sich Jugoslawien ab den 1960er Jahren beim »Eurovision Song Contest« im mediterranen Stil. Gewisse Spielräume gab es auch in Polen. Hier bestanden eine markante Kirchenpresse (auch wenn sie nur ein Prozent der Auflage ausmachte) und eine bedeutende Untergrundpresse, die vom Selbstverständnis her an Erfahrungen während der deutschen Besatzung anknüpfte. Sie bildete mehrfach, besonders ab 1979, das Rückgrat der Oppositionsbewegung. Selbst nach Verhängung des Kriegsrechts 1981 bestanden weiterhin geschätzte 800 illegale Titel (Paczkowski 1997: 26). Davon unterschieden sich deutlich kommunistische Länder, die weder Spielräume zuließen noch überhaupt an die moderne Medienentwicklung anschlossen. So war in Albanien selbst in den 1980er Jahren das Fernsehen kaum etabliert, und in Rumänien existierten lediglich ein Fernsehsender mit kurzer Sendezeit und so gut wie keine Untergrundpresse. Kritische Informationen über das Regime, wie sie 1989 auch mit zum Sturz des Diktators Nicolae Ceaușescu führten, erhielten die Rumänen vielmehr durch den freieren ungarischen Rundfunk.

Austausch West- und Osteuropa

Verbunden waren die osteuropäischen Mediensysteme durch feste Kooperationen. Im Rundfunkbereich entstanden analog zu Westeuropa die Zusammenschlüsse OIRT (Organisation Internationale de Radiodiffusion et de Télévision) und Intervision, die den Austausch über Technikfragen und von Programmen förderten. Nachrichten, Sport und Kultur kursierten hier. Einen gemeinsamen Rahmen bildete vor allem die sowjetische Nachrichtenagentur TASS, die gerade für internationale Meldungen gemeinsame Richtungen vorgab. Eine ähnliche Dominanz und Ausstrahlung wie die USA im Westen konnte jedoch die Sowjetunion im osteuropäischen Film und Fernsehen nie erreichen. Beim Fernsehen beschränkte sich der Programmaustausch ohnehin nicht auf Osteuropa, sondern richtete sich im gleichen Maße auch nach Westen. So kamen in der DDR 1968 immerhin 42 Prozent der »Fremdprogramme« aus den westlichen »kapitalistischen« Ländern, und die sozialistische Intervision übernahm in den 1970er Jahren einige Tausend Sendungen pro Jahr von der Eurovision, obgleich umgekehrt nur einige Hundert Sendungen pro Jahr von Ost- nach Westeuropa wanderten (Eugster 1983: 185 f., 231; Heimann in Lindenberger 2006: 254). Beim Austausch zeigten sich markante Differenzen: In Polen und Jugoslawien liefen etwa schon in den 1970er Jahren amerikanische Serien wie die »Sesamstraße«, die in der Sowjetunion als »imperialistisch« verbannt wurden (Eugster 1983: 172, 186). Sogar Nachrichtenbeiträge übernahm die Intervision regelmäßig vom Westen, besonders seit 1976. Vor allem die Tschechoslowakei und Polen griffen viel westliches Material auf, und seit 1981 sendeten fast alle sozialistischen Länder in gleich hohem Maße westliche Produktionen (Beutelschmidt 2017). Damit baute das Fernsehen visuelle Brücken zwischen Ost und West, deren soziale Auswirkung genauer zu erforschen wäre.

Zum Mediensystem der kommunistischen Länder liegen bislang kaum Studien vor. Am besten erforscht sind die Medien der DDR, deren Entwicklung hier exemplarisch vertieft werden soll (als herrschaftsbezogene Darstellung: Holzweißig 2002; kritisch dazu Fiedler 2013; zu Inhalten und Aneignungen: Zahlmann 2010). Der medienpolitische Umbruch, der die Vorherrschaft der KPD bzw. SED absichern sollte, war hier bereits unmittelbar nach 1945 denkbar rigide. Im Pressewesen wurde die Enteignung der Verleger forciert, und traditionsreiche Blätter wurden stillgelegt. Dabei kam es zur Schließung der für Deutschland charakteristischen Lokalzeitungen, während Blätter auf Zonen- und Bezirksebene gefördert wurden. Zugleich knüpfte die Sowjetische Besatzungszone (SBZ) an frühere deutsche Traditionen an. So reetablierte sie die für Deutsch- SBZ land markante parteinahe Pressestruktur: Jede Partei erhielt ein Zentralorgan und Regionalblätter. Die KPD- bzw. SED-Zeitungen wurden jedoch zunehmend mit mehr Papier und höheren Auflagen bevorzugt, während die anderen Blätter rasch Zensur und Repressionen zu spüren bekamen. An deutsche Traditionen knüpfte auch die erneute Verstaatlichung des Rundfunks an, dessen Personal die SED ab 1947 massiv nach politischen Kriterien »säuberte«. Ebenso übernahm die SBZ das Erbe der Ufa und schuf mit der DEFA eine verstaatlichte Filmproduktion.

Medienpolitik Nationalsozialismus und DDR

So problematisch der Vergleich zwischen dem Nationalsozialismus und der DDR in vieler Hinsicht ist: Im Medienbereich dürften Forschungen hierzu fruchtbar sein, da beide Diktaturen auf der institutionellen Ebene ähnliche Medienpolitiken ausbildeten, obgleich die Umsetzung mitunter abwich (Classen 2007). Mit der »Abteilung für Agitation und Propaganda beim Zentralkomitee der SED« leitete wiederum eine zentrale Behörde die Zensur und Lenkung. Ähnlich wie im Nationalsozialismus führte die Unzufriedenheit mit dem eigenen Propaganda- und Kontrollapparat zu permanenten Umstrukturierungen (Holzweißig 2002: 1–31). An die Zeit vor 1945 knüpften auch die DDR-Presseanweisungen an. In der DDR kam es erneut zu ausufernden, teilweise grotesken Detailanweisungen und zu gleichzeitigen Klagen über die Konformität ihrer Blätter. Proteste von Journalisten gegen die Presseanweisungen sind nicht überliefert (vergleichend: Wilke 2007: 316). Erich Honecker gab dabei selbst immer wieder spontane Hinweise. Auf welche Weise sie die Anweisungen umsetzten, ist auch für die DDR kaum erforscht. Die Gleichschaltung der Nachrichten ermöglichte zudem, wie vor 1945, eine verstaatlichte Nachrichtenagentur mit Monopolanspruch, die »Allgemeine Deutsche Nachrichtenagentur« (ADN), die Meldungen im Sinne der SED verbreitete. Da lediglich das SED-Blatt *Neues Deutschland* Auslandskorrespondenten haben durfte, lag die Auslandsberichterstattung vollständig in der Hand der ADN. Dabei verfasste sie auch Berichte, die gerade nicht zur Veröffentlichung gedacht waren, sondern als vertrauliche Hintergrundinformationen für die Parteiführung. Trotz dieser Schlüsselrolle ist auch die Arbeitsweise der ADN bisher kaum untersucht (vgl. bisher Minholz/Stirnberg 1995).

Ähnlich wie im Nationalsozialismus setzte die SED weniger auf eine tägliche Zensur denn auf eine Lenkung durch die Auswahl der Journalisten. Die Säuberungswellen von 1948/49 und 1953 trafen bürgerliche und sozialdemokratische Journalisten, aber auch zahlreiche Kommunisten. Und erneut mussten auch Journalisten Schauprozesse zur Einschüchterung ihrer Kollegen ertragen. Die ideologische Auswahl der Journalisten verlief weniger über Berufskammern als vielmehr über die Ausbildung. Während die nationalsozialistische Reichspresseschule nur kurz Erfolg hatte, führte nun ein marxistisch geprägtes Journalistik-Studium in Leipzig zu einer Anstellung, wenngleich ein Quereinstieg weiter möglich blieb. Durch diese Vorauswahl blieb im Medienalltag die verinnerlichte Selbstanpassung aus, die Vorzensur dominierte. Im Presseamt der DDR wurden vor allem die Zeitungen der Blockparteien kontrolliert. Welche Konsequenzen ausgemachte »Fehler« hatten, ist bisher nicht untersucht (Bobsin 2013: 437).

Kalkulierte Freiräume

Wie in anderen Diktaturen gab es in den DDR-Medien kleine Nischen und kalkulierte Freiräume, die jedoch besonders eng waren. Satireblätter wie der *Eulenspiegel* durften zwar Witze über das Alltagsleben machen, nicht aber über das System als solches. 1988 erschienen immerhin 34 Wochenzeitungen und Zeitschriften der Kirchen und religiösen Gemeinschaften mit einer Gesamtauflage von 376.000. Sie wurden jedoch per Vorzensur kontrolliert, einige von ihnen suchten deshalb die Nähe zur SED (Rosenstock 2002: 325–347). Eine vielfältige Untergrundpresse wie in Polen entstand in der DDR nicht, sei es weil das System repressiver war, sei es aufgrund der höheren Selbstanpassung. Medial geprägter Protest artikulierte sich hier eher durch Musik oder durch das heimliche Lesen »unerlaubter Literatur«, die als Schmuggelware in großen Bibliotheken oder in Kirchen weitergegeben wurde (Lokatis/Sonntag 2008: 17 f.). Erst in den 1980er Jahren produzierten illegale Druckereien häufiger Flugblätter und kurzlebige Zeitschriften.

Rolle der Mediennutzer

Die DDR-Medienpolitik blieb, ähnlich wie die des Nationalsozialismus, von Richtungswechseln geprägt, da sich die ideologischen Anforderungen oft nur schwer mit Medienlogiken und den Unterhaltungswünschen des Publikums vereinbaren ließen. Nachdem bis 1953 politische Wortanteile weiten Raum eingenommen hatten, machte 1955 der Musikanteil über zwei Drittel des Programms aus. In den folgenden beiden Jahrzehnten nahm die Hörerorientierung zu, da sich auch das DDR-Radio zu einem »Nebenbei-Medium« entwickelte, bei dem ideologische Vorträge unangemessen schienen (Arnold/Classen 2004: 15 f.). In den 1980er Jahren setzte sich, quasi aus Resignation gegenüber der westlichen Radiokonkurrenz, auch im DDR-Radio ein unpolitischeres Verständnis von Unterhaltung durch, um die gesellschaftliche Harmonie zu wahren (Larkey 2007: 17). Ebenso musste die DDR bei der Senderstruktur auf die Hörerwünsche reagieren. Nachdem die SED die alten Landessender durch Bezirksstudios mit begrenzter Sendezeit ersetzt hatte, führte sie nach vielfältiger Kritik ab 1953 wieder die alte Struktur ein, wobei sich »Radio DDR« mit den regionalen Programmanteilen als beliebtester Sender erwies (Dussel 1999: 134 f.). Wie in den 1930er Jahren sorgten Hörerbedürfnisse für eine gewisse Abkehr vom Zentralismus und Erziehungsanspruch der Diktaturen (Marßolek/Saldern 1998 Bd. 2: 131).

Fernsehen in der DDR

Ähnliches lässt sich für das Fernsehen feststellen, dessen Programmgeschichte jüngst eine Forschergruppe detailliert anhand von rund 4.000 Fernsehbeiträgen ausgewertet hat. Das Fernsehen der DDR hatte zunächst die Rolle, »kollektiver Agitator, Propagandist und Organisator der Ideen des Sozialismus« zu sein, was Lenin bereits von der Presse verlangt hatte (Steinmetz/Viehoff 2008: 16). Nach längerer theoretischer Diskussion nahm ab 1971 das unpolitische Unterhaltungsfernsehen zu. Im Unterschied zu den Serien im vorherigen Jahrzehnt trat nun die unfehlbare sozialistische Persönlichkeit in den Hintergrund, das Programm wurde internationaler und adaptierte Formate aus dem Westen (ebd.: 17; 326 f.).

Ost-West-Interaktionen

Radio und Fernsehen bildeten die wichtigste Brücke zwischen West und Ost. Der Empfang von Westmedien wurde in der DDR zunächst bekämpft, dann seit den 1960er Jahren zunehmend toleriert. Er war in gewisser Weise ein stabilisierendes Ventil und Ersatz für die fehlende Reisemöglichkeit (Hoff in Hickethier 1998: 285). Versuche, über die DDR-Sendung »Der schwarze Kanal« die politisch korrekte Deutung des Westfernsehens einzuüben, schlugen dagegen fehl. Das Westfernsehen blieb eine Gegenwelt, auf welche die DDR einseitig fixiert blieb. Innovationen im DDR-Rundfunk entstanden vielfach als direkte Reaktion auf den Wandel des Westprogramms, indem Programmformate abgewandelt wurden – vom Krimi bis zum Politikmagazin (Kuschel 2016). Ebenso importierte die DDR seit den 1960er Jahren zunehmend Filme aus dem Westen (Oehmig 2017).

Nutzung von Westmedien

Während sich im Westen eine detailliertere Hörer- und Zuschauerforschung etablierte, wussten die SED-Medien wenig über ihr Publikum. Bei ihren vereinzelten Umfragen war die Nutzung des Westfernsehens und -radios kaum fassbar. Heutige Erkenntnisse über die Mediennutzung beruhen auf unterschiedlichen Quellen. Befragungen von DDR-Übersiedlern im westdeutschen Notaufnahmelager Gießen ergaben etwa, dass 82 Prozent mit Empfang »fast jeden Tag« Westfernsehen gesehen hatten, weitere 12 Prozent häufig, vor allem politische Sendungen wie die »Tagesschau« und Nachrichtenmagazine. Während westdeutsche Fernsehfilme noch Interesse fanden, wurden amerikanische jedoch seltener gesehen (Dussel 1999: 176f.). Rückblickende Befragungen von Michael Meyen relativieren dies: Demnach entfiel etwa die Hälfte des Radiokonsums auf DDR-Sender, da deren regionale Meldungen und Musik geschätzt wurden (Meyen 2003: 128–137).

Über die Medien wurde somit der Kalte Krieg ausgetragen. Vor allem das Radio kam dabei in den 1950/60er Jahren vielfältig zum Einsatz. Neben dem »Deutschlandsender der DDR« richteten sich viele kleine DDR-Sender an die Westdeutschen, wie der »Deutsche Freiheitssender 904«, der eine Untergrundaktivität der gerade verbotenen KPD suggerieren sollte, Nachtprogramme für westdeutsche Schichtarbeiter oder »Radio Berlin International«, das in zahlreichen Sprachen international ausstrahlte (Dussel 1999: 136). Da die Hörerzahl sehr begrenzt blieb, stellte die DDR diese Sender ein. Genauer zu untersuchen wäre die Nutzung des normalen DDR-Programms durch Hörer und Zuschauer im Westen. Dass neben Unterhaltungssendungen (wie Ufa-Filmen, Sport oder Sandmännchen) auch aus Neugier politische Sendungen gesehen wurden, ist anzunehmen, sei es mit ironischem Blick, sei es als »Korrektiv« zu den Westmedien. Vermutlich überschätzt wurde hingegen in einzelnen Publikationen der Einfluss der Stasi auf die Westmedien, wenngleich der Nachweis der Stasi-Tätigkeiten einiger bundesdeutscher Journalisten gelang (Knabe 2001).

Leseland?

Bei der DDR-Presse fällt zunächst die hohe Auflage auf: Die Zahl der verkauften Tageszeitungen wuchs von vier Millionen in den 1950ern auf 9,7 Millionen im Jahr 1988 und wurde damit nur noch von Japan übertroffen. Viele Menschen hatten mehrere Zeitungen abonniert. Ermöglicht wurden diese Auflagen durch subventionierte und somit niedrige Preise, zumal Anzeigeneinnahmen im Sozialismus recht gering waren. Spätere Befragungen erklärten die Auflage mit dem Interesse am Lokalteil und der Verwendung als Packpapier (Meyen 2003: 105–108). Zugleich zeigen die hohen Auflagen eine gewisse Zustimmung zum Regime. Dass die emotionale Bindung an die Blätter nicht allzu eng war, belegt der starke Einbruch der Auflagen nach 1990. Kaum eine Rolle spielten hingegen westliche Printmedien in der DDR, da ihr Verkauf und ihre Einfuhr verboten blieben. Lediglich die SED-Führung nahm die Westpresse intensiv wahr und griff deren Positionen mitunter abwehrend auf.

Insgesamt gesehen lässt sich die kommunistische Medienpolitik in der DDR und Osteuropa als gescheitert ansehen. Auch der rasche Zusammenbruch ihrer Medien nach 1989 unterstreicht dies. Die ideologischen Vorgaben der Sozialisten vertrugen sich weder mit Medienlogiken noch mit den Interessen der Rezipienten. Moralisch wähnte sich der Sozialismus auf der richtigen Seite, indem er den Boulevardjournalismus, Pornographie oder Rockmusik unterband. Die permanenten Vorgaben im kommunistischen Osteuropa verhinderten aber das Aufkommen einer vergleichbaren Populärkultur wie im Westen, was wiederum Westimporte verstärkte.

Medien und Opposition

Schwer zu beantworten ist die Frage, welche Rolle Medien für den Zusammenbruch des Kommunismus spielten. Westliche Auslandssender wie »Radio Free Europe«, »Voice of America« oder »RIAS« waren für Oppositionelle eine wichtige Stütze und Informationsquelle. Sie förderten zugleich das Interesse an der westlichen Konsum- und Populärkultur, was ebenfalls eine Abkehr vom Kommunismus forciert haben dürfte. Hier wäre zu überlegen, ob die Medien auch in Osteuropa eine Entpolitisierung begünstigten, die eine Abwendung von der ritualisierten kommunistischen Parteikultur beschleunigte und damit letztlich wiederum einen politisch relevanten Effekt hatte. Besonders Konsumwünsche wurden so gefördert. Für die Ostmitteleuropaforschung liegt gerade in der alltäglichen Bedeutung der Medien ein großes Forschungsfeld.

Die Untergrundpresse bereitete besonders in Polen den Umbruch Ende der 1980er Jahre vor (vergleichend: Aumente u. a. 1999: 41–78). Mit Massenauflagen hinterfragte sie breitenwirksam die Legitimität des Regimes, verstetigte die Arbeit von Oppositionellen und ermöglichte 1989 die rasante Verbreitung der *Gazeta Wyborcza* als erste erlaubte Zeitung der Solidarność (Paczkowski 1997). Eine große Rolle spielten die Medien beim Umbruch in der DDR. Das Westfernsehen informierte die DDR-Bürger über Proteste und bot eine Möglichkeit, indirekt mit den Machthabern zu kommunizieren und sie unter Druck zu setzen. Zudem waren die westlichen Kameras bei Demonstrationen ein gewisser Schutz gegen die Polizeigewalt, da sich das SED-Regime sonst völlig diskreditiert hätte (Großmann 2015). Die mediale Deutung der Pressekonferenz des ZK-Mitgliedes Günter Schabowski, der am 9. November 1989 vor Fernsehkameras irrtümlich die sofortige Grenzöffnung bekannt gab, führte schließlich indirekt zu einer verfrühten Maueröffnung.

6.2 Medien und Demokratiegründung nach 1945

Staatsnähe nach 1945

Nach 1945 kam es auch in Westeuropa zu einem vielfältigen Wandel der Medienlandschaften. In den besetzten Ländern organisierten die westlichen Alliierten das Mediensystem neu, um Demokratien aufzubauen. Aber auch in den nicht-besetzten Ländern kam es zu Veränderungen. Dabei führten die Kriegserfahrung und wachsende Kommunismusangst zu verstärkten staatlichen Kontrollansprüchen, um durch Medien die nationale Geschlossenheit zu fördern. Im befreiten Frankreich etwa nahmen staatlicher Medienbesitz, Kontrollen und Subventionen zu. So wurden private Radiosender wegen ihrer Kollaboration mit den Deutschen verstaatlicht und der Rundfunk in der neu gegründeten »Radiodiffusion Française« (RDF, ab 1949: »Radiodiffusion-Télévision Française«/RTF) monopolisiert und weitreichend beaufsichtigt. Ähnlich markant war der französische Staatseinfluss auf die neu gegründete Nachrichtenagentur »Agence France-Presse« und auf Teile der Presse, die Subventionen erhielten. Strukturelle Veränderungen zeichneten sich auch bei den Printmedien ab. Viele Verleger, die mit den Deutschen kollaboriert hatten, wurden entfernt. Nachdem besonders die Pariser Presse zwangsweise von den Deutschen missbraucht worden war, erlebte die Provinzpresse einen Aufschwung (Kuhn 2002: 27).

Wie eigensinnig und staatsnah nach 1945 westliche Vorbilder adaptiert wurden, zeigt auch ein Blick nach Italien. Die Italiener gründeten zwar einen öffentlich-rechtlichen Rundfunk nach Vorbild der britischen BBC. Nach einer kurzen Phase des antifaschistischen Konsenses etablierten die christdemokratisch geführten Regierungen jedoch einen direkten zentralistischen Einfluss auf den Rundfunksender RAI bzw. RAI-TV (»Radio Audizioni Italia«/»Televisione Italia«), der einer Staatsholding gehörte. Da die Italiener sich vor allem über den Rundfunk informierten, war dies von großer politischer Bedeutung. Bei der auflagenschwachen Presse zeigte sich eine gewisse Kontinuität. Ehemalige Faschisten wurden vergleichsweise selten entlassen, und die parteipolitisch polarisierte Struktur der Zeitungen bestand fort (Mancini 2005: 30–35). Dass die Tageszeitungen ganz überwiegend Industrieunternehmen gehörten, förderte ihre Nähe zu den Christdemokraten, deren Vormachtstellung so bis in die 1980er Jahre durch das Mediensystem gefestigt wurde.

Japan

Zu einem besonders starken medialen Umbruch kam es bei den besiegten Ländern Japan und Deutschland. Die (west-)alliierten Siegermächte setzten die Medien im doppelten Sinne als Mittel der Demokratiebildung ein: Sie sollten durch ihre Inhalte und Formate zur Demokratie erziehen, aber auch durch ihre freiheitliche staatsferne Struktur. In Japan, das de facto nur die USA besetzten, übertrugen die Amerikaner Elemente aus ihrem Medienmodell. Beim Rundfunk brachen sie das bisherige staatliche Monopol auf und begründeten ein duales System mit einem landesweiten, gebührenfinanzierten öffentlich-rechtlichen Sender und kommerziellen werbefinanzierten Sendern in den einzelnen Präfekturen. Die Konkurrenz sollte Deutungsmonopole verhindern. Ebenso förderten die Besatzer amerikanische Berichtsformen wie Interviews mit

Bürgern, um den Rundfunk inhaltlich zu demokratisieren (White 2005: 85; Saito in Gunaratne 2000: 563). Kurzlebiger war der Bruch bei der Presse: Mit der Etablierung der Pressefreiheit kam es zwar zu einer Blüte von zahlreichen neuen Zeitungen, aber schon nach wenigen Jahren setzten sich die etablierten Verleger durch und die Presselandschaft konzentrierte sich.

»Stunde Null« in Westdeutschland?

Strukturell ähnlich, aber deutlich komplizierter war die Neuordnung im westlichen Deutschland. Zunächst gab es bei den vier Alliierten ein gemeinsames Vorgehen, gleichwohl sie nach kurzer Zeit unterschiedliche Wege einschlugen. Nach einer im November 1944 beschlossenen Vereinbarung wurden erst alle deutschen Medien verboten, sodass zunächst nur allliierte Medien erschienen. In einem zweiten Schritt erhielten Deutsche per Lizenzverfahren die Erlaubnis, Printmedien unter alliierter Aufsicht herauszugeben, wobei die Lizenznehmer auf ihre Vergangenheit zu überprüfen waren (Koszyk in Wilke 1999: 32). Diese aufwendige Umgestaltung und Kontrolle zeigt, welche große Bedeutung die Alliierten den Medien bei der »Umerziehung« beimaßen.

Historiker weisen den Begriff der »Stunde Null« seit langem zurück, da auch 1945 längerfristige Veränderungen oder Kontinuitäten dominierten. Im Medienbereich gilt der Begriff noch teilweise als gerechtfertigt, da der Umbruch fundamental war (so Frei/Schmitz 1999: 184). Die Reichweite der mediengeschichtlichen Veränderungen war jedoch recht unterschiedlich. In den westlichen Zonen mussten viele durch ihre Vergangenheit belastete Verleger und Publizisten zumindest bis 1948/49 eine Auszeit nehmen oder bei kleinen Blättern untertauchen. Leiter führender NSDAP-Blätter wechselten meist ganz zu affinen Bereichen wie der Werbung. Dies eröffnete große Karrierechancen für junge unbelastete Verleger wie Rudolf Augstein oder Axel Springer, die bislang kaum journalistisch hervorgetreten waren, obgleich Springer zumindest aus einer Hamburger Verlegerfamilie kam (vgl. Schwarz 2008: 93–128). Zugleich belegen neuere Fallstudien, dass bei der bürgerlichen Presse und beim Radio eine größere personelle Kontinuität bestand und Berufserfahrungen mehr zählten als politische Unbedenklichkeit. Eine Analyse von 308 Hamburger Nachkriegsjournalisten zeigte eine Kontinuität von 57 Prozent (Sonntag 2006: 297; Führer 2008:

118). Und nach 1949 traten nicht nur die Altverleger wieder in Erscheinung, sondern in zahlreichen überregionalen Blättern fanden sich Journalisten in Schlüsselstellungen, die vor 1945 den Nationalsozialismus unterstützt hatten (Hachmeister/Siering 2002).

Einen recht starken Bruch gab es dagegen bei der Struktur der Tagespresse. Die Fortführung alter Zeitungstitel wurde untersagt, und durch die begrenzte Lizenzvergabe eine auflagenstarke Regionalpresse gefördert, die bis heute die deutsche Medienlandschaft prägt. Bis 1948 entstanden so insgesamt 178 lizenzierte Tageszeitungen mit 753 Ausgaben. Die Briten vergaben die Lizenzen an parteinahe Deutsche, wobei die letzten freien Wahlen den Anteil gewichteten. Die Amerikaner erprobten dagegen Zeitungsredaktionen mit Journalisten aus unterschiedlichen politischen Strömungen. Beide Ansätze sollten einen demokratischen Pluralismus sichern, begünstigten aber Journalisten mit einer erkennbar parteipolitischen Orientierung.

Teil der »Umerziehung« war der Versuch, Arbeitstechniken des angelsächsischen Journalismus zu etablieren. Schulungen, Reisen in die USA und Vorgaben vermittelten Standards wie die Trennung von Nachricht und Meinung oder eine faktenorientierte objektive Berichterstattung. Als Vorbild und Teil der Kulturdiplomatie diente je ein Leitorgan pro Besatzungszone. Allerdings blieb der Erfolg dieser Bemühungen zunächst begrenzt (vgl. Gienow-Hecht 1999), und lizenzierte Printmedien wie *Die Zeit* kritisierten die Alliierten hart – insbesondere ihre Entnazifizierung und Reformen (Janßen u. a. 2006: 44–67). Die Wochenschauen blieben hingegen bis 1949 in alliierter Hand, da sie ihnen offensichtlich eine besondere Wirkung beimaßen.

Re-education

Auch inhaltlich waren die Medien ein wichtiger Bestandteil der westalliierten *re-education*. Radio, Printmedien und Wochenschauen informierten über die NS-Verbrechen, die NS-Prozesse und die Errungenschaften der westlichen Demokratie. Die schockierenden Aufklärungsfilme, die sie 1945/46 über die Konzentrationslager zeigten, waren jedoch keine Zwangsanordnung, wie oft behauptet, und galten mehrheitlich als glaubhafte Zeugnisse. Sie sollten Beschämung auslösen, wobei die Aneignung individuell varrierte (Weckel 2012). Insofern sollte man die Wirkung dieser »Schockpädagogik« nicht unterschätzen. Ab 1946 setzten die West-Alliierten dann auf unterhaltsame werbende Beiträge – wie etwa die sogenannten »Marshallplan-Filme«. Auch hier steuerten die Deutschen mit einer eigenen visuellen Geschichtsdeutung entgegen. Die KZ-Bilder wurden etwa durch Trümmerfotos überlagert, die zu Sinnbildern der deutschen Opfergemeinschaft wurden (Glasenapp 2008: 106–123). Gleiches galt seit Anfang der 1950er Jahre für Bilder von Vertriebenentrecks (Knoch 2001: 284–323).

Umbau der 1950er Jahre

Auch beim Rundfunk bemühten sich die Westalliierten um eine Demokratisierung. Anstelle der Staatsaufsicht setzten sie ein öffentlich-rechtliches Modell nach Vorbild der BBC durch. Die Finanzierung durch Gebühren und die Leitung durch Gremien aus unterschiedlichen gesellschaftlichen Gruppen sollten einen erneuten Staatseinfluss verhindern. Die deutschen Landesregierungen bemühten sich dagegen rasch, soviel staatlichen Einfluss wie möglich festzuschreiben und Regierungs- und Parteivertreter in die Aufsichtsgremien und Leitungsämter zu schicken (Kutsch in Wilke 1999: 73–79). Entsprechend nahmen die Mehrheitsparteien in den 1950ern Einfluss auf Stellenbesetzungen, politische Kommentare oder kritische Kabarettisten (Rüden in Rüden/Wagner 2005: 119 f.).

Seit den 1950er Jahren schloss sich die bundesdeutsche Medienentwicklung wieder an internationale Trends an. So kam es überall zu einer starken Konzentration des Pressemarktes. In Frankreich halbierte sich bis 1974 die Zahl der Zeitungen der Nachkriegsjahre, und in Großbritannien beherrschten im gleichen Jahr die vier größten Verleger zwei Drittel des Marktes (Kuhn 2002: 25; Williams 2010: 214). Diese starken Verlegerpersönlichkeiten repräsentierten nun stellvertretend die Macht der Medien. Dagegen gingen die westdeutschen Lokalzeitungen, die nach 1949 aufgeblüht waren, ab 1954 zunehmend ein. Während die Gesamtauflage in den 1950er Jahren durchaus wuchs, gab es nun in vielen Kreisen nur noch ein Lokalblatt. Ökonomisch kann man dies mit technischen Innovationen und gestiegenen Arbeitskosten erklären. Kulturhistorisch gesehen öffnete die gewandelte lokale und parteipolitische Identität der Leser den Weg zur gemeinsamen regionalen Zeitung. Dies war ein Ergebnis der Erosion weltanschaulicher Milieus und förderte sie.

Boulevard-journalismus

Dagegen wuchs der Marktanteil der Boulevardzeitungen. 1952 begann der rasante Aufstieg der *Bild-Zeitung*, die an das Vorbild britischer Boulevard-Blätter wie den *Daily Mirror* anknüpfte. Innerhalb weniger Jahre expandierte sie zur auflagenstärksten Zeitung Europas. Bis 1958 verzichtete sie fast ganz auf Politikberichte und parteipolitische Positionierungen. Politische Macht hatte sie in der frühen Bundesrepublik eher auf lokaler und regionaler Ebene und wurde auch für die Zeit danach bundespolitisch überschätzt (Führer 2007: 10–14). In anderen Ländern kam der Boulevardjournalismus erst in den 1960ern in Fahrt: in Österreich mit der Reetablierung der *Neuen Kronen-Zeitung*, in der Schweiz erst 1959 mit dem *Blick*. Wie sehr die Ausbildung des Boulevardjournalismus von kulturellen Prägungen abhing, zeigte sich in Italien, wo statt großer Boulevardblätter nur auflagenstarke Sportzeitungen entstanden.

Verlierer dieser Entwicklung waren die Blätter der Parteien und Konfessionen. Nach 1945 war das noch nicht absehbar. In vielen Ländern, insbesondere in den Niederlanden, Österreich, Italien und der Bundesrepublik, kam es nach dem Krieg zu einer gewissen Rekonstituierung konfessioneller oder sozialdemokratischer Milieus mit einer eigenen Richtungspresse. Diese brach jedoch besonders Anfang der 1960er Jahre ein. In Großbritannien verschwanden linke Zeitungen (wie der *Daily Herald* und *News Chronicle*) und in Deutschland die SPD-Presse fast vollständig, nicht nur, weil Modernisierungen ausblieben. Die linken Blätter litten ebenso unter dem Anstieg der Anzeigenfinanzierung, von der die bürgerlichen und populären Blätter mehr profitierten. Die Arbeiterschaft las nun zunehmend konservative, aber unterhaltsame Boulevardblätter wie *The Sun, Neue Kronen-Zeitung* oder *Bild*, was mittelfristig ihre Entfremdung von den linken Parteien gefördert haben dürfte. Der Versuch der SPD, eine sozialdemokratische Boulevardpresse aufzubauen, scheiterte (Danker u. a. 2003: 161). Genauere historische Studien zur Wirkung und Nutzungsweise der Boulevardzeitungen stehen noch aus, gerade für die Bundesrepublik. Gegenwartsnahe Arbeiten betonen die eigensinnige spöttische Aneignung und die sehr differenten Lesarten je nach sozialem Status.

Autoritäre Vorstellungen

Auch in der Medienkultur bilden die 1950er Jahre eine Übergangsphase zwischen Werten des ausgehenden 19. Jahrhunderts und der Liberalisierung, die sich in den 1960er Jahren entfaltete. So zeigten Regierungen vielfach noch autoritäre Kontrollansprüche, insbesondere in Frankreich und Italien, aber auch in Westdeutschland. Zugleich scheiterten die Kontrollversuche der Regierung Adenauer vielfach, wie zu bundesweiten Mediengesetzen, regierungsnahem Fernsehen oder dem Aufbau einer regierungsnahen Qualitätszeitung. Erfolgreicher war Adenauer bei der »Neuen Deutschen Wochenschau«, wo der Kanzler in den Mittelpunkt der politischen Berichte gerückt wurde, die unterhaltsam und unpolitisch verpackt waren – sei es bei Auslandsreisen mit verzaubernder Exotik oder seinen Geburtstagen im Kreis der Familie (Schwarz 2002: 352–366). Die politische Opposition hatte dagegen das Problem, dass ihre Kritik nur schwer visualisierbar war.

Dieser Übergangscharakter der 1950er lässt sich auch beim westeuropäischen Radio zeigen. Bildungsbürgerliche Sendungen nahmen weiter viel Raum ein, und der Musikanteil machte nur etwa die Hälfte aus und bestand oft aus von eigenen Orchestern eingespielter Klassik. Spezifische Musik und Sendungen für Jugendliche waren anfangs selten – häufiger wurde aus Expertensicht über ihre Verwahrlosung dikutiert (Hilgert 2015). Der Anteil aktueller Informationssendungen nahm zwar zu, aber politische Berichte und Kommentare jenseits der Nachrichten blieben selbst bei der BBC selten. In Westdeutschland sprachen insbesondere Unionspolitiker, aber auch einzelne Sozialdemokraten dem Rundfunk sogar das Recht ab, »seine eigene Meinung zu propagieren«. Während beispielsweise im Nordwestdeutschen Rundfunk politische Kommentare seltener wurden, nahmen Stimmen der Regierung, Parteien und Verbände zu (Steinmetz in Rüden/Wagner 2005: 327–330). Beliebt waren politische Sendungen ohnehin nicht (Schildt 1995: 233).

Radiokultur

Die neuere historische Forschung untersucht das Radio zudem als Teil der Alltagskultur. Gerade in der Nachkriegszeit förderte es einen stabilen Tagesrhythmus und Normalität, regionale Identität und Heimatbewusstsein und prägte Geschlechterrollen, da es gerade tagsüber ein »feminine space of the home« war (Badenoch 2008: 125). Das Radio war bis in die 1950er Jahre das Medium, das die Freizeit am stärksten okkupierte. Gehört wurde es im Schnitt drei Stunden täglich, mehrheitlich abends im Kreise der Familie, von Frauen bereits tagsüber neben der Hausarbeit. Die Hörer präferierten vor allem leichte Unterhaltung, Informationen und heimatliche Regionalsender. Besonders beliebt waren »Bunte Abende und Quiz« und Volksmusik, aber auch Nachrichten (Meyen 2002: 115; Schildt 1995: 214–261). Der Siegeszug der gefragten Unterhaltungssendungen wurde durch die Einführung von Radios mit UKW-Frequenzen erleichtert: Zunächst verdoppelten sich die regionalen Programme, bevor sich in den 1960er Jahren flächendeckend Programme mit kontrastiven Inhalten durchsetzten, die entweder leichte Unterhaltung oder Anspruchsvolleres ausstrahlten.

Sowohl der Kalte Krieg als auch die Radiotechnik veränderten in den 1950er Jahren die internationale Radiokultur. Die Einführung der UKW-Frequenzen, die gerade in Deutschland durch den Geräte- und Frequenzmangel der Nachkriegszeit schnell gelang, machte das Radio zu einem regionalen Medium. Diese Ausrichtung blieb selbst im Internetzeitalter bestehen, da die Hörer offensichtlich eine regionale Ausrichtung wünschen. Zugleich förderte der Kalte Krieg die Internationalität des Radios, indem spezielle Auslandssender expandierten, um Weltanschauungen zu verbreiten. Neben den großen Sendern, die in den 1930/40er Jahren aufkamen (wie »Voice of America« oder »BBC World«), entstand auch in der Bundesrepublik mit der »Deutschen Welle« ein Sender, der die (west-)deutsche Kultur und Sichtweisen verbreiten sollte: Zunächst in den 1960er Jahren in Osteuropa, dann auch in Südosteuropa, Indien und Teilen Afrikas. Auf diese Weise erhielten etwa griechische Emigranten in der Bundesrepublik die Möglichkeit, über die »Deutsche Welle« während der dortigen Diktatur mit der Bevölkerung zu kommunizieren. Der von der Bundesregierung finanzierte Sender war zwar offiziell inhaltlich unabhängig, de facto kam es immer wieder zu Einflußnahmen (Hagedorn 2016). Wichtige Impulse gab zudem weiterhin »Radio Luxemburg«, das als privater Sender grenzübergreifend moderne Musik sendete, die besonders Jugendliche ansprach. Besonders in Frankreich entwickelte sich der Luxemburger Sender früh zum Motor der Konsumkultur und innovativer Radioformate (Jehle 2018).

Filmkontrollen

Auch beim Film zeigte sich diese Mischung aus Tradition, Neuanfang und Transfer. In allen westlichen Demokratien blieb bis in die 1950er Jahre eine recht starke Filmkontrolle üblich. So hatte sich die amerikanische Filmwirtschaft bereits 1934 aus Angst vor einer offiziellen Zensur auf die moralischen Richtlinien des sogenannten »Hays Code« verpflichtet, dessen Einhaltung die »Production Code Administration« kontrollierte. In Anlehnung an diese freiwillige Zwangskontrolle entstand in Westdeutschland 1949 die staatlich anerkannte »Freiwillige Selbstkontrolle der Filmwirtschaft« (FSK), bei der Vertreter der Filmwirtschaft und der »öffentlichen Hand« (Jugendverbände und auch Kirchen) gutachteten. In den 1950er Jahren verbot die FSK immerhin rund 150 Filme und ordnete in circa 900 Fällen Schnitte an, was einer Zensurquote von fünf Prozent entsprach (Buchloh 2002: 210; ausgewogener: Kniep 2010). Zudem kam es zu direkten politischen Eingriffen durch Ministerien – etwa durch Weisungen des Verteidigungsministeriums bei Kriegsfilmen oder des Innenministeriums und Kanzleramtes bei Filmen zur NS-Vergangenheit. Der »interministerielle Ausschuß« kontrollierte die Einfuhr von Filmen aus Osteuropa. Durch gezielte Fördermittel und Steuererleichterungen nahm der Staat ebenfalls Einfluss (Hugo in Zuckermann 2003: 69 f.). Begründet wurde die Zensur weiterhin mit dem Schutz von Sitte und Moral. Hinzu kamen antikommunistische Argumente, Verweise auf die Gefährdung der Wiederbewaffnung oder der Völkerverständigung. In vielen Fällen sollte die Zensur eine kritische Thematisierung der Vergangenheit verhindern. Auch ausländische Filme wurden mit derartigen Argumenten in der Bundesrepublik verboten (so etwa Rosselinis Meisterwerk »Rom, offene Stadt« bis 1961) oder stark gekürzt und anders übersetzt (so etwa »Casablanca«).

Eine vergleichbare Medienkontrolle lässt sich in dieser Zeit bei den Zeitschriften und der Literatur erkennen, die die »Bundesprüfstelle für jugendgefährdende Schriften« ausübte. Gestützt auf das Jugendschutzgesetz kamen auf Antrag des Bundesinnenministeriums und der Jugendministerien der Länder zwischen 1953 und 1963 rund 600 Bücher und 1.000 Zeitschriften, Comics, Groschenhefte und andere Medien auf ihren Index. Dies geschah überwiegend wegen der Darstellung von Nacktheit, aber auch, wenn, wie bei Ulrich Schamonis Roman *Dein Sohn lässt grüßen*, eine negative Darstellung der Gesellschaft und ihrer Eliten erfolgte (Buchloh 2002: 132–136). In der Kulturpolitik zeigte die Ära Adenauer damit tatsächlich einen restaurativen Charakter, der jedoch einem internationalen Trend entsprach.

Film der 1950er

Während in den USA und Großbritannien die Zahl der Kinozuschauer schon in den 1950er Jahren deutlich abnahm, erlebte das deutsche Kino noch 1956 einen Besucherrekord, da sich das Fernsehen erst im folgenden Jahrzehnt als Massenmedium etablierte. Die oft befürchtete Amerikanisierung des bundesdeutschen Films lässt sich nur begrenzt bestätigen. Westdeutsche Filme waren vielmehr besonders erfolgreich, weil sie sich nun stark auf den heimischen Publikumsgeschmack ausrichteten. Deutsche Neuproduktionen und Reprisen erreichten rund 45 Prozent der Zuschauer, die amerikanischen nur 30 Prozent. Umgekehrt konnte der deutsche Film lediglich in Österreich reüssieren, kaum aber im restlichen Ausland. Ästhetisch gilt das deutsche Kino der Ära Adenauer als niveaulos. So wurde vom »Oberflächen-Kino der Heimat- und Schlagerfilme« gesprochen, das »keine Spuren« hinterließ (Göttler in Jacobsen u.a. 2004: 171). Dabei bestand eine Kontinuität zur zerschlagenen Ufa, zumal Ex-Ufa-Mitarbeiter am Filmboom beteiligt waren (Kreimeier 1992: 434–445). Dass Heimatfilme rund ein Viertel der westdeutschen Gesamtproduktion bis 1964 ausmachten, wurde als Eskapismus vor der Trümmerwelt, der Vertreibung und der NS-Vergangenheit interpretiert (Wilharm 2006: 194). Große Aufmerksamkeit fanden die Kriegsfilme, die in Westeuropa und den USA Erfolg hatten. Sie zeigten häufig die Bewährung mutiger Soldaten, die sich heldenhaft gegenüber feigen Vorgesetzten behaupteten. Sie dienten damit der Bewältigung der individuellen und kollektiven Vergangenheit und waren Teil einer Geschichtspolitik, die die Wehrmacht im Zuge der bundesdeutschen Wiederbewaffnung rehabilitierte (Hugo in Zuckermann 2003: 76; Paul 2004: 274).

Erst um 1960 kam es zu einem mediengeschichtlichen Umbruch. So geriet der Film international in eine Krise: Vormals erfolgreiche Genres wie der Western, Heimat- oder Kriegsfilm verloren an Bedeutung, Kinos wurden Ende der 1960er Jahre vielfach geschlossen oder in kleine Erotikkinos umgewandelt. In Westdeutschland besuchten in den 1950er Jahren rund 800 Millionen Zuschauer pro Jahr das Kino, Ende der 1960er nur noch knapp 180 Millionen (Grob in Jacobsen u. a. 2004: 217). Das lag nicht nur am Fernsehen, sondern auch an der neuen Konsum- und Wohnkultur, die alternative Freizeitgestaltungen in den Städten und in den eigenen vier Wänden aufbrachte (Bakker 2008: 405 f.; Williams 2010: 186).

Der »Neue Film« ab 1960

Dies gab dem Film seit 1960 einen neuen künstlerischen und sozialkritischen Bewegungsspielraum. In Westeuropa kamen sehr ähnliche programmatische und ästhetische Reformforderungen auf. In Frankreich stand François Truffauts »Les Quatre Cents Coups« (1959) für den Abschied vom »cinéma de papa« hin zur »Nouvelle Vague«; in Großbritannien leitete »Room at the Top« (1959) die Wende zur »British New Wave« ein; und in Westdeutschland läuteten sozial- und vergangenheitskritische Filme wie »Kirmes« (1959) den Aufbruch zum »Neuen Deutschen Film«, dem Autorenfilm und künstlerischen Kurzfilm ein, wie ihn auch der Zusammenschluss »DOC 59« (1959) und das »Oberhausener Manifest« (1962) einforderten. Selbst die USA schlossen sich diesem Trend im Laufe der 1960er Jahre an, indem »New Hollywood« nun sozialkritischere Filme hervorbrachte. Derartige Filme repräsentierten und förderten damit frühzeitig das Anwachsen einer kritischen Haltung – gerade bei jüngeren Akademikern. Jedoch erreichten diese Filme wenig Zuschauer.

Kritischer Journalismus

Ähnlich fiel ab 1960 der Umbruch im Journalismus aus. Das kritische, soziale und politische Selbstbewusstsein der Presse nahm zu. In den USA forderten Autoren wie Tom Wolfe einen »New Journalism« mit einer Wende hin zu subjektiven Reportagen über Subkulturen und soziale Probleme. Für die Bundesrepublik wurde ein Wandel vom »Konsensjournalismus« zum kritischen Journalismus ausgemacht, den Christina von Hodenberg mit einem Generationenwechsel erklärt: Nun seien um 1930 geborene Journalisten in die Zeitungs- und Rundfunkredaktionen aufgestiegen, die stark durch die Demokratiegründung geprägt worden seien (Hodenberg 2006: 253). Ebenso veränderten Politiker ihren Umgang mit den Medien und versuchten sie wie Willy Brandt oder John F. Kennedy kooperativer einzubeziehen (Münkel 2005).

International nahm seit den 1960/70er Jahren auch die Zahl der Skandale zu, bei denen investigative journalistische Arbeiten Politiker herausforderten und zu Rücktritten zwangen. Diese Liberalisierung im Journalismus wurde auch von den obersten Gerichten befördert. In den USA erwies sich der U.S. Supreme Court als maßgeblicher Verteidiger der Pressefreiheit, als er 1964 im Fall »New York Times vs. Sullivan« feststellte, dass nur bei vorsätzlicher Falschheit und Bosheit fehlerhafte Aussagen über Personen des öffentlichen Lebens verurteilenswert seien. Damit drohte den Medien bei journalistischen Fehlern nicht mehr der Ruin durch Verleumdungsprozesse (Lewis 2008: 51). In Westdeutschland schützte das Bundesverfassungsgericht die Pressefreiheit mehrfach vor staatlichen Eingriffen, und auf die *Spiegel*-Affäre folgten mehrere Landespressegesetze, die investigative und kritische journalistische Arbeit stützten.

Auch visuell, beim Fotojournalismus, zeichnete sich um 1960 eine Wende ab. In Anlehnung an die Bilder des *Life*-Magazins und die »Human Interest Photography« zeigten Fotos vermehrt unbekannte Einzelschicksale mit kritischer Intention. Die auflagenstarken Wochenmagazine entwickelten durch die oftmals kontrastive Anordnung der Bilder stärker eigene kritische Bildtexte. Statt Fotos von Staatsmännern und Päpsten sahen die Zeitungsleser und Fernsehzuschauer nun häufiger überalterte Parteimitglieder oder leere Kirchen (Städter 2011). Insofern dürfte der ästhetische Wandel durchaus auch den Wandel von Gesellschaftsvorstellungen beeinflusst haben. Gerade der Vietnamkrieg zeigte Ende der 1960er Jahre, welche Wirkung derartige Einzelbilder entfalten konnten: Fotos vom Massaker in My Lai oder dem nackten, vor Bomben weglaufenden Mädchen Kim Phúc wurden zu Ikonen, die den Krieg zu einer moralischen Niederlage der USA machten (Paul und Klein in Paul 2008/09). Neuerdings wurde das »Bildhandeln« unterschiedlicher globaler Akteure untersucht – von Fotografen über Bildagenturen bis hin zu Redaktionen und Regierungen – aus deren komplexen Zusammenspiel erst gedruckte Fotos entstanden (Vowinckel 2016). Inwieweit derartige »globale Bildikonen« auch in Ost- und Südeuropa oder gar in Afrika Bedeutung entfalteten, ist bisher kaum bekannt.

Diese kritische Wende in der Medienkultur relativiert die Innovationskraft der 68er-Bewegung. Nicht erst die Studentenproteste etablierten eine kritische Öffentlichkeit, die sich mit Demokratiedefiziten, sozialer Ungerechtigkeit oder der NS-Vergangenheit auseinandersetzte. Vielmehr wurde die 68er-Generation entscheidend während des vorherigen Medienwandels sozialisiert und griff diese Kritik dann übersteigert über die Medien wieder auf. Viele 68er richteten ihre Proteste gegen die etablierten Medien und warfen nicht nur der »Springer-Presse« eine Verfälschung der öffentlichen Meinung vor. Stattdessen setzten sie auf selbstgedruckte Flugblätter, Plakate und die Straßenöffentlichkeit. Aber zugleich kooperierten die 68er vielfältig mit den modernen Massenmedien und passten sich deren Logik an. Proteste und »Happenings« wurden kameragerecht inszeniert und Journalisten bereitwillig bei Veranstaltungen und in Kommunen zugelassen, was deren Außen- und Selbstbild mitprägte. Die Medien gaben der gesellschaftlich recht kleinen Gruppe Studierender erst ihre große Bedeutung und formten sie: Die Massenmedien verbanden Aktionen zu einer Bewegung, personalisierten diese und förderten den internationalen Transfer von Protestformen (Kraushaar 2001; Vogel 2010). Auch das amerikanische »Social Rights Movement« profitierte von seiner Präsenz im Fernsehen, die gerade in den Südstaaten die konservativ-rassistische Deutungskultur der dortigen Presse und Sender durchbrach (so Hilmes 2002: 210 f.). Ähnliches gilt für die Neuen Sozialen Bewegungen der 1970er, deren lokale Ursprünge durch Medien eine globale Bedeutung erhielten. Aber auch die Terroristen der 1970er interagierten mit ihnen: Sie bedienten sich souverän neuer Medien (wie Video oder Polaroidfotos) und kommunizierten ihre erpresserischen Botschaften über die internationale Presse, um die Politik unter Druck zu setzen. Durch die Medien erhielten einzelne Terroristen, wie die der RAF, erst ihre herausgehobene Bedeutung. Ebenso wurden Begriffe wie »Sympathisant« medial ausgehandelt (Elter 2008).

1968

Nur einen begrenzten Erfolg hatten die 68er und die Neuen Sozialen Bewegungen mit der Etablierung einer eigenen »alternativen Medienöffentlichkeit«. Angestrebt wurde ein »neuer Pressetypus«: Die Blätter sollten basisdemokratisch von Redaktionskol-

Alternative Medien der 1970er

lektiven erstellt werden und Zusendungen von Lesern integrieren, bewusst kleine Auflagen und eine lokale Verankerung haben, unabhängig von Anzeigen sein und durch einen kritischen Stil eine Betroffenheit auslösen (Büteführ 1995: 471 f.; Holtz-Bacha in Wilke 1999: 331; Bibliographie: Rösch-Sondermann: 1988). Ebenso kamen lokale Piratensender auf, die sich vereinzelt bis heute erhalten haben (wie »Radio Dreyeckland«). Zudem entstanden internationale Nachrichtendienste als überregionale Verbindungsglieder, wie zunächst der US-amerikanische »Liberation News Service« (ab 1967), die »Agence de Presse Libération« in Frankreich, der englische »People's News Service« und ab 1973 der bundesdeutsche »Informationsdienst zur Verbreitung unterbliebener Nachrichten« (Stamm 1988: 72). Die Erfolgsbilanz fiel ernüchternd aus. Die Stadtmagazine überlebten, kommerzialisierten sich aber seit den 1980er Jahren. Die Nachrichtendienste gingen ein, die wenigen überregionalen Blätter, wie *Libération* in Frankreich oder die *taz* in Deutschland, konnten nur finanziell angeschlagen und mit gewandelten Prinzipien überleben. So schuf die *taz* das Rotationsprinzip ihrer Journalisten ab, führte eine begrenzte Sportberichterstattung ein und verlagerte Leserzuschriften nach hinten (Flieger 1992: 194). Ihr Einfluss auf die Medienöffentlichkeit blieb zudem gering, aber zumindest trugen diese Medien zur Stabilisierung eines »alternativen Milieus« bei, von dem die Grünen profitierten. Charakteristisch für die Presse der 1970/80er Jahre war jedoch insgesamt weniger ein »Linksruck« als vielmehr eine politische Polarisierung. Sie positionierte sich kämpferischer, sei es auf der Rechten oder auf der Linken.

6.3 Ein globales Fernsehzeitalter?

Das Fernsehen wurde in allen Industrieländern die Beschäftigung, die am stärksten die Freizeit bestimmte. Die US-Amerikaner verbrachten 1957 bereits vier bis fünf Stunden täglich vor dem Fernseher, Deutsche und Briten Mitte der 1960er zwei (Stumberger 2002: 118, 174). Seit über fünf Jahrzehnten spielt das Fernsehen somit eine zentrale Rolle im Leben der meisten Menschen dieser Länder. Dennoch hat die Geschichtswissenschaft das Medium bislang kaum berücksichtigt. Zur Geschichte des Fernsehens liegen zwar von Seiten der Medien- und Kommunikationswissenschaften bereits zahlreiche Studien vor, die dessen technische Entwicklung, Organisations- und Programmgeschichte aufzeigen (vgl. etwa für die BRD: Hickethier 1998; Kreuzer/Thomsen 1994; zur DDR: Steinmetz/Viehoff 2008). Kaum erforscht ist hingegen die soziale, politische und kulturelle Bedeutung, die das Fernsehen für die Zeitgeschichte hatte. Dass sich etwa gerade in den 1960er Jahren, als sich das Fernsehen in Europa als Massenmedium etablierte, in den meisten westlichen Ländern Werte und Lebensweisen fundamental veränderten, ist sicherlich kein Zufall, wenngleich auch andere konsum- und sozialgeschichtliche Wandlungsprozesse dazu beitrugen. Welchen Einfluss Fernsehsendungen etwa auf Familien- oder Geschlechterrollen, Politik, Sport, Bildung oder auf religiöse, soziale oder nationale Verortungen hatten, ist historisch kaum untersucht (vgl. zu Familienserien Hodenberg 2015).

Das frühe Fernsehen wurde oft als kannibalistisches Medium bezeichnet, da es verschiedene Elemente alter Medien aufgriff. Bei dieser »Remediation« übernahm es Bild, Ton und Ästhetik vom Film, die Nachrichten von der Wochenschau, Aufführungen vom Theater und vom Radio die Organisations-, Programm-, und Empfangsformen. Während bei anderen neuen Medien die Gestaltungs- und Nutzungsformen anfangs recht offen waren, trat die drahtlose Bilderübertragung gleich in die Fußstapfen des Radios – bis hin zur Platzierung im Wohnzimmer und der Ankündigung in den Radioprogrammzeitschriften. Alternativ denkbare Nutzungsformen, etwa analog zum Telefon (Bildtelefonie) oder zur Schallplatte (Videospeicherung), wurden dagegen kaum verfolgt.

Erfindung

Wie Film und Radio hatte das Fernsehen keinen einzelnen Erfinder. Es basierte auf zahlreichen locker vernetzten Einzelforschungen in verschiedenen Ländern (vgl. Abramson 2002). Eine Grundlage legte der deutsche Ingenieur Paul Nipkow 1884 mit einer Scheibe, die Bilder für ihre Übertragungen in Hell-Dunkel-Signale zerlegte, ohne dass er das Potenzial seines Patentes erkannte und weiter verfolgte. Ab Mitte der 1920er Jahre entstanden in Deutschland, Großbritannien und den USA erste Übertragungsversuche, nachdem das Radio mögliche Umsetzungsformen vorexerziert hatte. Besonders die Berliner Funkausstellungen 1928 und 1929 machten die Öffentlichkeit mit dem Fernsehen vertraut, die jedoch von der schlechten Bildqualität enttäuscht war. Den weltweit ersten regelmäßigen Fernsehbetrieb startete 1935 das nationalsozialistische Deutschland, um kurz vor den Briten und vor der Berliner Olympiade der Welt ihre Modernität zu zeigen. Auch später waren internationale Sportereignisse ein Motor der Fernsehentwicklung: Die Olympiade 1946 in London forcierte etwa die britische Fernsehneugründung maßgeblich, die Fußball-WM 1954 machte das Gerät auf dem Kontinent bekannt, und die Olympiade in Rom 1960 führte zum Austausch von Live-Bildern zwischen Ost- und Westeuropa.

Allerdings unterschied sich das Fernsehen der 1930er Jahre deutlich von dem heutigen. Das Programm lief zumeist nur an etwa zwei Abendstunden, und der Empfang reichte kaum über Berlin, London und Paris hinaus, wobei in London vor dem Krieg nur 3.000 Geräte vorhanden waren, in Berlin 1937 sogar nur 75 (Winker 1994: 197; Abramson 2002: 265). In Berlin ermöglichten »Fernsehstuben« einen gemeinsamen öffentlichen Empfang auf kleinen Bildschirmen, die bei Großereignissen wie der Olympiade angeblich bis zu 10.000 Menschen täglich erreichten (Winker 1994: 195). Das Programm wies bereits charakteristische Elemente der späteren Entwicklung auf: Neben dem »Aktuellen Bildbericht« fanden sich Fernsehspiele, Musik und Komödiantisches. Außenübertragungen waren wegen des erheblichen technischen Aufwandes nur bei großen Ereignissen live, wie etwa bei der Krönung des britischen Königs George VI. 1937 oder beim Nürnberger Parteitag im gleichen Jahr. Da die Kosten immens und die Nutzerzahlen gering waren, kann man das frühe Fernsehen vor allem als prestigeträchtige Investition mit einem Partizipationsversprechen bewerten, das Demokratien und Diktaturen gelegen kam. Der Weltkrieg unterband jedoch das Fernsehprogramm in Großbritannien und reduzierte es in Deutschland vor allem auf die Truppenunterhaltung.

Erfolg in den USA

Im Vergleich zum Radio verlief die internationale Ausbreitung des Fernsehens schleppender. Das Wohlstandsgefälle war wegen der teuren Geräte und Sendetechnik unübersehbar, aber auch kulturelle und politische Faktoren waren entscheidend. Zu einem Massenmedium wurde das Fernsehen zunächst in den Mutterländern der Demokratie und Populärkultur. Zuerst verbreitete es sich in den wirtschaftsstarken USA, weshalb das Fernsehen nun international als Zeichen der amerikanischen Moderne galt. 1952, als auf dem europäischen Kontinent noch Testprogramme liefen, erreichte das amerikanische Fernsehen bereits 18 Millionen Zuschauer. Viele US-amerikanische Networks investierten zudem, wie beim Radio, in lateinamerikanische Sender, die bereits ab 1950 entstanden. In einigen südamerikanischen Ländern kamen zunächst bis zu 80 Prozent des Fernsehprogrammes aus den USA, um transnational Produktwerbung zu betreiben (Sinclair 1999: 13 f.).

Weltweite Etablierung

In Europa hatte sich das Fernsehen Anfang der 1950er dagegen nur in Großbritannien etabliert. Bereits 1953 konnte über die Hälfte der erwachsenen Briten die Krönung von Königin Elisabeth II. sehen. Der Beginn des Fernsehzeitalters im Rest der Welt hing stark von der Wirtschaftskraft und dem kulturellen Selbstverständnis ab. In Zentraleuropa und Japan expandierte das Fernsehen schrittweise in den 1950er Jahren und wurde ab 1960 zum Massenmedium, im mediterranen Raum erst ein Jahrzehnt später. In Frankreich verbreitete es sich langsamer, weil größere Ressentiments gegen das »amerikanische« Medium bestanden, und in Israel ging wegen Bedenken der Orthodoxen erst 1967 ein Bildungsprogramm auf Sendung. Noch uneinheitlicher breitete es sich in nicht-demokratischen Staaten aus. Auch im Sozialismus korrespondierte die Ausbreitung des Fernsehens mit der Wirtschaftskraft und der bisherigen Mediendichte, weshalb die Zuschauerdichte in der DDR bereits in den 1960er Jahren der der Bundesrepublik entsprach. Im wirtschaftsschwachen Griechenland führte erst 1967 die Militärdiktatur ein propagandistisches Programm ein. Und in der spanischen Diktatur startete das Programm zwar ein Jahrzehnt früher, aber da ein Gerät rund drei Viertel eines mittleren Jahresgehaltes kostete, war der Kauf oft nur durch die »Gastarbeit« im Ausland zu finanzieren.

In den industrialisierten Ländern hing der Fernsehbesitz bereits um 1960 nicht unbedingt vom Vermögen ab. Trotz der hohen Preise für die Geräte und Rundfunkgebühren waren vielmehr alle Einkommensgruppen recht gleichmäßig vertreten. 1963 hatten bundesdeutsche Arbeiterhaushalte mit 53 Prozent sogar überproportional oft Fernseher, dagegen Angestellte, Beamte und besonders Landwirte seltener. Konservative und bildungsbürgerliche Ressentiments gegen das Medium erklären dies.

Sehr groß waren erneut die Unterschiede zu Afrika. Dort startete das Fernsehen in einigen Ländern in den 1960er Jahren, in anderen in den 1980ern (wie Botswana, Somalia oder Namibia), und beschränkte sich auf wenige Prestigesender in den Hauptstädten. Selbst in Südafrika ging das Fernsehen erst 1976 auf Sendung, da das Regime eine Stärkung der Anti-Apartheid-Bewegung durch das Medium fürchtete. Kennzeichnend für Afrika ist bis heute die sehr geringe Verbreitung des Fernsehens und die starke Präsenz ausländischer Programme, die auch in den afrikanischen Nationalsprachen senden. Das Radio blieb hier das entscheidende Medium, das bis heute Menschen regional vernetzt.

Fernsehen und nationale Identität

Im Unterschied zu den meisten Medieninnovationen war das Fernsehen von Beginn an ein nationales Medium und entwickelte sich schnell zu einer »nationalen Sozialisierungsinstanz« (Fickers 2009: 401). Die UKW-Ausstrahlung begrenzte die internationale Sendereichweite, und der Live-Charakter der frühen Sendungen verhinderte einen ähnlich internationalen Austausch wie beim frühen Film. Der gleichzeitige Empfang von Sendungen wie der »Tagesschau« strukturierte den nationalen Lebensrhythmus, Erfahrungshaushalt und Gesprächsanlässe. Die nationale Ausstrahlung dürfte zudem dazu beigetragen haben, dass seit den 1950er Jahren die Dialekte in Europa zunehmend an Bedeutung verloren. In Ländern mit differenten Fernsehsprachen (Belgien, Schweiz) festigten dagegen getrennte Sender kulturelle Differenzen. Ebenso war das Fernsehen ein nationaler Kitt zwischen der Bundesrepublik und der DDR. Selbst die DDR konnte über ihr eigenes Fernsehprogramm zumindest in der Honecker-Ära eine gewisse Heimatidentifikation erlangen (Palmowski 2009: 81–89, 120–128). Ab den 1960er Jahren reüssierten zwar international amerikanische Serien, sie markierten aber zugleich kulturelle Andersartigkeit.

Inhalte des frühen Fernsehens

Von Beginn an galt der Fernseher als ein »Fenster zur Welt«. Tatsächlich präsentierte das Fernsehen der 1950er Jahre vor allem die Welt des Fernsehstudios: Fernsehspiele und Formate wie Quizsendungen machten einen großen Teil des Programms aus, hinzu kamen Informationsformate, Sport und zum kleineren Teil Spielfilme (vgl. Programme in Quelle Nr. 15 unter *www.campus.de*). Eine genauere Erforschung der frühen Inhalte ist nur bedingt möglich: Da die Rundfunkarchive kaum Sendematerial überliefert haben, stützen sich bisherige Arbeiten überwiegend auf Sendemanuskripte und Fernsehzeitschriften. Erst Ende der 1950er bildete das Fernsehen ein eigenständigeres Profil aus: Aus Wochenschau-Kompilationen wurden eigene allabendliche Nachrichten mit Sprechern und Dokumentationen, und aus theaterartigen Fernsehspielen Fernsehfilme und Serien. Gegen letztere bestanden in Deutschland und Frankreich jedoch lange Vorbehalte, da sie als amerikanisch und trivial galten. Sportübertragungen spielten sowohl in westlichen als auch in sozialistischen Ländern eine wichtige Rolle. Spartenprogramme mit Bildungsanspruch entstanden für Kinder, während Jugendliche bis Ende der 1960er Jahre auf eigene »Teenager-Programme« warten mussten. Auffällig stark wurde in den 1960er Jahren das Fernsehen als Ratgeber und Lebenshilfe ausgebaut – von Bildungssendungen über Gesundheitsmagazine bis zur Problembewältigung. Aber auch frühe Familienserien, wie »Familie Schölermann«, wurden als »Verhaltensmodellierung der Zuschauer« und als Benimmanweisung interpretiert (Hickethier 1998: 159, 216 f., 227 f.).

Soziale Bedeutung

Wie das Fernsehen die Gesellschaft kulturell veränderte, lässt sich zumindest thesenhaft diskutieren. So dürfte das Fernsehen das Verhältnis von Privatem und Öffentlichem mit gewandelt haben: Öffentliches wie die Politik wurde durch die Rezeption im Wohnzimmer privater, auch in der Darstellung. Umgekehrt trug das Fernsehen dazu bei, Privates zu politisieren oder öffentlich zu machen, etwa Konflikte in der Familie und der Ehe (Hodenberg 2015). Somit dürfte es auch den Wandel von Geschlechterrollen beeinflusst haben. Männlich konnotierte Räume der Öffentlichkeit, wie insbesondere die Eckkneipen, leerten sich ab den 1950er Jahren, da Männer nun häufiger Abende mit der Familie im Wohnzimmer verbrachten; entsprechend stieg auch der Alkoholkonsum daheim. Das Fernsehen strukturierte ähnlich wie vormals das Radio den Lebensrhythmus vieler Familien, weshalb ihm Medienwissenschaftler eine rituelle Funktion zuschreiben. Ebenso hatte es eine gewisse demokratische Komponente durch sein Partizipationsversprechen: Egal ob Staatsakt, Endspiel oder Musikevent – prinzipiell gewährte das Fernsehen jedem Menschen live einen scheinbar unmittelbaren Zugang zu Ereignissen, die sonst nur Eliten vorbehalten waren. Arbeiter, Frauen und Menschen mit geringer Schulbildung saßen bereits in den 1960er Jahren etwas länger vor dem Fernseher (Stumberger 2002: 118–197).

Dem Fernsehen wurde von Beginn an eine starke Wirkung zugeschrieben, die seit den 1970er Jahren vor allem die amerikanische sozialwissenschaftliche »Medienwirkungsforschung« empirisch untersucht. Dabei wird dem Fernsehen ein »Mainstreaming« nachgesagt: Ein hoher Fernsehkonsum führe bei weltanschaulich unterschiedlichen Gruppen zu einer ähnlichen Haltung bei umstrittenen Fragen wie Abtreibung oder Minderheitenschutz (Schenk 2007: 596). Gerade weil sich das Fernsehen, anders als Zeitungen, an ein politisch heterogenes Publikum richte und potentiell alle Menschen erreichen wolle, achte es auf eine konsensuale Ausrichtung. Amerikanische Studien untersuchten zudem die emotionale Wirkung: Vielseher würden demnach die Welt gewalttätiger sehen, hätten mehr Angstgefühle und dadurch eine höhere Bereitschaft, bei einer Bedrohung aggressiv zu reagieren (Bonfadelli 2004 Bd. 2: 264 f.). Geprüft wird auch der von Beginn an geäußerte Vorwurf, dass das Fernsehen verdumme, der sich Anfang der 1970er Jahre selbst gegen die bildungsorientierte amerikanische Kindersendung »Sesamstraße« richtete. Dabei kam die sogenannte »Wissenskluft-Perspektive« auf, nach der Menschen mit hohem Bildungsstandard oder geförderte Kinder von Medien profitieren, die anderen hingegen kaum. Medien verstärken danach kognitiv soziale Differenzen (Bonfadelli 2004 Bd. 1: 254). Eine große Wirkung hatte das Fernsehen aber vermutlich, gerade weil ihm diese zugeschrieben wurde und Menschen deshalb, nicht nur in der Politik, sich an das Fernsehen anpassten.

Politik im Fernsehen

Inhaltlich wurde das Fernsehen erst spät und nur in geringem Maße ein politisches Medium. In allen Ländern, auch den meisten Diktaturen, überwogen Unterhaltungsinhalte ohne direkte Politikbezüge, wenngleich auch Sportberichte oder Krimis in Diktaturen durchaus einen ideologischen Rahmen hatten. Politische Kommentare kamen in den 1950er Jahren selbst bei der BBC nicht vom Sender selbst, sondern nur von Politikern. Eine Vorreiterrolle für den Einzug des Politikjournalismus hatte das US-amerikanische Fernsehen. Bereits 1947 gab es hier eine politische Talkshow mit Journalisten (»Meet the Press«), die andere Länder später adaptierten (»Internationaler Frühshoppen« ab 1953). Da Zeitungen als (partei-)politische Medien galten, übernahm das Fernsehen von diesem Medium die Debattenkultur, die anfangs in der Bundesrepublik noch stark reglementiert war (Verheyen in Bösch/Borutta 2006). In den USA entstanden, ebenfalls vom Radio adaptiert, zudem politische Fernsehmagazine wie »See it Now« (CBS 1951–57), das investigativ politisch Stellung bezog und mit zum Sturz des antikommunistischen Senators McCarthy beitrug. Dieses Format griff zunächst die BBC mit der Sendung »Panorama« (ab 1953) auf, was dann wiederum unter gleichem Namen seit 1961 in der Bundesrepublik den kritischen investigativen Journalismus im Fernsehen verankerte. Selbst das DDR-Fernsehen sendete mit dem Magazin »Prisma« (ab 1963) ein moderiertes politisches Fernsehmagazin, dem zumindest eine begrenzte (Verbraucher-)Kritik gestattet wurde und das daher recht hohe Einschaltquoten hatte. Die Machart und Wirkung dieser Magazinsendungen international zu vergleichen, wäre eine wichtige Forschungsaufgabe. Denn sie dürften entscheidend zur Politisierung des Fernsehens und der Gesellschaft in den 1960er Jahren beigetragen haben und waren entsprechend politisch umkämpft. Besonders in Westdeutschland wurden fortlaufend die Moderatoren versetzt und konkurrierende Magazine wie »Report«, »Monitor« oder das »ZDF-Magazin« gegründet, um die Kritik parteipolitisch zu kanalisieren (Lampe 2000).

Wirkung auf »alte Medien«

Das Fernsehen veränderte zudem die »alten« Medien, die sich neu positionieren mussten. Da abends der Fernseher dominierte, entwickelte sich das Radio ganz zu einem »Nebenbei-Medium«, das vornehmlich tagsüber bei der Arbeit oder beim Autofahren gehört wurde. Erst jetzt, Ende der 1960er, nahm im Radio der Unterhaltungs- und Musikanteil stark zu, nun auch mit mehr angloamerikanischer Musik (Dussel 1999: 213). Da Jugendliche zunehmend Schallplatten kauften, versuchten die Radiostationen diese Hörer so zu halten. Die Einführung zusätzlicher Radioprogramme erleichterte diesen Wandel, da nun »gehobene« Musik und Bildung auf eigene Sendeplätze ausgelagert wurden. All dies führte dazu, dass der Radiokonsum ab Mitte der 1970er Jahre deutlich anstieg.

Ebenso wenig verdrängte das Fernsehen die Zeitungen und Zeitschriften. Wie offizielle Kommissionen in den 1960er Jahren feststellten, stiegen die Werbeeinnahmen und Auflagen der Presse vielmehr an, wenngleich die Pressekonzentration zum Niedergang traditionsreicher Blätter führte. In Großbritannien galt dies vor allem für die Sonntags- und Provinzpresse, wobei Letztere ab den 1960er Jahren auch durch Gratisblätter herausgefordert wurde (Williams 2010: 204). Da Zeitungen in Europa als gefährdetes, schützenswertes Medium galten, erhielten sie Unterstützungen vom Staat: In Frankreich, Österreich, Italien und in Skandinavien durch direkte Subventionen an Teile der Presse, in anderen Ländern, wie Großbritannien oder Deutschland, zumindest durch reduzierte Steuern (Puppis 2007: 183 f.). Inhaltlich dürfte das Fernsehen die Visualität der Zeitungen und Zeitschriften gefördert haben, deren Bildanteil auf bis zu 50 Prozent stieg (Straßner 2002: 29). Inwieweit das Fernsehen die Pressefotografie »tiefgreifend« veränderte, wäre genauer zu erforschen (Dewitz/Lebeck 2001: 250, 274). Die Pressefotos dürften sich als eigene kritisch-künstlerische Kommentare profiliert haben, weil sie nicht mehr zuerst Ereignisse visualisierten.

Besonders stark traf das Fernsehen das Kino. Da die Kinobesucherzahlen in den 1950er Jahren einbrachen, reagierte Hollywood mit neuen Aufnahme- und Abspieltechniken, mit episch erzählten »Blockbustern« (wie »Die zehn Gebote«) und sprach gezielter die Jugend als Zielgruppe an, da ältere Generationen häufiger fernsahen. Fernsehen und Film waren jedoch nicht nur Konkurrenten. In den USA waren Hollywoodunternehmen schon in den 1950ern an Fernsehproduktionen beteiligt. In Europa blieb die Kooperation zwischen Film- und Fernsehproduzenten schwieriger, da die Sender mehr Eigenproduktionen hervorbrachten (Hilmes in Nowell-Smith 1996: 468). Dennoch ermöglichten auch in Westdeutschland oft erst gemeinsame Finanzierungen anspruchsvolle Kinofilme. Ähnlich wie das Radio differenzierten sich Kinos in den 1980er Jahren aus, die nun mit mehreren kleinen Zuschauerräumen unterschiedliche Zielgruppen ansprachen.

Differente Organisationsformen

Obgleich die Fernsehinhalte insgesamt recht unpolitisch blieben, wurde das Fernsehen von der Politik stark reglementiert und kontrolliert. In den meisten Ländern knüpfte die Kontrollform an das Radio an. In den USA und Lateinamerika wurde das Fernsehen von Beginn an kommerziell organisiert und maßgeblich von den großen Radiostationen getragen. Erst die autoritären Regierungen und Diktaturen in verschiedenen südamerikanischen Ländern begrenzten dort die Vielfalt und stärkten die Staatskontrolle. Im Unterschied zu den kommunistischen Diktaturen gab es in einigen Ländern aber weiterhin private Sender (wie in Mexiko) oder nur begrenzte Staatsanteile (Peru). In den westeuropäischen Demokratien setzte sich hingegen das britische Prinzip des öffentlich-rechtlichen Rundfunks durch, dessen Aufsicht Gesellschaftsvertretern oblag und dessen Gebührenfinanzierung die Staatsunabhängigkeit garantieren sollte. Die Ausgestaltung fiel jedoch sehr unterschiedlich aus: Während die britische BBC tatsächlich recht unabhängig war, nahmen besonders in Frankreich und Italien die Regierungen starken Einfluss, ebenso, in geringerem Maße, die großen Parteien in Deutschland. Auch in einem Land wie Indien wurde das öffentlich-rechtliche System zwar eingeführt, aber durch besonders starke finanzielle und administrative Kontrolle des Staates reguliert (Shrivastava 2005: 14 f.). Wie beim Radio setzten die Niederlande auf ihre versäulte Struktur: Liberale, Sozialisten, Katholiken und Protestanten erhielten ihre eigenen Sendeanstalten, produzierten aber für ein gemeinsames Fernsehprogramm.

Fernsehen und Politik

Die politischen Folgen, die diese Organisationsformen hatten, lassen sich bislang nur thesenartig diskutieren. In Italien dürfte das Fernsehen zur Stützung der jahrzehntelangen Vormacht der Christdemokraten beigetragen haben, ebenso in Frankreich zur Förderung des patriotischen Kurses unter Charles de Gaulle. Für die Niederlande wurde argumentiert, dass das Fernsehen die Erosion weltanschaulicher Milieus gefördert habe, weil durch den gemeinsamen Sender weltanschauliche Gruppen Programme der anderen schauten und so milieuübergreifende Deutungen kursierten (Bignell/Fickers 2008: 20). Ähnlich ist auch für Deutschland anzunehmen, dass der Parteienproporz das Fernsehen zu einer »Konsensmaschine« gemacht hat, trotz der gewissen Parteinähe je nach Regierungsmehrheit. In Südwesteuropa nutzten die Diktaturen das staatliche Fernsehen, das ihre Erfolge pries. So wandte der portugiesische Diktator Marcello Caetano sich in seinen »Family Talks« an die Bevölkerung. Insgesamt scheint selbst das Fernsehen während der spanischen und portugiesischen Diktaturen eher unpolitisch und unterhaltend ausgerichtet gewesen zu sein. Die dort präsentierte »heile Welt« des Fernsehens dürfte freilich Sehnsüchte danach in der Realität verstärkt haben und damit, ähnlich wie in Osteuropa, zumindest langfristig eine innere Abkehr von den Regimes.

Internationaler Austausch in der EBU

Das Fernsehen lässt sich zudem als ein Teil der internationalen Politik und »Cold War Diplomacy« untersuchen (vgl etwa Schwoch 2009: 3). Medien waren dabei sowohl Mittel der Auseinandersetzung als auch des grenzübergreifenden Austausches zwischen den Blöcken. Der Kalte Krieg führte seit den 1950er Jahren zur Ausbildung von zwei internationalen Rundfunkorganisationen in Europa: im Westen die »Europäische Rundfunkunion« (EBU), in Osteuropa hingegen die »Organisation International de Radiodiffusion et Télévision« (OIRT) (vgl. Zeller 1999). Beide sollten gemeinsame Programme und den Programmaustausch fördern sowie eine europäische Identität im Westen bzw. eine sozialistische im Osten, was sie jedoch nur begrenzt erreichten – die Blickwinkel blieben national. Die Erfolge der EBU sind dennoch bemerkenswert. Bereits 1954 profilierte sie ihre »Eurovision« mit gemeinsam ausgestrahlten Sportveranstaltungen wie der Fußball-WM, Bildern vom Vatikan und den Landeskulturen. Gemeinsame Sendungen wie der »European Song Contest« blieben zwar eher die Ausnahme, aber ihr »European News Exchange« sorgte für einen regelmäßigen Austausch von Filmmaterial, sodass Westeuropa visuell zusammenwuchs, während die Kommentierung den jeweiligen Ländern überlassen wurde. Dabei machte der Sport rund die Hälfte der ausgetauschten Programme aus, 35 Prozent das Nachrichtenmaterial, 15 Prozent die Kultur (Fickers 2009: 391, 408; Eugster 1983: 152). Gerade Diktaturen wie Spanien und Portugal versuchten über europäische Fernseheereignisse Anerkennung zu finden. Wie dieser Austausch und die jeweilige Neuvertonung der Aufnahmen verliefen, wäre genauer zu erforschen, um so auch Kenntnisse über das kulturelle Zusammenwachsen Europas zu erhalten. EBU und OIRT waren zudem Vorbild für andere Zusammenschlüsse, wie die »Asia-Pacific Union« (1964), »Arab States Broadcasting« (1969) oder die »Organización de la Televisión Iberoamericana« (1970).

Globale Konkurrenz

Das Fernsehen lässt sich auch global als eine Arena untersuchen, in der im Kalten Krieg transnational um Deutungen, Einfluss und Prestige gerungen wurde. Das galt nicht nur für das schon skizzierte deutsch-deutsche Fernsehen. Bereits durch die erste interkontinentale Live-Übertragung, die der Krönung von Königin Elisabeth II. 1953, versuchte sich Großbritannien televisuell global zu platzieren. Teile Westeuropas sahen sie live, und in den USA und Japan wurden die Aufnahmen sofort eingeflogen, sodass immerhin 18 Millionen amerikanische Haushalte die Krönung verfolgten (Schwoch 2009: 90 f.). Der Sowjetunion gelang 1961 mit der europäischen Live-Übertragung des ersten bemannten Weltraumfluges ein Coup, auf den die USA 1962 mit ihrer ersten Live-Übertragung nach Westeuropa antworteten, die die erste Erdumrundung eines amerikanischen Astronauten zeigte (ebd.: 126). Auch die amerikanische Mondlandung 1969 war bewusst mit einer globalen Fernsehausstrahlung gekoppelt. Insofern war das Ziel, per Fernsehen global Modernität zu repräsentieren, eng mit der Weltraumfahrt im Kalten Krieg verbunden (Engell in Lenger/Nünning 2008).

Ab 1965 erreichten die USA durch ihre Nachrichtensatelliten eine globale medientechnische Vorherrschaft. Dies wurde in den 1960er Jahren durch die Vision eines gemeinsamen Weltfernsehens flankiert, das eine »World Citizenship« und ein gemeinsames Bewusstsein über die Welt schaffen sollte (Ruchatz 2003: 141; Schwoch 2009: 143). Im Kalten Krieg stieß dies jedoch schnell an Grenzen: Die Sowjets lehnten eine Beteiligung an der Satellitenorganisation Intelsat ab und gründeten stattdessen Intersputnik als Pendant, um die sozialistischen Staaten zu integrieren. Selbst in Westdeutschland und in Frankreich stießen das »Weltfernsehen« und Live-Verbindungen mit den USA zunächst auf Vorbehalte, aus Angst vor einer amerikanischen Dominanz. Zweifelsohne wollten die Amerikaner über das globale Fernsehen ihre Werte verbreiten, insbesondere auch in Entwicklungsländern. In den postkolonialen

1970ern wurde dies jedoch vielfach als »cultural imperialism« kritisiert.

US-Serien

Bekanntlich scheiterte nicht nur ein »Weltfernsehen«, auch die Versuche, einen erfolgreichen gemeinsamen europäischen Fernsehsender mit Vollprogramm zu etablieren, blieben ohne Erfolg. Dies zeigt erneut, dass nicht die Medientechnik, sondern die Nutzer über die langfristige Ausgestaltung von Medien bestimmen. Die europäische Medienöffentlichkeit blieb somit ereignisbezogen. Erfolgreicher waren die USA sicherlich bei der globalen Verbreitung von Fernsehsendungen. Sie reüssierten zuerst in Ländern mit kommerziellen Fernsehsendern wie Lateinamerika und Japan, während in Westeuropa bis in die 1960er hinein antiamerikanische Ressentiments begrenzend wirkten (vgl. Hilmes in Nowell-Smith 1996: 468). Die Zunahme amerikanischer Serien im Europa der 1970/80er Jahre hatte ambivalente Folgen: Sie förderte einerseits antiamerikanische Vorurteile, die sich auf Serien wie »Dallas« bezogen. Andererseits dürften die Jugend- und Familienserien die Faszination am amerikanischen »Way of Life« verstärkt haben. Zudem gaben die amerikanischen Serien Anstöße für Adaptionen im eigenen Land. Umstrittene neue Formate wie »Sesamstraße« wurden nach anfänglichen Übersetzungen national neu eingespielt. Und auf weltweit erfolgreiche US-Serien wie »Holocaust« (1978) reagierten die westdeutschen Sender mit eigenen, ähnlichen Produktionen wie »Die Geschwister Oppermann« (1983) oder »Heimat« (1984), die ebenfalls Familienschicksale während des Nationalsozialismus zeigten, aber etwa die Vernichtungslager ausklammerten (Bösch 2007). Diese Grenzen des amerikanischen Einflusses zeigten sich selbst in Lateinamerika, wo nun vor allem Brasilien und Mexiko eigenständige Fernsehserien (»Telenovelas«) an die Nachbarländer verkauften. Dies belegt das Prinzip der »Cultural Proximity«: Mediennutzer präferieren Angebote, die ihrer Kultur am nächsten erscheinen (Sinclair 1999: 18). Auch heute sind globale Fernsehformate gerade dann besonders erfolgreich, wenn sie sich mit eigenen kulturellen Inhalten füllen lassen (wie »Wer wird Millionär?« oder »Big Brother«), was weiterhin gewisse Grenzen der oft postulierten Amerikanisierung durch das Fernsehen markiert. Die nationalen Inhalte und Rezeptionsformen derartiger Formate zu vergleichen ist entsprechend ein ergiebiger Zugang zu einer transnationalen Kulturgeschichte.

Privater Rundfunk

Gefördert wurde die globale Zirkulation von Fernsehformaten durch die weltweite Expansion kommerzieller Sender seit den 1980ern. Außer in Nord- und Südamerika gab es in den ersten Jahrzehnten des Fernsehens nur in wenigen Industrieländern Privatsender. Ein »duales System« existierte etwa in Japan und Großbritannien, wo 1955 ein regional strukturierter Privatsender (ITV, »Independent Television«) startete. ITV erwies sich dabei schnell als finanziell erfolgreich und auch vom Programm her als so eigenständig, dass es die BBC zu Reformen drängte. Deshalb forderten auch im restlichen Westeuropa Ende der 1950er Jahre Wirtschaftsvertreter und Verleger Privatsender. In der Bundesrepublik misslang jedoch selbst Konrad Adenauer, trotz absoluter Mehrheit, die Einführung eines werbefinanzierten Kanals, da das Bundesverfassungsgericht wegen der Frequenzknappheit keinen Meinungspluralismus gewährleistet sah (Steinmetz 1996). Da die Zuschauer alternative Angebote verlangten, entstanden in den 1960er Jahren in den westlichen Ländern zumindest Zweite Programme und Regionalsender, die durch eine gewisse Konkurrenz den Wandel der Inhalte beflügelten.

Dass es gerade in den 1980ern in ganz Westeuropa zu einem nahezu zeitgleichen Auftreten von Privatsendern kam, hatte vielfältige Gründe. Kabel- und Satellitentechnik ermöglichten eine neue Sendervielfalt. Hinzu kamen neue rechtliche Grundsatzurteile. In der Bundesrepublik erklärte das Verfassungsgericht 1981 und 1986 den privaten Rundfunk neben dem öffentlich-rechtlichen als grundgesetzkonform (Humphreys 1994: 237), und in Italien beschränkte das Verfassungsgericht bereits 1976 das staatliche Monopol auf die landesweite Ausstrahlung. Ebenso wichtig war der Wandel der politischen Kultur: Einerseits formierten sich auf der politischen Linken soziale Bewegungen, die eine bürgernahe Rundfunkvielfalt von unten einforderten. Andererseits ging die »konservative Wende« seit 1980 mit Privatisierungsforderungen einher. In der Bundesrepublik korrespondierte dies mit dem christdemokratischen Vorwurf, viele öffentlich-rechtliche Sender seien ein linkslastiger »Rotfunk«, weshalb ein Privatfernsehen als unpolitisches Korrektiv nötig sei.

Die Sozialdemokraten, Grünen, Kirchen und Gewerkschaften sprachen sich zunächst gegen Privatsender aus, da sie eine Kommerzialisierung, einen Niveauverlust und eine Spaltung der Gesellschaft befürchteten (Bösch 2012a).

Die Expansion der Sender verlief recht unterschiedlich. In vielen Ländern entstanden zunächst tatsächlich zahlreiche bürgernahe Sender. In Italien kamen bis in die 1980er rund 2.500 lokale Rundfunksender auf, hinter denen auch politische Gruppen standen. In Skandinavien und der Bundesrepublik starteten lokale Sender wie »München TV« oder »Tele Regional Passau« (Hickethier 1998: 425). Zugleich entstanden große Privatsender, die entweder, wie in Deutschland, lokale Sender als Regionalfenster aufnahmen, oder, wie in Italien unter Berlusconi, die lokalen Sender zu nationalen Programmen vereinten. In Frankreich entstand der größte Privatsender sogar 1987 aus der Privatisierung des bisher wichtigsten öffentlich-rechtlichen Senders TF 1. Gegründet wurden die privaten Sender oft unter Beteiligung mehrerer Zeitungsverlage. Der 1984 gestartete Privatsender SAT 1 basierte etwa auch auf dem Kapital von 165 Zeitungen, ebenso RTL unter anderem auf Anteilen der FAZ und der WAZ-Gruppe. Die großen Printmedien hofften so, crossmedial ihre Inhalte zu vermarkten.

Folgen des kommerziellen Fernsehens

Für künftige historische Forschungen stellt sich die Frage, welche gesellschaftliche Folgen der Einzug privater Sender hatte. Der feuilletonistische Diskurs über die Verflachung und Entpolitisierung der Inhalte durch Privatsender ist bis heute ebenso präsent wie die Klage, die kommerziellen Sender hätten die gesellschaftliche Spaltung in unterschiedliche Bildungsschichten gestärkt. Anzunehmen ist, dass der kommerzielle Rundfunk in Europa die Entpolitisierung und Ausdifferenzierung der Gesellschaft förderte und insbesondere die Leitbilder von Jugendlichen veränderte. In Ländern wie Italien, wo auch die öffentlich-rechtlichen Sender im höheren Maße werbefinanziert sind, passten sich diese stärker der privaten Konkurrenz an. Die langfristigen gesellschaftlichen Folgen für die Konsumkultur, den Sport, für Geschlechterbeziehungen oder für Ängste vor Kriminalität wären zu prüfen. Nicht generell bewahrheitet hat sich die Befürchtung, der duale Rundfunk führe durch zahllose Sender zu einer gesellschaftlichen Zersplitterung. Vielmehr setzten sich auch in internationaler Perspektive einige große nationale Privatsender durch, da die Zuschauer nur wenige Sender regelmäßig nutzen.

Mit der Etablierung des Internets ist das Fernsehen nun selbst ein »altes« Medium geworden, weshalb es für historische Analysen an Relevanz gewinnen dürfte. Zugleich wächst die Bedeutung des Fernsehens als historisches Speichermedium, zumal es zunehmend mit seinen eigenen Quellen Geschichte schreibt. Das Fernsehen trägt damit zur Konstituierung von Ereignissen bei, die es dann später selbst wieder mit diesem Material historisch darstellt und damit die Erinnerungskultur entscheidend prägt (Bösch/Schmidt 2010). Diese medialen Schleifen zu untersuchen, aber auch zu dekonstruieren, wird ebenfalls eine Aufgabe der künftigen Zeitgeschichtsforschung sein.

7. Das Internetzeitalter aus medienhistorischer Perspektive

Die Etablierung von Digitaltechniken, Computern und Internetkommunikation gilt bereits heute als eine erneute Zäsur, die zu massiven gesellschaftlichen Veränderungen führte. Da dieser Umbruch noch im Gange ist, sind aktuelle Forschungen hierzu natürlich von kurzer Halbwertszeit. Viele Bücher zum Internet haben deshalb heute schon Quellencharakter, ähnlich wie Texte, die 1910 zum Film oder 1960 zum Fernsehen erschienen. Umgekehrt dementierte das Internet medienhistorische Einschätzungen der 1980er Jahre – etwa zur zunehmend passiven Medienöffentlichkeit oder zum Ende der Schriftlichkeit im audiovisuellen Fernsehzeitalter.

Zumindest essayistisch lässt sich jedoch die neue computergestützte Kommunikation in die Mediengeschichte der letzten 500 Jahre einordnen. Das gilt zunächst für die Erfindung des Computers. Wie viele Medien der Moderne basierte der Computer nicht auf einem genialen Erfinder, sondern entstand in mehreren Ländern zeitgleich in den 1940er Jahren. Dies zeigt erneut, dass Medieninnovationen Antworten auf aktuelle soziale Bedürfnisse sind. In diesem Fall bildete die Verarbeitung komplexer Daten den Ausgangspunkt, dann kamen Informations- und Kommunikationsbedürfnisse hinzu. Die ideengeschichtlichen Grundlagen reichen dagegen auch beim Computer weit zurück. Medienwissenschaftliche Studien beginnen die Geschichte des Computers sogar bereits im 17. Jahrhundert mit Rechenmaschinen und dem von Gottfried Wilhelm Leibniz entworfenen binären Zahlensystem, oder mit den Lochkartenmaschinen des 19. Jahrhunderts, die für die Verwaltung eingesetzt wurden (Naumann 2001: 43).

In vielen Fällen zeigt die Mediengeschichte, dass Kriege und Konflikte zwar die dynamische Ausbreitung neuer Medien gefördert

dert haben, der Krieg aber nicht Vater der Medieninnovationen selbst war. Bei der Erfindung des Computers und Internets spielten militärische Kontexte eine größere Rolle, dennoch sind erneut Relativierungen angebracht. So entstand der erste potentiell frei programmierbare funktionstüchtige Computer, der »Z3« des Berliner Erfinders Konrad Zuse, 1941 ohne größere Unterstützung des Militärs. Anders war dies beim britischen Erfinder Alan Turing, der mit dem speicherprogrammierbaren Computer »Colossus« deutsche Chiffriercodes entschlüsselte. Ebenfalls aus militärischer Forschung ging der amerikanische »ENIAC« 1946 hervor, der als erster rein elektronischer Universalrechner gilt.

Computer erschienen den Zeitgenossen bis in die 1980er Jahre kaum als Teil der Medienwelt. Vielmehr wurden sie meist als kalkulierende »Elektronengehirne« umschrieben, die komplexe Berechnungen erleichterten. Analytisch lassen sie sich als speicherprogrammierbare, binärdigitale elektronische Geräte zur Datenverarbeitung definieren (vgl. etwa Haigh 2016: 231–258). Erst ihr vernetzter Einsatz zur öffentlichen Kommunikation mit Bildschirmen führte dazu, dass sie seit den 1980er Jahren als Teil der Medien galten. Dennoch spricht einiges dafür, die Computerisierung seit den 1950er Jahren intensiver in künftige historische Forschungen einzubeziehen. Die meisten Studien zur frühen Geschichte der Computernutzung beziehen sich bislang auf die USA, wo sie außergewöhnlich schnell in vielen gesellschaftlichen Bereichen aufkam (Cortada 2004–2006). Wie bereits bei der Entstehung von Radio und Fernsehen waren die USA damit Vor- und Schreckbild zugleich. Doch obgleich zahlreiche Experten in die USA reisten und IBM in den ersten Jahrzehnten auch in der Bundesrepublik Deutschland das Computergeschäft dominierte, sind auch bei diesem Medienumbruch eigene deutsche Entwicklungen auszumachen, die bislang kaum erforscht sind (als Forschungsüberblick zu Deutschland: Schmitt u.a. 2016). So mussten IBM-Rechner eigens an die gesellschaftlichen Bedürfnisse angepasst werden. Selbst die DDR und die sozialistischen Länder hielten dabei ihre Technik kompatibel zum Westen. Auch dank Industriespionage und heimlicher Aufkäufe im Westen entstanden zahlreiche Verbindungen über den »Eisernen Vorhang« hinweg (Bergien 2019; Danyel/Schuhmann 2015). Die

»Supermächte« USA und UdSSR unterstützten im Militär- und Sicherheitsbereich kaum den direkten Transfer von Computertechnik an ihre deutschen Partner. Dennoch ist das Aufkommen von Computern in den Systemkonflikt im Kalten Krieg einzuordnen.

In beiden Teilen Deutschlands erwies sich weniger das Militär als die (staatliche) Verwaltung als treibende Kraft bei der Computerisierung. Frühzeitig wurden Computer seit Ende der 1950er Jahre in Bereichen mit standardisierten Massendaten eingesetzt, wie etwa der Rentenversicherung, wodurch komplexe Veränderungen wie die bundesdeutsche Rentenreform 1957 ohne gewaltige Personalaufstockung möglich wurden. Auch die DDR kaufte in den 1960er Jahren Computer, um Personal einzusparen. Ebenso trugen Computer zum Ausbau der Dienstleistungsgesellschaft bei: Die breite Durchsetzung von Girokonten, die Buchung auf dem expandierenden Flugmarkt oder auch der Versandhaushandel wurden frühzeitig durch Computer forciert (vgl. Bösch 2018). Polizei- und Nachrichtendienste bauten in Ost- und Westdeutschland erst ab den späten 1960er Jahren vernetzte Datenbanken auf, die zugleich auf andere Verwaltungsdaten zurückgriffen (vgl. Mangold 2017; Bergien 2019). Angesichts dieser schrittweisen Veränderungen kann man eher von einer »digitalen Evolution« als von einer »digitalen Revolution« sprechen, da wie beim aufkommenden Buchdruck alte und neue Techniken lange einher gingen und Praktiken sich erst langsam wandelten.

In Verbindung mit linksalternativen Warnungen vor einem »Atom- und Überwachungsstaat« kamen besonders in der Bundesrepublik Ende der 1970er Jahre Ängste vor Computern und einem Orwellschen »1984« auf (vgl. Frohman 2012). Bezeichnenderweise verflogen diese Ängste jedoch gerade ab 1984 wieder rasch, als sich mit den Heimcomputern, besonders mit dem millionenfach verkauften »C64«, eine spielerische private Computeraneignung bis in die Kinderzimmer durchsetzte. In der DDR waren Heimcomputer zwar vornehmlich nur als Westgeschenke verbreitet, aber zumindest über Berufs-, Schul- und Jugendeinrichtungen experimentierten und spielten auch hier viele Menschen mit der neuen Technik. Charakteristisch für die Bundesrepublik war, dass der Staat hier, ähnlich wie beim frühen Rundfunk, eine recht starke kontrollierende Rolle einnahm. Vor allem die Deutsche Bundespost begrenzte durch ihr Monopol auf Modems, Datenfernübertragung und hohe Preise die frühe Ausweitung eines vernetzten Computergebrauchs, die im privatisierten Telefonmarkt der USA leichter möglich war. Im Anschluss an US-amerikanische Vorbilder entstand in der Bundesrepublik eine besonders starke linksalternativ-geprägte Hackerkultur, die für einen freien Informationsfluss, Transparenz und Datenschutz eintrat (Erdogan in Bösch 2018).

Ein weltweiter Vorreiter war die Bundesrepublik bei ihren Datenschutzgesetzen, was sicherlich auch mit der neuen Sensibilität für die nationalsozialistische Vergangenheit zu erklären ist. Gerade in diesen Bereichen waren die Unterschiede zur DDR immens, deren Computertechnik trotz großer staatlicher Förderung rund zehn Jahre zurücklag. In der DDR waren private Modems ganz verboten und die Datenfernübertragung selbst für große Betriebe aufgrund der maroden Telefonleitungen nur begrenzt möglich. Für den politischen Protest in Ostdeutschland 1989 spielten Computertechniken noch keine Rolle, da eine private kommunikative Vernetzung hier noch nicht möglich war. Dafür kam selbst in den sozialistischen Staaten in der zweiten Hälfte der 1980er Jahre ein reger Handel mit illegal kopierten Computerspielen und -software auf, der Brücken zwischen Ost und West aufzeigte (Wasiak 2012). Ebenso konnte die Staatssicherheit (die »Stasi«) seit den 1970er Jahren auf vernetzte Datenbanken zurückgreifen, um Oppositionelle zu überprüfen. Bei der Vereinigung 1990 erleichterte die vergleichsweise fortgeschrittene und prinzipiell kompatible Computertechnik in der DDR das rasche Zusammenwachsen mit dem Westen, etwa bei der Umstellung der Renten und Sparguthaben.

Bemerkenswert ist, dass die heute üblichen privaten und stark kommunikativen Gebrauchsweisen von Computern bis in die 1970er Jahre kaum imaginiert wurden. Frühzeitig kam die Vorstellung auf, dass Computer die Arbeitswelt rationalisieren und privat für Bankgeschäfte, den Konsum oder auch für Bibliotheksbestellungen genutzt werden, was rasch eine Umsetzung fand. Kaum jemand sah hingegen voraus, dass Computer als Medien der privaten oder öffentlichen Kommunikation breite Verwendung finden würden (Bösch 2017). E-Mail, SMS oder »Social Media«

entfalteten sich von unten, ohne dass die Vordenker der Computerwelt dies intendiert hatten.

Oft betont man gerade beim Internet die militärischen Wurzeln, da dessen wichtigster Vorläufer, das ARPANET, auch mit militärischer Unterstützung aufgebaut wurde. Neben dem wissenschaftlichen Interesse, durch das ARPANET Wissen zu teilen, lässt sich aber auch hier ein gegenkulturelles Interesse an der frühen Vernetzung zeigen, wobei kybernetisches Denken beide Seiten lange prägte (Schmitt 2016). Bereits das 1979 gestartete private »Usenet« diente dem freien Austausch zwischen Computern, vornehmlich von Universitäten aus. Wissen, Service, Unterhaltung und Kommunikation bildeten, wie bei älteren Medien, nun den Kern einer neuen Welle der Computerisierung, die mit der Öffnung durch das World Wide Web einen neuen Schub erhielt. Dies erklärt auch, warum diese vernetzte Kommunikation nicht in der Sowjetunion erfunden wurde. Der hier forcierte regionale Einsatz für die zentrale Berechnung der Planwirtschaft schuf eben keine Dynamik von unten, wie sie hier eher die analoge Schattenwirtschaft entfaltete (Peters 2016).

Als neuartig gilt die Interaktivität des Internets. Zweifelsohne gab es nie ein Medium, bei dem derartig viele Menschen aktiv an der Erstellung öffentlicher Inhalte beteiligt waren und so eigenständig Inhalte auswählen konnten. Die Struktur und Funktionsweise der Öffentlichkeit, verstanden als allgemein zugänglicher Kommunikationsraum, hat sich durch diese breiten Zugangschancen fundamental verändert. Interaktivität war jedoch bereits bei der Formierung vieler alter Medien ein Grundelement, das ihre dynamische Expansion förderte. Bereits bei den frühen Flugschriften, Zeitungen oder Zeitschriften nahmen zahlreiche Autoren aufeinander Bezug, und neue Sprecher bekamen durch die Medien Zugang zu einer sich neu formierenden Öffentlichkeit. Auch beim Internet etablierte sich eine Professionalisierung mit einer verstärkten redaktionellen Kontrolle.

Obgleich das Internet für eine interaktive Vernetzung steht, gilt es als Medium der privaten Vereinzelung: Menschen treffen sich demnach nicht mehr zu persönlichen Gesprächen, sondern nur noch virtuell über Computer. Auch dies lässt sich mediengeschichtlich einbetten. Neue Medien starteten meist mit einer gemeinsamen Nutzung an bestimmten Orten, bevor sich eine private Aneignung durchsetzte. Orte der kollektiven Aneignung waren etwa Marktplätze (Flugblätter), Kaffee- und Wirtshäuser (Zeitungen), Lesegesellschaften (Zeitschriften) oder Fernsehstuben, ebenso wie Internetcafés und Computer in Bildungseinrichtungen den ersten Zugang zur digitalen Kommunikation boten, bevor sich die private Nutzung des PCs etablierte. Ähnlich wie bei anderen Medien zeigt sich aber auch beim Internet, dass Medien eng mit der persönlichen Kommunikation verbunden sind. »Soziale Netzwerke« wie Facebook oder der E-Mail-Verkehr knüpfen entsprechend an den außermedialen Bekanntschaftskreis an und gelten daher als »real life extension« (Prommer u. a. 2009). Ähnlich wie Radio und Fernsehen führte das Internet durchaus zu neuen sozialen Interaktionen.

Medien haben einen expansiven Charakter, aber gerade in ihrer Frühphase standen sie zugleich für die Exklusion sozialer Gruppen. Wie dieses Buch vielfach zeigte, nutzten etwa anfangs überwiegend Männer die neuen Medien, wenngleich die Beteiligung von Frauen in den Medienöffentlichkeiten der letzten Jahrhunderte oft unterschätzt wurde. Gleiches gilt anfangs für das Internet. Wie ältere Medien weist auch das Internet geschlechtsspezifische Inhalte und Nutzungen auf. Frauen wählten vor allem die direkten kommunikativen Funktionen des Internets und produzierten seltener öffentliche Inhalte. In künftigen diachronen Studien wäre zu ermitteln, auf welche Weise das Internet, ebenso wie ältere Medien, geschlechtsspezifische Rollen stärkte und neu konstruierte. Oft hervorgehoben wird, dass das Internet Frauen oder auch Minderheiten bessere Zugangsmöglichkeiten zur Öffentlichkeit biete, da es eine körperlose Kommunikation und Verstellungen ermögliche. Auch dies hat eine Tradition, die mindestens bis zum Zeitschriftenmarkt des 18. Jahrhunderts zurückreicht. Der soziale »Digital Divide«, wie ihn Soziologen nennen, war lange charakteristisch: Aktive Internetnutzer waren bis in die 2000er Jahre überwiegend höher gebildet, jünger, finanziell besser gestellt und in wohlhabenden Industrieländern beheimatet, während benachteiligte Bevölkerungsgruppen durch das neue Medium weiter abgekoppelt wurden. Damit unterliefen neue Medien in ihrer Frühphase das Integrations- und Partizipationsversprechen, das auch das Internet aufbrachte. In reichen

Ländern zeichnete sich zudem die »Wissenskluft-Hypothese« ab, die ebenfalls anhand alter Medien entwickelt wurde: Gebildete oder erfolgreiche Menschen werden ihr zufolge durch die Nutzung von Medien klüger und erfolgreicher, weniger Gebildete hingegen nicht, da sie Inhalte different selektieren und verarbeiten.

Künftige Sozialgeschichten des Internets dürften jedoch nicht in der Beschreibung solcher sozialen Verstärkereffekte aufgehen. Neue Medien gingen historisch vielmehr oft mit dem Wandel gesellschaftlicher Gruppen einher. Erinnert sei etwa an die konfessionelle Spaltung im Zuge des Drucks, die Formierung des Bürgertums im Kontext des Zeitschriftenmarktes im 18. Jahrhundert oder weltanschaulicher Milieus im Zuge der Partei- und Massenpresse des späten 19. Jahrhunderts. Das Internet steht auf den ersten Blick für eine funktionale Ausdifferenzierung der Gesellschaft und die Ausbildung von Interessengruppen. Während vormals Fernsehen und Zeitungen noch eine nationale Kommunikation gestiftet hätten, atomisiert danach das Internet die Gesellschaft, da sich Millionen Menschen individualisiert differente Websites anschauen. Tatsächlich führten neue Medientechniken jedoch bei den Zeitgenossen immer wieder zu dem Eindruck einer unübersichtlichen Fragmentierung – seien es die zahllosen Einblattdrucke des 16. Jahrhunderts, die Filme um 1900, die vielen amerikanischen Radiostationen der 1920er Jahre oder das Privatfernsehen der 1980er. Tatsächlich ragten aus dieser Vielfalt stets nach einiger Zeit einige gut sichtbare Medien mit großer Reichweite heraus, die eine anschlussfähige Kommunikation ermöglichten. Hollywood oder die Pressekonzentration stehen dafür, aber auch beim Internet setzen sich dominante Suchmaschinen, Online-Communities oder hierarchisierte Websites durch, die eine Anschlusskommunikation und neue Gemeinschaftsbildungen ermöglichen. Gegen die These einer Verinselung im Privaten spricht zudem, dass die Internetkultur mit einem Anstieg von Massenevents einherging. Auch die politische Polarisierung in den 2010er Jahren wird damit verbunden.

Neue Medien trugen zudem häufig zur Veränderung von Machtstrukturen bei. Diskurse basieren auf Medien, und ihr Wandel gab neuen Sprechergruppen die Chance, mit anderen Ausdrucksformen und Regeln Machtgefüge zu verschieben. Dies gilt nicht nur für die politische Sphäre im engeren Sinne, sondern auch für viele soziale Systeme und Wissensfelder, in denen Medien die bislang legitimen Sprecher herausforderten. So ermöglichte der Druck, dass auch Laien in Volkssprachen über Fragen der Religion öffentlich diskutierten, oder Zeitungen und Fernsehen, dass die Öffentlichkeit Fragen der Wissenschaft, Politik oder Wirtschaft eigenständig deutete. In künftigen Kultur- und Sozialgeschichten wäre entsprechend zu untersuchen, wie soziale Ordnungen durch das Internet herausgefordert wurden. Auch im Wissenschaftsbetrieb hat die Internetkultur vermutlich die Entstehung, Diskussion und Distribution von historischem Wissen fundamentaler verändert, als es die »68er« jemals vermocht hätten.

Da auch die jeweiligen Zeitgenossen neuen Medien eine gesellschaftsverändernde Kraft zuschrieben, reagierten sie mit vielfältigen Kontroll- und Steuerungsversuchen; sei es bei der Freigabe von Filmen, der Regulierung des Rundfunks oder der Subvention der Presse. Das Internet gilt dagegen als ein besonders herrschafts- und zensurfreier Markt der Möglichkeiten. Allerdings zeigt bereits ein Blick nach China, dass Restriktionen für einen größeren Teil der Weltbevölkerung möglich sind. Die Mediengeschichte lehrt zwar, dass die mediale Kontrolle oft nur begrenzt griff und neue Medien eine subversive Kommunikation ermöglichten. Der »arabische Frühling« 2010/11 unterstrich etwa den medialen Aufbruch ebenso wie das Scheitern an Machtverhältnissen. Obgleich neue Massenmedien häufig kommunikative Partizipationsformen unterstützten, muss dies nicht in eine Demokratisierung münden. Zumindest zwangen neue Medien Herrscher zu einer anderen politischen Legitimierung und gaben oppositionellen Gruppen neue Möglichkeiten, sich zu artikulieren und so die bestehende Diskursmacht herauszufordern.

Neue Medien galten oft als gefährlich und brachten ähnliche Ängste auf wie anfangs die Computer und das Internet. Dazu zählte die Angst vor der Sucht, Nervosität und Oberflächlichkeit, die vor allem auf Jugendliche bezogen wurde. Frauen hingegen galten bei der Etablierung der Computer und des Internets nicht als besonders gefährdet, wie dies beim Roman, Film und Radio seinerzeit der Fall war. Eine lange Tradition hat auch die Angst, Menschen könnten die Grenzen zwischen Realität und medialer Welt nicht mehr erkennen. Ebenso charakteristisch war die Furcht vor den negativen Folgen für die Gedächtnisleistung und Aufmerksamkeit. Hier zeigte sich der sogenannte »Third-Person-Effect«: Während viele Menschen sich selbst in der Lage sehen, mit den neuen Medien souverän umzugehen, bewerten sie diese für andere, insbesondere für die »Masse«, als gefährlich.

Neu eingeführte Medien erschienen auch deshalb als bedrohlich, weil sie die Kommunikation beschleunigten und bisherige Erzählformen durchbrachen. Zeitungen, Film oder Radio standen bereits für die flüchtige und zeitgleiche Form der Kommunikation. Auch dem Internet wurde die Fähigkeit abgesprochen, Inhalte ruhig und gradlinig zu durchdringen, und unterstellt, sich in hektischen Schnipseln zu verlieren. Allerdings zeigte die Mediengeschichte immer wieder Gegenbewegungen: Der frühe Flugblattmarkt ging mit dem Druck von großen epischen Erzählungen einher, die frühen Kurzfilme mündeten in monumentalen Spielfilmen, und im Fernsehen minderte das serielle Prinzip die Flüchtigkeit. Ebenso bescherte nun das Internet den Boom von episch langen Serien. Anzunehmen ist, dass künftige Medieninnovationen auch das Internet als langsam, intellektuell wertvoll oder sozial integrativ erscheinen lassen werden, um die Gefahren des dann entstandenen neuen Mediums zu dramatisieren.

Die Schnelllebigkeit des Internets wurde auch auf seine Speicherfähigkeit bezogen, die ja ein wichtiges Merkmal von Medien bildet. Als flüchtiges Medium stehe das Internet demnach für den Verlust des kulturellen Gedächtnisses. Allerdings warnt auch hier eine medienhistorische Perspektive vor einem zu starken Kulturpessimismus. Vermutlich sind die digitalen Speichermöglichkeiten sogar besser als bei den früheren Medien. Es ist oft beklagt worden, aus dem ersten Jahrzehnt des World Wide Web sei nur ein Bruchteil der Seiten überliefert und der E-Mail-Verkehr werde nicht tradiert. Im Vergleich zum ersten Jahrzehnt des Films, Radios oder Fernsehens ist dieser Anteil aber doch so wesentlich, dass er künftigen Historikern breite Forschungsmöglichkeiten eröffnet. Natürlich werden nicht alle E-Mails und Chats überliefert. Im Vergleich zur vorherigen persönlichen und telefonischen Kommunikation sind dies aber so unvergleichbar viele Quellen, dass die Geschichtswissenschaft davon nur profitieren kann. Voraussetzung dafür ist freilich, dass endlich eine Archivierungsform gefunden wird, die elektronische Medienquellen angemessen erfasst und zugänglich macht.

Nachwort zur 2. Auflage

Die erste Version dieses Buches habe ich 2009/10 verfasst. Damals blühten medienhistorische Forschungen in der Geschichtswissenschaft bereits auf. Im zurückliegenden Jahrzehnt haben diese jedoch eine ganz neue Verbreitung und Resonanz gefunden. Arbeiten zur historischen Bedeutung von einzelnen Medien sind mittlerweile selbst bei Abschlussarbeiten üblich und zahlreiche neuere Monographien widmeten sich Medieninhalten, der Arbeit von Journalisten oder auch den gesellschaftlichen Folgen von Medien. Auch der Trend zur transnationalen Geschichte beflügelte viele Studien, die die grenzübergreifende Bedeutung von Medien untersuchten. Vor allem integrieren heute viele Analysen medienhistorische Ansätze, auch wenn sie nicht über Medien forschen. Auch in der allgemeinen Geschichtsschreibung wuchs das Bewusstsein über die mediale Grundierung vieler historischer Vorgänge.

Die erste Auflage dieses Buches konnte 2015 bereits mit leichten Überarbeitungen als englische Übersetzung erscheinen, im Jahr darauf auch als englischsprachiges Taschenbuch. Ich danke dem Campus-Verlag und insbesondere dessen Lektor Jürgen Hotz, dass er nach einigen unveränderten Nachdrucken der deutschen Auflage nun anbot, eine zweite, stärker aktualisierte und überarbeitete Auflage zu produzieren. An vielen Stellen konnte so die neue Fachliteratur ergänzt werden. Einzelne Abschnitte, wie insbesondere der abschließende Ausblick in das digitale Zeitalter, wurden umfassender aktualisiert, da sich hier jetzt erst historische Forschungen abzeichnen. Schon damals war es schwierig, auf begrenztem Seitenumfang die deutsche und internationale Entwicklung sowie die vielfältige Forschung einzubeziehen, insbesondere zum 20. Jahrhundert. Dieses Problem ist eher größer geworden. Insofern kann auch diese ergänzte Neuauflage nur erste Schneisen in eine komplexe Forschungslandschaft schlagen und einige Perspektiven anbieten.

Potsdam, im Oktober 2018
Frank Bösch

Bibliographie

Abel, Richard (2005), *Encyclopedia of Early Cinema*, London

Abramson, Albert (2002), *Die Geschichte des Fernsehens*, München

Adburgham, Alison (1972), *Women in Print: Writing and Women's Magazines from the Restoration to the Accession of Victoria*, London

Adrians, Frauke (1999), *Journalismus im 30-jährigen Krieg. Kommentierung und »Parteylichkeit« in Zeitungen des 17. Jahrhunderts*, Konstanz

Albrecht, Peter/Böning, Holger (Hg.) (2005), *Historische Presse und ihre Leser. Studien zu Zeitungen, Zeitschriften, Intelligenzblättern und Kalendern in Nordwestdeutschland*, Bremen

Anderson, Benedict (1993), *Die Erfindung der Nation. Zur Karriere eines folgenreichen Konzeptes*, Frankfurt/M.

Arndt, Johannes (2006), Verkrachte Existenzen? Zeitungs- und Zeitschriftenmacher im Barockzeitalter zwischen Nischenexistenz und beruflicher Etablierung, in: *Archiv für Kulturgeschichte* 88, S. 101–115

– (2002), »Pflicht=mässiger Bericht«. Ein medialer Angriff auf die Geheimnisse des Reichstags aus dem Jahre 1713, in: *Jahrbuch für Kommunikationsgeschichte* 4, S. 1–31

–/Körber, Esther-Beate (Hg.) (2010), *Das Mediensystem im Alten Reich der Frühen Neuzeit 1600–1700*, Göttingen

Arnold, Klaus/Classen, Christoph (Hg.) (2004), *Zwischen Pop und Propaganda. Radio in der DDR*, Berlin

– u.a. (2008), *Kommunikationsgeschichte. Positionen und Werkzeuge. Ein diskursives Hand- und Lehrbuch*, Münster 2008

Aronson, Amy Beth (2002), *Taking Liberties: Early American Women's Magazines and their Readers*, Westport

Aumente, Jerome u.a. (Hg.) (1999), *Eastern European Journalism. Before, During and After Communism*, Cresskill

Baark, Erik (1997), *Lightning Wires: The Telegraph and China's Technological Modernisation 1860–1890*, Westport

Bachleitner, Norbert/Seidler, Andrea (2007), *Zur Medialisierung gesellschaft-*

licher Kommunikation in Österreich und Ungarn: Studien zur Presse im 18. und 19. Jahrhundert, Wien

Badenoch, Alexander (2008), *Voices in Ruins: West German Radio across the 1945 Divide*, Hampshire

Bakker, Gerben (2005), The Decline and Fall of the European Film Industry: Sunk Costs, Market Size, and Market Structure, 1890–1927, in: *Economic History Review* 58, S. 310–351

– (2008), *Entertainment Industrialised: the Emergence of the International Film Industry, 1890–1940*, Cambridge

Balázs, Béla (1924/2001), *Der sichtbare Mensch oder die Kultur des Films*, Frankfurt/M.

Balogh, F. Anrás/Tarnói, Laszló (Hg.) (2007), *Deutsche Presse aus Ungarn in der ersten Hälfte des 19. Jahrhunderts. Literatur, Theater, Sprache und Aspekte der Identität*, Budapest

Barbier, Frédéric (2017), *The Book and the Invention of Western Modernity*, Cambridge

Barker, Hannah (2000), *Newspapers, Politics, and English Society 1695–1855*, London

–/Burrows, Simon (Hg.) (2002), *Press, Politics and the Public Sphere in Europe and North America, 1760–1820*, Cambridge

Baron, Sabrina A. u. a. (Hg.) (2007), *Agent of Change: Print Culture Studies after Elizabeth L. Eisenstein*, Amherst

Bartels, Ulrike (2004), *Die Wochenschau im Dritten Reich, Entwicklung und Funktion eines Massenmediums unter besonderer Berücksichtigung völkisch-nationaler Inhalte*, Frankfurt/M.

Basse, Dieter (1991), *Wolffs Telegraphisches Bureau 1849 bis 1933. Agenturpublizistik zwischen Politik und Wirtschaft*, München

Bauer, Volker/Böning, Holger (Hg.) (2011), *Die Entstehung des Zeitungswesens im 17. Jahrhundert. Ein neues Medium und seine Folgen für das Kommunikationssystem der Frühen Neuzeit*, Bremen

Baumgarten, Jens (2004), *Konfession, Bild und Macht. Visualisierung als katholisches Herrschafts- und Disziplinierungskonzept in Rom und im habsburgischen Schlesien (1560–1740)*, München

Beck, Klaus (2017), *Kommunikationswissenschaft*, München, 5. überarb. Aufl. Behmer, Markus u. a. (Hg.) (2003), *Medienentwicklung und gesellschaftlicher Wandel. Beiträge zu einer theoretischen und empirischen Herausforderung*, Wiesbaden

Behringer, Wolfgang (2003), *Im Zeichen des Merkur. Reichspost und Kommunikation in der Frühen Neuzeit*, Göttingen

– (1999), Veränderung der Raum-Zeit-Relation. Zur Bedeutung des Zeitungs- und Nachrichtenwesens während der Zeit des Dreißigjährigen Krieges, in:

Krusenstern, Benigna von/Medick, Hans (Hg.), *Zwischen Alltag und Katastrophe. Der Dreißigjährige Krieg aus der Nähe*, Göttingen, S. 39–82

Beine, Manfred (1999), Pressefreiheit und Agitation. Das Wochenblatt für den Kreis Wiedenbrück im Revolutionsjahr 1848, in: *Westfälische Forschungen* 49, S. 151–189

Bellingradt, Daniel (2011), *Flugpublizistik und Öffentlichkeit um 1700. Dynamiken, Akteure und Strukturen im urbanen Raum des Alten Reiches*, Stuttgart

Benjamin, Walter (2002 [1936]), *Das Kunstwerk im Zeitalter seiner technischen Reproduzierbarkeit. Drei Studien zur Kunstsoziologie*, Frankfurt/M.

Bergien, Rüdiger (2019), Programmieren mit dem Klassenfeind. Die Stasi, Siemens und der Transfer von EDV-Wissen im Kalten Krieg, in: *Vierteljahrshefte für* Zeitg*eschichte* 67, S. 1–30

Berns, Jörg Jochen (1976), »Parteylichkeit« und Zeitungswesen. Zur Rekonstruktion einer medienpolitischen Diskussion an der Wende vom 17. zum 18. Jahrhundert, in: Haug, W. F. (Hg.), *Massen/Medien/Politik*, Karlsruhe, S. 202–233

Beyer, Franz-Heinrich (1994), *Eigenart und Wirkung des reformatorischen Flugblatts im Zusammenhang der Publizistik der Reformationszeit*, Frankfurt/M.

Biefang, Andreas (2009), *Die andere Seite der Macht. Reichstag und Öffentlichkeit im »System Bismarck« 1871–1890*, Düsseldorf

Bignell, Jonathan/Fickers, Andreas (Hg.) (2008), *A European Television History*, London

Birett, Herbert (1991), *Das Filmangebot in Deutschland, 1895–1911*, München

Birkner, Thomas (2012), *Das Selbstgespräch der Zeit: Die Geschichte des Journalismus in Deutschland 1605-1914*, Köln

Blome, Astrid (Hg.) (2000), *Zeitung, Zeitschrift, Intelligenzblatt und Kalender. Beiträge zur historischen Presseforschung*, Bremen

Blühm, Elger/Engelsing, Rolf (Hg.) (1967), *Die Zeitung: Deutsche Urteile und Dokumente von den Anfängen bis zur Gegenwart*, Bremen

Blühm, Elger/Gebhardt, Hartwig (Hg.) (1987), *Presse und Geschichte II. Neue Beiträge zur historischen Kommunikationsforschung*, München

Blumenauer, Elke (2000), *Journalismus zwischen Pressefreiheit und Zensur. Die Augsburger »Allgemeine Zeitung« im Karlsbader System (1818–1848)*, Köln

Bobsin, Katrin (2013), *Das Presseamt der DDR: staatliche Öffentlichkeitsarbeit für die SED*, Köln

Böhn, Andreas/Seidler, Andreas (2014), *Mediengeschichte: eine Einführung*, Tübingen, 2. überarb. Aufl.

Bohrmann, Hans/Toepser-Ziegert, Gabriele (Hg.) (1984–2001), *NS-Presseanweisungen der Vorkriegszeit. Edition und Dokumentation*, 7 Bde., München

Bonfadelli, Heinz (2004), *Medienwirkungsforschung*, 2 Bde., Stuttgart

Böning, Holger (2002), *Periodische Presse. Kommunikation und Aufklärung. Hamburg und Altona als Beispiel*, Bremen

– (1999), Das Intelligenzblatt, in: Fischer, Ernst/Haefs, Wilhelm/Mix, York-Gothart (Hg.), *Von Almanach bis Zeitung. Ein Handbuch der Medien in Deutschland 1700–1800*, München, S. 89–105

– (Hg.) (1992), *Französische Revolution und deutsche Öffentlichkeit. Wandlungen in Presse und Alltagskultur am Ende des achtzehnten Jahrhunderts*, München

Bösch, Frank (2004), Zeitungsberichte im Alltagsgespräch: Mediennutzung, Medienwirkung und Kommunikation im Kaiserreich, in: *Publizistik* 49, S. 319–336

–/Borutta, Manuel (Hg.) (2006), *Die Massen bewegen. Medien und Emotionen in der Moderne*, Frankfurt/M.

–/Frei, Norbert (Hg.) (2006), *Medialisierung und Demokratie im 20. Jahrhundert*, Göttingen

– (2007), Film, NS-Vergangenheit und Geschichtswissenschaft. Von »Holocaust« zu »Der Untergang«, in: *Vierteljahrshefte für Zeitgeschichte* 55, S. 1–32

–/Geppert, Dominik (Hg.) (2008), *Journalist as Political Actors. Transfers and Interactions between Britain and Germany since the late 19th Century*, Augsburg

– (2009), *Öffentliche Geheimnisse. Skandale, Politik und Medien im Kaiserreich und Großbritannien 1880–1914*, München

–/Lucian Hölscher (Hg.) (2009), *Medien, Kirchen, Öffentlichkeiten. Transformationen kirchlicher Selbst- und Fremddeutungen seit 1945*, Göttingen

–/Schmidt, Patrick (Hg.) (2010), *Medialisierte Ereignisse. Performanz, Inszenierung und Medien seit dem 18. Jahrhundert*, Frankfurt/M.

– (2012a): Politische Macht und gesellschaftliche Gestaltung. Wege zur Einführung des privaten Rundfunks in den 1970/80er Jahren, in: *Archiv für Sozialgeschichte* 52, S. 191–210

– (2012b): Parlamente und Medien. Deutschland und Großbritannien seit dem späten 19. Jahrhundert, in: Schulz, Andreas/Wirsching, Andreas (Hg.), *Parlamentarische Kulturen in Europa - das Parlament als Kommunikationsraum*, Düsseldorf, S. 371–388

–/Hoeres, Peter (Hg.) (2013), *Außenpolitik im Medienzeitalter. Vom späten 19. Jahrhundert bis zur Gegenwart*, Göttingen

– (2017), Euphorie und Ängste: Westliche Vorstellungen einer computerisierten Welt, 1945-1990, in: Hölscher, Lucian (Hg.), *Die Zukunft des 20. Jahrhunderts. Dimensionen einer historischen Zukunftsforschung*, Frankfurt/M., S. 221–252

– (Hg.) (2018), *Wege in die digitale Gesellschaft. Computernutzung in der Bundesrepublik 1955-1990*, Göttingen

Bourgault, Louise Manon (1995), *Mass Media in Sub-Saharian Africa*, Bloomington

Brandes, Helga (Hg.) (1991), *»Der Menschheit Hälfte blieb noch ohne Recht«. Frauen und die Französische Revolution*, Wiesbaden

Brandt, Hans-Jürgen (1994), Die Anfänge des Kinos, in: Faulstich, Werner/ Korte, Helmut (Hg.), *Fischer Filmgeschichte. Bd. 1: Von den Anfängen bis zum etablierten Medium 1895–1924*, Frankfurt/M., S. 86–98

Briggs, Asa (1995), *The Birth of Broadcasting, (1896–1927)*, Oxford

Briggs, Asa/Burke, Peter (2010), *A Social History of the Media: From Gutenberg to the Internet*, Cambridge u.a., 3. überarb. Aufl.

Broersma, Marcel (Hg.) (2007), *Form and Style in Journalism. European Newspapers and the Representation of News, 1880–2005*, Leuven

Brokaw, Cynthia J. (2005), The History of the Book in China, in: Dies./ Chow, Kai-wing (Hg.), *Printing and Book Culture in Late Imperial China*, Berkeley, S. 3–54

Brown, Lucy (1985), *Victorian News and Newspapers*, Oxford

Buchloh, Stephan (2002), *»Pervers, jugendgefährdend, staatsfeindlich«. Zensur in der Ära Adenauer als Spiegel des gesellschaftlichen Klimas*, Frankfurt/M.

Burke, Peter (2001), *Papier und Marktgeschrei. Die Geburt der Wissensgesellschaft*, Berlin

Burkhardt, Johannes (1992), *Der Dreißigjährige Krieg*, Frankfurt/M.

– (2002), *Das Reformationsjahrhundert. Deutsche Geschichte zwischen Medienrevolution und Institutionenbildung 1517–1617*, Stuttgart

–/Werkstetter, Christine (Hg.) (2005) (Hg.), *Kommunikation und Medien in der Frühen Neuzeit*, München

Burns, Eric (2006), *Infamous Scribblers: The Founding Fathers and the Rowdy Beginnings of American Journalism*, New York

Burrowes, Carl Patrick (2004), *Power and Press Freedom in Liberia, 1830–1970*, Trenton

Bush, M. L. (2005), *The Casualties of Peterloo*, Lancaster

Bussiek, Dagmar (2002), *»Mit Gott für König und Vaterland!«. Die Neue Preußische Zeitung (Kreuzzeitung) 1848–1892*, Münster

Büteführ, Nadja (1995), *Zwischen Anspruch und Kommerz: Lokale Alternativpresse 1970–1993*, Münster

Calhoun, Craig J. (Hg.) (1992), *Habermas and the Public Sphere*, Cambridge, Mass.

Chambers, Deborah u. a. (2004), *Women and Journalism*, London

Chapman, Jane (2005), *Comparative Media History. An Introduction: 1789 to the Present*, London

Charle, Christophe (2004), *La siècle de la presse (1830–1939)*, Paris

Chartier, Roger/Martin, Henri-Jean (Hg.) (1989), *Le livre conquérant*, Bd. 1, Paris

Censer, Jack (1994), *The French Press in the Age of Enlightenment*, London

Chow, Kai-wing (2004), *Publishing, Culture, and Power in Early Modern China*, Stanford

Church, Clive H. (1983), *Europe in 1830. Revolution and Political Change*, London

Classen, Christoph (2004), *Faschismus und Antifaschismus. Die nationalsozialistische Vergangenheit im ostdeutschen Hörfunk (1945–1953)*, Köln

– (2007), Thoughts on the Significance of Mass-media Communications in the Third Reich and the GDR, in: Maier, Hans (Hg.), *Totalitarianism and Political Religion: Concepts for the Comparison of Dictatorships*, London, S. 547–562

Conboy, Martin (2002), *The Press and Popular Culture*, London

Copeland, David (2002), America 1750–1820, in: Barker, Hannah/Burrows, Simon (Hg.), *Press, Politics and the Public Sphere in Europe and North America, 1760–1820*, Cambridge

Cortada, James W. (2004-2006), *The Digital Hand*, 3 Bde., Oxford

Cousins, Mark (2006), *The Story of Film. A Worldwide History*, New York

Craig, Douglas B. (2000), *Fireside Politics. Radio and Political Culture in the United States, 1920–1940*, London

Creutz, Martin (1996), *Die Pressepolitik der kaiserlichen Regierung während des Ersten Weltkriegs. Die Exekutive, die Journalisten und der Teufelskreis der Berichterstattung*, Frankfurt/M.

Crivellari, Fabio/Sandl, Marcus (2003), Die Medialität der Geschichte. Forschungsstand und Perspektiven einer interdisziplinären Zusammenarbeit von Geschichts- und Medienwissenschaften, in: *Historische Zeitschrift* 277, S. 619–654

– u.a. (Hg.) (2004), *Die Medien der Geschichte: Historizität und Medialität in interdisziplinärer Perspektive*, Konstanz

Curran, James (1978), The Press as an Agency of Social Control: a Historical Perspective, in: Boyce, Georg u.a. (Hg.), *Newspaper History from the Seventeenth Century to Present Day*, London, S. 51–75

Curran, James/Seaton, Jean (1985), *Power without Responsibility: Press and Broadcasting in Britain*, London

Curtis, Perry (2001), *Jack the Ripper and the London Press*, New Haven

Daniel, Jürgen/Schuhmann, Annette (2015), Wege in die digitale Moderne. Computerisierung als gesellschaftlicher Wandel, in: Bösch, Frank (Hg.), *Geteilte Geschichte. Ost- und Westdeutschland 1970-2000*, Göttingen, S. 283–319

Daniel, Ute (Hg.) (2006), *Augenzeugen, Kriegsberichterstattung vom 18. zum 21. Jahrhundert*, Göttingen

–/Schildt, Axel (Hg.) (2010), *Massenmedien im Europa des 20. Jahrhunderts*, Köln

Daniel, Ute (2018), *Beziehungsgeschichten. Politik und Medien im 20. Jahrhundert*, Hamburg

Danker, Uwe u.a. (2003), *Am Anfang standen Arbeitergroschen. 140 Jahre Medienunternehmen der SPD*, Bonn

Dann, Otto (Hg.) (1981), *Lesegesellschaften und bürgerliche Emanzipation. Ein europäischer Vergleich*, München

Darnton, Robert (1985), *Literaten im Untergrund: Lesen, Schreiben und Publizieren im vorrevolutionären Frankreich*, München

–/Roche, Daniel (Hg.) (1989), *Revolution in Print: The Press in France 1775–1800*, Berkeley

Dewitz, Bodo von/Lebeck, Robert (Hg.) (2001), *Kiosk. Eine Geschichte der Fotoreportage 1839–1973*, Göttingen

Dibbets, Karel/Hogenkamp, B. (1995), *Film and the First World War*, Amsterdam

Dicke, Gerd/Grubmüller, Klaus (Hg.) (2003), *Die Gleichzeitigkeit von Handschrift und Buchdruck*, Wiesbaden

Diller, Ansgar (1980), *Rundfunkpolitik im Dritten Reich*, München

Doering-Manteuffel, Sabine/Mancal, Josef/Wüst, Wolfgang (Hg.) (2001), *Pressewesen der Aufklärung. Periodische Schriften im Alten Reich*, Berlin

Donsbach, Wolfgang (Hg.) (2009), *The International Encyclopedia of Communication*, 12 Bde., Malden, Mass.

Dooley, Brendan/Baron, Sabrina A. (Hg.) (2001), *The Politics of Information in Early Modern Europe*, London

– (Hg.) (2010), *The Dissemination of News and the Emergence of Contemporaneity in Early Modern Europe*, Farnham

Dowe, Dieter (Hg.) (1998), *Europa 1848: Revolution und Reform*, Bonn

Duchkowitsch, Wolfgang (1978), *Absolutismus und Zeitung. Die Strategie der absolutistischen Kommunikationspolitik und ihre Wirkung auf die Wiener Zeitungen 1621–1757*, Wien

Dussel, Konrad (1999), *Deutsche Rundfunkgeschichte. Eine Einführung*, Konstanz

–/Lersch, Edgar (Hg.) (1999), *Quellen zur Programmgeschichte des deutschen Hörfunks und Fernsehens*, Göttingen

– (2004), *Deutsche Tagespresse im 19. und 20. Jahrhundert*, Münster

– (2010), Wie erfolgreich war die nationalsozialistische Presselenkung?, in: *Vierteljahrshefte für Zeitgeschichte* 58, S. 543–561

– (2012), *Pressebilder in der Weimarer Republik: Entgrenzung der Information*, Berlin

Edwards, Mark U. (1994), *Printing, Propaganda, and Martin Luther*, Berkeley

Egenhoff, Uta (2008), *Berufsschriftstellertum und Journalismus in der Frühen*

Neuzeit. Eberhard Werner Happels Relationes Curiosae im Medienverbund des 17. Jahrhunderts, Bremen

Eisenhardt, Ulrich (1970), *Die kaiserliche Aufsicht über Buchdruck, Buchhandel und Presse im Heiligen Römischen Reich Deutscher Nation (1496–1806). Ein Beitrag zur Geschichte der Bücher und Pressezensur*, Karlsruhe

Eisenstein, Elizabeth L. (2005 [1979]), *The Printing Revolution in Early Modern Europe*, Cambridge

Eisermann, Thilo (2000), *Pressephotographie und Informationskontrolle im Ersten Weltkrieg: Deutschland und Frankreich im Vergleich*, Hamburg

Eisermann, Falk (2002), Buchdruck und politische Kommunikation. Ein neuer Fund zur frühen Publizistik Maximilians I., in: *Gutenberg-Jahrbuch* 77, S. 76–83

Elter, Andreas (2008), *Propaganda der Tat. Die RAF und die Medien*, Frankfurt/M.

Emery, Edwin/Emery, Michael (1988), *The Press and America. An Interpretative History of the Mass Media*, Englewood Cliffs

Engell, Lorenz (1995), *Bewegen beschreiben: Theorie zur Filmgeschichte*, Weimar

–/Vogl, Joseph (Hg.) (2001), *Mediale Historiographien*, Weimar

Engels, Sin-Ja (2003), *Buchdruck in Korea und Deutschland – Jikji und die Gutenberg-Bibel: Impressionen einer »deutsch-koreanischen Ausstellung« in der Georg-August-Universität Göttingen*, Göttingen

Engelsing, Rolf (1973), *Analphabetentum und Lektüre. Zur Sozialgeschichte des Lesens in Deutschland zwischen feudaler und industrieller Gesellschaft*, Stuttgart

Esser, Frank (1998), *Die Kräfte hinter den Schlagzeilen. Englischer und deutscher Journalismus im Vergleich*, Freiburg

Eugster, Enerst (1983), *Television Programming Across National Boundaries: the EBU and OIRT Experience*, Dedham

Fahlenbrach, Katrin (2018), *Medien, Geschichte und Wahrnehmung: Eine Einführung in die Mediengeschichte*, Wiesbaden

Faulstich, Werner (1996 ff.), *Die Geschichte der Medien*, bisher 5 Bde., Göttingen

– (1998), *Medien zwischen Herkunft und Revolte. Die Medienkultur der frühen Neuzeit (1400–1700)*, Göttingen

– (2006a), *Mediengeschichte. Von den Anfängen bis 1700*, Göttingen

– (2006b), *Mediengeschichte. Von 1700 bis ins 3. Jahrtausend*, Göttingen

Faßler, Manfred/Halbach, Wulf R. (Hg.) (1998), *Geschichte der Medien*, München

Fellow, Anthony R. (2005), *American Media History*, Toronto

Fickers, Andreas (2009), Eventing Europe. Europäische Fernseh- und Mediengeschichte als Zeitgeschichte, in: *Archiv für Sozialgeschichte*, S. 391–416

Fiedler, Anke (2014), *Medienlenkung in der DDR*, Wien

Filk, Christian/Ruchatz, Jens (2007), *Frühe Film- und Mediensoziologie: Emilie Altenlohs Studie »Zur Soziologie des Kino« von 1914*, Siegen

Fischer, Ernst/Haefs, Wilhelm/Mix, York-Gothart (Hg.) (1999), *Von Almanach bis Zeitung. Ein Handbuch der Medien in Deutschland 1700–1800*, München

Fischer, Heinz-Dietrich (Hg.) (1973), *Deutsche Zeitschriften des 17. bis 20. Jahrhunderts*, München

– (Hg.) (1982), *Deutsche Kommunikationskontrolle des 15. bis 20. Jahrhunderts*, München.

Flieger, Wolfgang (1992), *Die TAZ. Vom Alternativblatt zur linken Tageszeitung*, München

Fortner, Robert S. (2005), *Radio, Morality and Culture. Britain, Canada and the United States 1919–1945*, Illinois

Fox, Jo (2007), *Film Propaganda in Britain and Nazi Germany. World War II Cinema*, Oxford

Frasca, Ralph (2006), *Benjamin Franklin's Printing Network. Disseminating Virtue in Early America*, Columbia

Frei, Norbert/Schmitz, Johannes (1999), *Journalismus im Dritten Reich*, München

Fremmer, Amselm (2001), *Venezianische Buchkultur: Bücher, Buchhändler und Leser in der Frührenaissance*, Köln

Freund, Marion (2004), *»Mag der Thron in Flammen glühn!«. Schriftstellerinnen und die Revolution von 1848/49*, Königstein/Taunus

Fritzsche, Peter (1996), *Reading Berlin 1900*, London

Frohman, Larry (2012), »Only Sheep Let Themselves Be Counted.« Privacy, Political Culture, and the 1983/87 West German Census Boycotts, in: *Archiv für Sozialgeschichte* 52, S.335–378

Führer, Karl Christian (1996), Auf dem Weg zur »Massenkultur«?. Kino und Rundfunk in der Weimarer Republik, in: *Historische Zeitschrift* 262, S. 739–781

–/Hickethier, Knut/Schildt, Axel (2001), Öffentlichkeit, Medien, Geschichte. Konzepte der modernen Öffentlichkeit und Zugänge zu ihrer Erforschung, in: *Archiv für Sozialgeschichte* 41, S. 1–38

– (2008), *Medienmetropole Hamburg: mediale Öffentlichkeiten 1930–1960*, München

–/Ross, Corey (Hg.) (2008), *Mass Media, Culture and Society in Twentieth-Century Germany*, Basingstoke

Fulda, Bernhard (2009), *Press and Politics in the Weimar Republic*, Oxford

Füssel, Stephan (1999), *Gutenberg und seine Wirkung*, Frankfurt/M.

Galassi, Stefania (2008), *Pressepolitik im Faschismus. Das Verhältnis von Herrschaft und Presseordnung in Italien zwischen 1922 und 1940*, Stuttgart

Geppert, Dominik (2007), *Pressekriege. Öffentlichkeit und Diplomatie in den deutsch-britischen Beziehungen (1896–1912)*, München

Gerbig-Fabel, Marco (2008), Photographic Artefacts of War 1904–1905: The Russo-Japanese War as Transnational Media Event, in: *European Review of History* 15, S. 629–642

Gernert, Angelica (1990), *Liberalismus als Handlungskonzept: Studien zur Rolle der politischen Presse im italienischen Risorgimento vor 1848*, Stuttgart

Gesemann, Wolfgang (1987), Der Beginn des bulgarischen Pressewesens im Neuzehnten Jahrhundert. Bedingungen und Wirkungen, in: Fried, István u.a. (Hg.), *Zeitschriften und Zeitungen des 18. und 19. Jahrhunderts in Mittel- und Osteuropa*, Essen, S. 229–241

Gestrich, Andreas (1994), *Absolutismus und Öffentlichkeit. Politische Kommunikation in Deutschland zu Beginn des 18. Jahrhunderts*, Göttingen

Gienow-Hecht, Jessica C. E. (1999), *Transmission Impossible: American Journalism as Cultural Diplomacy in Postwar Germany, 1945–1955*, Baton Rogue

Giesecke, Michael (1991), *Der Buchdruck in der frühen Neuzeit: Eine historische Fallstudie über die Durchsetzung neuer Informations- und Kommunikationstechnologien*, Frankfurt/M.

– (2007), *Die Entdeckung der kommunikativen Welt. Studien zur kulturvergleichenden Mediengeschichte*, Frankfurt/M.

Gillessen, Günther (1987), *Auf verlorenem Posten. Die Frankfurter Zeitung im Dritten Reich*, Berlin

Gilmont, Jean-François (Hg.) (1998), *The Reformation and the Book*, Aldershot

Glasenapp, Jörn (2008), *Die deutsche Nachkriegsfotografie. Eine Mentalitätsgeschichte in Bildern*, Paderborn

Goldstein, Robert Justin (Hg.) (2000), *The War for the Public Mind: Political Censorship in Nineteenth-Century Europe*, Westport

Gossel, Daniel (2009), *Medien und Politik in Deutschland und den USA. Kontrolle, Konflikt und Kooperation vom 18. bis zum frühen 20. Jahrhundert*, Stuttgart

Gough, Hugh (1988), *The Newspaper Press in the French Revolution*, Chicago

– (2002), The French Revolutionary Press, in: Barker, Hannah/Burrows, Simon (Hg.), *Press, Politics and the Public Sphere in Europe and North America, 1760–1820*, Cambridge, S. 182–201

Grampp, Sven u.a. (Hg.) (2008), *Revolutionsmedien – Medienrevolutionen*, Konstanz

– (2016): *Medienwissenschaft*, Konstanz

Greiling, Werner (2003), *Presse und Öffentlichkeit in Thüringen. Mediale Verdichtung und kommunikative Vernetzung im 18. und 19. Jahrhundert*, Köln

Greiner, Florian (2014), *Wege nach Europa. Deutungen eines imaginierten Kontinents in deutschen, britischen und amerikanischen Printmedien, 1914-1945*, Göttingen

Griep, Hans-Joachim (2005), *Geschichte des Lesens. Von den Anfängen bis Gutenberg*, Darmstadt

Gries, Rainer (2003), *Produkte als Medien. Kulturgeschichte der Produktkommunikation in der Bundesrepublik und der DDR*, Leipzig

Groth, Otto (1948), *Geschichte der deutschen Zeitungswissenschaft. Probleme und Methoden*, München

Großmann,Thomas (2015), *Fernsehen, Revolution und das Ende der DDR*, Göttingen

Gunaratne, Shelton A. (Hg.) (2002), *Handbook of the Media in Asia*, New Delhi

Haberland, Detlef (Hg.), *Buch- und Wissenstransfer in Ostmittel- und Südosteuropa in der Frühen Neuzeit*, München

Habermas, Jürgen (1990 [1962]), *Strukturwandel der Öffentlichkeit. Untersuchungen zu einer Kategorie der bürgerlichen Gesellschaft*, Fankfurt/M.

Hachmeister, Lutz/Siering, Friedemann (Hg.) (2002), *Die Herren Journalisten. Die Elite der deutschen Presse zwischen Nationalsozialismus und Bundesrepublik Deutschland*, München

Haefs, Wilhelm/Mix, York-Gothart (Hg.) (2006), *Zensur im Jahrhundert der Aufklärung. Geschichte – Theorie – Praxis*, Göttingen

Hagedorn, Anke (2016), *Die Deutsche Welle und die Politik. Deutscher Auslandsrundfunk 1953–2013*, Konstanz

Hallin, Daniel/Mancini, Paolo (2004), *Comparing Media Systems: Three Models of Media and Politics*, Cambridge

Hamm, Berndt (1996), Die Reformation als Medienereignis, in: Baldermann, Ingo (Hg.), *Glaube und Öffentlichkeit*, Neukirchen-Vluyn, S. 137–166

Hampton, Mark (2004), *Visions of the Press in Britain, 1850–1950*, Urbana

Hannig, Nicolai (2010), *Die Religion der Öffentlichkeit. Medien, Religion und Kirche in der Bundesrepublik Deutschland (1945–1980)*, Göttingen

Harline, Craig E. (1987), *Pamphlets, Printing, and Political Culture in the Early Dutch Republic*, Dordrecht

Harms, Wolfgang (1985 ff.), *Deutsche illustrierte Flugblätter des 16. und 17. Jahrhunderts*, Berlin

–/Schilling, Michael (Hg.) (1998), *Das illustrierte Flugblatt in der Kultur der Frühen Neuzeit*, Frankfurt/M.

Harris, Bob (1996), *Politics and the Rise of the Press: Britain and France, 1620–1800*, London

Haucke, Lutz (2005), *Film – Künste – TV-SHOWS. Film- und fernsehwissenschaftliche Studien*, Berlin

Heidenreich, Bernd/Neitzel, Sönke (Hg.) (2010), *Medien in Nationalsozialismus*, Paderborn

Heintzel, Alexander(1998), *Propaganda im Zeitalter der Reformation. Persuasive Kommunikation im 16. Jahrhundert*, St. Augustin

Heitger, Ulrich (2003), *Vom Zeitzeichen zum politischen Führungsmittel. Ent-*

wicklungstendenzen und Strukturen der Nachrichtenprogramme des Rundfunks der Weimarer Republik 1923–1932, Münster

Hensle, Michael P (2003), *Rundfunkverbrechen. Das Hören von »Feindsendern« im Nationalsozialismus*, Berlin

Hepp, Andreas (2006), *Transkulturelle Kommunikation*, Konstanz

Hett, Benjamin Carter (2004), *Death in the Tiergarten. Murder and Criminal Justice in the Kaiser's Berlin*, Cambridge, Mass.

Hibberd, Matthew (2008), *The Media in Italy. Press, Cinema and Broadcasting from Unification to Digital*, Maidenhead

Hickethier, Knut (1998), *Geschichte des deutschen Fernsehens*, Stuttgart

Higman, Francis M. (1996), *Piety and the People. Religious Printing in French 1511–1551*, Aldershot

Hilgert, Christoph (2015), *Die unerhörte Generation: Jugend im westdeutschen und britischen Hörfunk 1945-1963*, Göttingen 2015

Hillerich, Sonja (2018), *Deutsche Auslandskorrespondenten im 19. Jahrhundert. Die Entstehung einer transnationalen journalistischen Berufskultur*, Berlin

Hills, Daniel J. (2002), *The Struggle for Control of Global Communications*, Chicago

Hilmes, Michele (2004), *Only Connect: A Cultural History of Broadcasting in the United States*, Boston

Hirschhausen, Ulrike von (1998), *Liberalismus und Nation. Die Deutsche Zeitung 1847–1850*, Bonn

Hodenberg, Christina von (2006), *Konsens und Krise. Eine Geschichte der westdeutschen Medienöffentlichkeit 1945–1973*, Göttingen

– (2015), *Television's Moment: Sitcom Audiences and the Sixties Cultural Revolution*, New York

Hofmeister-Hunger, Andrea (1994), *Pressepolitik und Staatsreform. Die Institutionalisierung staatlicher Öffentlichkeitsarbeit bei Karl August von Hardenberg (1792–1822)*, Göttingen

Holtorf, Christian (2014), *Der erste Draht zur Neuen Welt. Die Verlegung des transatlantischen Telegrafenkabels*, Göttingen, 2. Aufl.

Holzbach, Heidrun (1981), *Das »System Hugenberg«. Die Organisation bürgerlicher Sammlungspolitik vor dem Aufstieg der NSDAP*, Stuttgart

Holzer, Anton (2014), *Rasende Reporter. Eine Kulturgeschichte des Fotojournalismus: Fotografie, Presse und Gesellschaft in Österreich, 1890 bis 1945*, Darmstadt

Holzweißig, Gunter (2002), *Die schärfste Waffe der Partei. Eine Mediengeschichte der DDR*, Köln

Homberg, Michael (2017), *Reporter-Streifzüge. Metropolitane Nachrichtenkultur und die Wahrnehmung der Welt 1870-1918*, Göttingen

Hörisch, Jochen (2004), *Eine Geschichte der Medien. Von der Oblate zum Internet*, Frankfurt/M.

Horn, Sabine (2009), *Erinnerungsbilder. Auschwitz-Prozess und Majdanek-Prozess im westdeutschen Fernsehen*, Essen

Hoyer, Svennik/Pöttker, Horst (Hg.) (2005), *Diffusion of the News Paradigm 1850–2000*, Göteborg

Huffman, James (1997), *Creating a Public: People and Press in Meiji Japan*, Honolulu

Hugill, Peter J. (1999), *Global Communications since 1844: Geopolitics and Technology*, Baltimore

Humphreys, Peter (1994), *Media and Media Policy in Germany. The Press and Broadcasting since 1945*, Oxford

Imhof, Kurt/Schulz, Peter (1998) (Hg.), *Die Veröffentlichung des Privaten – Die Privatisierung des Öffentlichen*, Opladen

Innis, Harold (1951), *The Bias of Communication*, Toronto

Jacobsen, Wolfgang/Kaes, Anton/Prinzler, Hans Helmut (Hg.) (2004), *Geschichte des deutschen Films*, Stuttgart

Jäger, Jens (2009), *Fotografie und Geschichte*, Frankfurt/M.

Janßen, Karl-Heinz u. a. (2006), *Die Zeit. Geschichte einer Wochenzeitung 1946 bis heute*, München

Jehle, Anna (2018), *Welle der Konsumgesellschaft: Radio Luxembourg in Frankreich 1945-1975*, Göttingen

Jelavich, Peter (2006), *Berlin Alexanderplatz: Radio, Film, and the Death of Weimar Culture*, Berkley

John, Richard R./Silberstein-Loeb, Jonathan (Hg.) (2018), *Making News: The Political Economy of Journalism in Britain and America from the Glorious Revolution to the Internet*, Oxford

Jung, Uli (Hg.) (1993), *Der deutsche Film. Aspekte seiner Geschichte von den Anfängen bis zur Gegenwart*, Trier

–/Loiperdinger, Martin (Hg.) (2005), *Geschichte des dokumentarischen Films in Deutschland*, Stuttgart

Kapr, Albert (1988), *Johannes Gutenberg – Persönlichkeit und Leistung*, München

Kaufmann, Thomas/Mittler, Elmar (Hg.) (2017a), *Reformation und Buch. Akteure und Strategien frühreformatorischer Druckerzeugnisse*, Wiesbaden

Kaufmann, Thomas (2017b), Der Buchdruck der Reformation und seine Weltwirkungen, in: *Archiv für Reformationsgeschichte* 108.1, S. 115–125

Kaul, Chandrika (2003), *Reporting the Raj: The British Press and India, 1880–1922*, Manchester

Käuser, Andreas (2005), Medienumbrüche – Fragmente eines Forschungsgebiets, in: *Navigationen: Zeitschrift für Medien- und Kulturwissenschaften* 5, S. 243–260

Kinnebrock, Susanne (1999), »Gerechtigkeit erhöht ein Volk!?« – Die erste deutsche Frauenbewegung, ihre Sprachrohre und die Stimmrechtsfrage, in: *Jahrbuch für Kommunikationsgeschichte* 1, S. 135–172

Kittler, Friedrich A. (1995), *Aufschreibesysteme 1800–1900*, München

– (2002), *Optische Medien. Berliner Vorlesungen 1999*, Berlin

Klaits, Joseph (1976), *Printed Propaganda under Louis XIV. Absolute Monarchy and Public Opinion*, Princeton

Knabe, Hubertus (2001), *Der diskrete Charme der DDR. Stasi und Westmedien*, Berlin

Kniep, Jürgen (2010), *»Keine Jugendfreigabe!« Filmzensur in Westdeutschland 1949–1990*, Göttingen

Knoch, Habbo (2001), *Die Tat als Bild: Fotografien des Holocaust in der deutschen Erinnerungskultur*, Hamburg

–/Morat, Daniel (Hg.) (2003), *Kommunikation als Beobachtung. Medienanalyse und Gesellschaftsbilder 1880–1960*, München

Koch, Hans-Jörg (2003), *Das Wunschkonzert im NS-Rundfunk*, Köln

Koch, Hans-Jürgen/Glaser, Hermann (2005), *Ganz Ohr. Eine Kulturgeschichte des Radios in Deutschland*, Köln

Koch, Ursula E. (1991), *Der Teufel in Berlin. Von der Märzrevolution bis zu Bismarcks Entlassung. Illustrierte politische Witzblätter einer Metropole*, Köln

Köhler, Hans-Joachim (1986), Erste Schritte zu einem Meinungsprofil der frühen Reformation, in: Press, Volker/ Stievermann, Dieter (Hg.), *Martin Luther. Probleme seiner Zeit*, Stuttgart, S. 244–281

Kohnen, Richard (1995), *Pressepolitik des Deutschen Bundes. Methoden staatlicher Pressepolitik nach der Revolution von 1848*, Tübingen

König, Wolfgang (2004), *Volkswagen, Volksempfänger, Volksgemeinschaft. »Volksprodukte« im Dritten Reich. Vom Scheitern einer nationalsozialistischen Konsumgesellschaft*, Paderborn

Koopmans, J.W. (Hg.) (2005), *News and Politics in Early Modern Europe*, Leuven

Kopper, Gerd G./Mancini, Paolo (Hg.) (2003), *Kulturen des Journalismus und politische Systeme*, Berlin

Körber, Ester-Beate (1998), *Öffentlichkeiten in der Frühen Neuzeit. Teilnehmer, Formen, Institutionen und Entscheidungen öffentlicher Kommunikation im Herzogtum Preußen von 1525 bis 1618*, Berlin

Korte, Helmut (1998), *Der Spielfilm und das Ende der Weimarer Republik. Ein rezeptionshistorischer Versuch*, Göttingen

Kortti, Jukka (2017), Media History and the Mediatization of Everyday Life, in: *Media History* 23.1, S. 115–129

Koszyk, Kurt (1966), *Deutsche Presse im 19. Jahrhundert*, Berlin

Kracauer, Siegfried (1932/1974), *Kino. Essays, Studien, Glossen zum Film*, Frankfurt/M.

– (1979), *Von Caligari zu Hitler. Eine psychologische Geschichte des deutschen Films*, Frankfurt/M.

Kraushaar, Wolfgang (2001), 1968 und die Massenmedien, in: *Archiv für Sozialgeschichte* 41, S. 317–348

Kreimeier, Klaus (1992), *Die Ufa-Story. Geschichte eines Filmkonzerns*, München

– (2011), *Traum und Exzess: die Kulturgeschichte des frühen Kinos*, Wien

Kreuzer, Helmut/Thomson, Christian W. (Hg.) (1994), *Geschichte des Fernsehens in der Bundesrepublik Deutschland*, 5 Bde., München

Kruke, Anja (2007), *Demoskopie in der Bundesrepublik Deutschland. Meinungsforschung, Parteien und Medien 1949–1990*, Düsseldorf

Kuhn, Raymond (2002), *The Media in France*, London

Kümmel, Albert u. a. (Hg.) (2004), *Einführung in die Geschichte der Medien*, Paderborn

Kurth, Karl (1944) (Hg.), *Die ältesten Schriften für und wider die Zeitung*, Brünn

Kuschel, Franziska (2016), *Schwarzhörer, Schwarzseher und heimliche Leser: die DDR und die Westmedien*, Göttingen

Küster, Sebastian (2004), *Vier Monarchien – vier Öffentlichkeiten. Kommunikation um die Schlacht bei Dettingen*, Münster

Kutsch, Arnulf/Weber, Johannes (Hg.) (2002), *350 Jahre Tageszeitung. Forschungen und Dokumente*, Bremen

Lampe, Gerhard (2000), *Panorama, Report und Monitor: Geschichte der politischen Fernsehmagazine 1957-1990*, Konstanz

Larkey, Edward (2007), *Rotes Rockradio. Populäre Musik und die Kommerzialisierung des DDR-Rundfunks*, Berlin

Ledderose, Lothar (2000), *Ten thousand Things: Module and Mass Production in Chinese Art*, Princeton 2000

Lee, Alan J. (1976), *The Origins of the Popular Press in England, 1855–1914*, London

Leesch, Klaus (2014), *»Vorwärts« in »Die Neue Zeit«: die sozialdemokratische Presse im langen 19. Jahrhundert*, Leipzig

Lenger, Friedrich/Nünning, Ansgar (Hg.) (2008), *Medienereignisse der Moderne*, Darmstadt

Lenoe, Mathew (2004), *Closer to the Masses. Stalinist Culture, Social Revolution, and Soviet Newspapers*, Cambridge

Leonhard, Joachim-Felix (Hg.) (1997), *Programmgeschichte des Hörfunks in der Weimarer Republik*, München

–/u. a. (Hg.) (1999–2002), *Medienwissenschaft. Ein Handbuch zur Entwicklung der Medien und Kommunikationsformen*, 3 Bde., Berlin

Lerg, Winfried B. (1980), *Rundfunkpolitik in der Weimarer Republik*, München

Lersch, Edgar/Schanze, Helmut (Hg.) (2004), *Die Idee des Radios. Von den Anfängen in Europa und den USA bis 1933*, Konstanz

Lewis, Anthony (2008), *Freedom for the Thought That We Hate. A Biography of the First Amendment*, New York

Lie, Hiu (2003), *Die Anfänge des koreanischen Buchdrucks mit Metallettern. Das königliche Druckereiamt »Chujaso« zu Beginn des 15. Jahrhunderts*, Thunum

Lindenberger, Thomas (2004), Vergangenes Hören und Sehen. Zeitgeschichte und ihre Herausforderung durch die audiovisuellen Medien, in: *Zeithistorische Forschungen/Studies in Contemporary History* 1, S. 72–85

– (Hg.) (2006), *Massenmedien im Kalten Krieg. Akteure, Bilder, Resonanzen*, Köln

Loiperdinger, Martin (1993), Das frühe Kino der Kaiserzeit: Problemaufriß und Forschungsperspektiven, in: Uli Jung (Hg.), *Der deutsche Film. Aspekte seiner Geschichte von den Anfängen bis zur Gegenwart*, Trier, S. 21–50

– (1996), Lumières Ankunft des Zugs: Gründungsmythos eines neuen Mediums, in: *KINtop* 5, S. 37–70

– (1997), Kaiser Wilhelm II: Der erste deutsche Filmstar, in: Koebner, Thomas (Hg.), *Idole des deutschen Films. Eine Galerie von Schlüsselfiguren*, München, S. 41–54

– (1999), *Film und Schokolade – Stollwercks Geschäfte mit lebenden Bildern*, Frankfurt/M.

– (2003), Biograph-Bilder vom Burenkrieg – Münchner Polizeizensur hört aufs Publikum, in: *KINtop* 14/15, S. 66–75

Lokatis, Siegfried/Sonntag, Ingrid (Hg.) (2008), *Heimliche Leser in der DDR. Kontrolle und Verbreitung unerlaubter Literatur*, Berlin

Longerich, Peter (2006), *»Davon haben wir nichts gewußt!« Die Deutschen und die Judenverfolgung 1933–1945*, Berlin

Lorenzen, Ebba (1978), *Presse unter Franco. Zur Entwicklung publizistischer Institutionen und Prozesse im politischen Kräftespiel*, München

Lottes, Günther (1996), Medienrevolution, Reformation und sakrale Kommunikation, in: Kronenburg, Stephan/Schichtel, Horst (Hg.), *Die Aktualität der Geschichte. Historische Orientierung in der Mediengesellschaft*, Gießen, S. 247–261

Maase, Kaspar (1997), *Grenzenloses Vergnügen. Der Aufstieg der Massenkultur 1850–1970*, Frankfurt/M.

– (2001), Massenkunst und Volkserziehung. Die Regulierung von Film und Kino im deutschen Kaiserreich, in: *Archiv für Sozialgeschichte* 41, S. 39–77

Mancini, Paolo (2005), *Mediensystem und journalistische Kultur in Italien*, Berlin

Mangold, Hannes (2017), *Fahndung nach dem Raster. Informationsverarbeitung bei der bundesdeutschen Kriminalpolizei, 1965-1984*, Zürich

Mann, Michael (2017), *Wiring the Nation. Telecommunication, Newspaper-Reportage, and Nation Building in British India, 1850-1930*, New Delhi

Marker, Gary (1985), *Publishing, Printing, and the Origins of Intellectual Life in Russia 1700–1800*, Princeton

Marsh, Steven (2006), *Popular Spanish Film under Franco: Comedy and the Weakening of the State*, Basingstoke

Marßolek, Inge/Saldern, Adelheid von (Hg.) (1998), *Zuhören und Gehörtwerden*, 2 Bde., Tübingen

Mauelshagen, Franz/Mauer, Benedikt (Hg.) (2000), *Medien und Weltbilder im Wandel der frühen Neuzeit*, Augsburg

McDermott, Joseph Peter (2006), *A Social History of the Chinese Book: Books and Literati Culture in Late Imperial China*, Hong Kong

McDowell, Paula (1998), *The Women of Grub Street: Press, Politics, and Gender in the London*, Oxford

McLuhan, Marshall (1992 [1964]), *Die magischen Kanäle. Understanding Media*, Düsseldorf

– (1968), *Die Gutenberg-Galaxis. Das Ende des Buchzeitalters*, Düsseldorf

McReynolds, Louise (1991), *The News under Russia's old Regime. The Development of a Masscirculation Press*, Princeton

Meier, Gerd (1999), *Zwischen Milieu und Markt. Tageszeitungen in Ostwestfalen 1920–1970*, Paderborn

Melve, Leidulf (2007), *Inventing the Public Sphere. The Public Debate during the Investiture Contest (1030–1122)*, Leiden

Mendelssohn, Peter de (1982 [1959]), *Zeitungsstadt Berlin. Menschen und Mächte in der Geschichte der deutschen Presse*, Berlin

Meyen, Michael (2002), *Hauptsache Unterhaltung: Mediennutzung und Medienbewertung in Deutschland in den 50er Jahren*, Münster

– (2003), *Denver Clan und Neues Deutschland: Mediennutzung in der DDR*, Berlin

– (2009), Medialisierung, in: *Medien und Kommunikationswissenschaft* 57, S. 23–38

Minholz, Michael/Stirnberg, Uwe (1995), *Der Allgemeine Deutsche Nachrichtendienst (ADN): gute Nachrichten für die SED*, München u.a.

Moon-Year, Park (2004), A Study on the Type Casting, Setting and Printing Method of »Buljo-Jikji-Simche-Yoyeol«, in: *Gutenberg-Jahrbuch* 79, S. 32–46

Moritz, Verena/Moser, Karin/Leidinger, Hannes (Hg.) (2008), *Kampfzone Kino. Film in Österreich 1918-1938*, Wien

Mörke, Olaf (2005), *Die Reformation: Voraussetzungen und Durchsetzung*, München

Mühlenfeld, Daniel (2009), Was heißt und zu welchem Ende studiert man NS-Propaganda? Neuere Forschungen zur Geschichte von Medien, Kommunikation und Kultur während des ›Dritten Reiches‹, in: *Archiv für Sozialgeschichte* 49, S. 527–559

Müller, Corinna (1994), *Frühe deutsche Kinematographie. Formale, wirtschaftliche und kulturelle Entwicklungen 1907–1912*, Hamburg

– (2003), *Vom Stummfilm zum Tonfilm*, München

Müller, Philipp (2005), *Auf der Suche nach dem Täter. Die öffentliche Dramatisierung von Verbrechen im Berlin des Kaiserreichs*, Frankfurt/M.

Müller, Simone M. (2016), *Wiring the World: The Social and Cultural Creation of Global Telegraph Networks*, New York

Münkel, Daniela (2005), *Willy Brandt und die »Vierte Gewalt«. Politik und Massenmedien in den 50er bis zu den 70er Jahren*, Frankfurt/M.

Murray, W.J. (1991), Journalism as Career Choice in 1789, in: Chisick, Harvey (Hg.), *The Press in the French Revolution*, Oxford, S. 161–188

Müsse, Wolfgang (1995), *Die Reichspresseschule: Journalisten für die Diktatur? Ein Beitrag zur Geschichte des Journalismus im Dritten Reich*, München

Naumann, Friedrich (2001), *Vom Abakus zum Internet. Die Geschichte der Informatik*, Darmstadt

Neddermayer, Uwe (1998), *Von der Handschrift zum gedruckten Buch. Schriftlichkeit und Leseinteresse im Mittelalter und in der frühen Neuzeit. Quantitative und qualitative Aspekte*, 2 Bde., Wiesbaden

Nojiri, Hiroko (1991), *Medien in Japan*, Berlin

North, Michael (Hg.) (1995), *Kommunikationsrevolutionen. Die neuen Medien des 16. und 19. Jahrhunderts*, Köln

Nowak, Kai (2015), *Projektionen der Moral: Filmskandale in der Weimarer Republik*, Göttingen

Nowell-Smith, Geoffrey (1996), *The Oxford History of World Cinema*, Oxford

Oels, David/Schneider, Ute (Hg.) (2015), *»Der ganze Verlag ist einfach eine Bonbonniere«. Ullstein in der ersten Hälfte des 20. Jahrhunderts*, Berlin

Oehmig, Richard (2017), *»Besorgt mal Filme!«: Der internationale Programmhandel des DDR-Fernsehens*, Göttingen

Oppelt, Ulrike (2002), *Film und Propaganda im Ersten Weltkrieg. Propaganda als Medienrealität im Aktualitäten- und Dokumentarfilm*, Stuttgart

Osterhammel, Jürgen (2009), *Die Verwandlung der Welt: Eine Geschichte des 19. Jahrhunderts*, München

Osterhaus, Andreas (1990), *Europäischer Terraingewinn in Schwarzafrika: Das Verhältnis von Presse und Verwaltung in sechs Kolonien Deutschlands, Frankreichs und Großbritanniens von 1894 bis 1914*, Frankfurt/M.

Paas, J.R. (1984 ff.), *The German Political Broadsheet 1600–1700*, bisher 9 Bde., Wiesbaden

Paczkowski, Andrzej (1997), Zur politischen Geschichte der Presse in der Volksrepublik Polen (1944–1989), in: Mühle, Eduard (Hg.), *Vom Instru-*

ment der Partei zur »Vierten Gewalt«. Die ostmitteleuropäische Presse als zeithistorische Quelle, Marburg, S. 25–45

Paech, Anne/Paech, Joachim (2000), *Menschen im Kino: Film und Literatur erzählen*, Stuttgart

Palmowski, Jan (2009), *Inventing a Socialist Nation: Heimat and the Politics of Everyday Life in the GDR, 1945–90*, Cambridge

Paul, Gerhard (2004), *Bilder des Krieges – Krieg der Bilder. Die Visualisierung des modernen Krieges*, Paderborn

– (Hg.) (2006), *Visual History. Ein Studienbuch*, Göttingen

– (Hg.) (2008/09), *Das Jahrhundert der Bilder*, 2 Bde., Göttingen

Peacey, Jason (2013), *Print and Public Politics in the English Revolution*, Cambridge

Peters, Benjamin (2016), *How not to network a nation: the uneasy history of the Soviet internet*, Cambridge/Mass.

Peters, John Durham (1999), *Speaking into the Air. A History of the Idea of Communicaton*, Chicago

Petersen, Klaus (1995), *Zensur in der Weimarer Republik*, Stuttgart

Pfarr, Kristina (1994), *Die Neue Zeitung. Empirische Untersuchung eines Informationsmediums der frühen Neuzeit unter besonderer Berücksichtigung von Gewaltdarstellungen*, Mainz

Plambeck, Petra (1982), *Publizistik im Rußland des 18. Jahrhunderts*, Hamburg

Plunkett, John (2002), *Queen Victoria: First Media Monarch*, Oxford

Pompe, Hedwig (2004), Die Neuheit der Neuheit: Der Zeitungsdiskurs im späten 17. Jahrhundert, in: Kümmel, Albert u. a. (Hg.), *Einführung in die Geschichte der Medien*, Paderborn, S. 35–63

Popkin, Jeremy D. (1990), *Revolutionary News. The Press in France, 1789–1799*, Durham

– (2005), New Perspectives on the Early Modern European Press, in: Koopmans, J. W. (Hg.), *News and Politics in Early Modern Europe*, Leuven, S. 1–28

– (Hg.) (2015), *Media And Revolution. Comparative Perspectives*, Lexington

Pöppinghege, Rainer (2001), »Mit mittelmaessigen Geistesgaben und Vorkenntnissen ausgerüstet«: Über das Verhältnis von kaiserlichen Behörden und Presse in den deutschen Kolonien 1898 bis 1914, in: *Jahrbuch für Kommunikationsgeschichte* 3, S. 157–169

Pöttker, Horst (2006), Journalismus als Politik. Eine explorative Analyse von NS-Presseanweisungen der Vorkriegszeit, in: *Publizistik* 52, S. 168–182

Postman, Neil (1989), *Das Verschwinden der Kindheit*, Frankfurt/M.

– (1992), *Wir amüsieren uns zu Tode. Urteilsbildung im Zeitalter der Unterhaltungsindustrie*, Frankfurt/M.

Potter, Simon James (2003), *News and the British World. The Emergence of an Imperial Press System, 1876–1922*, Oxford

Prommer, Elizabeth Anna (2009), *»Real life extension« in Web-basierten sozialen Netzwerken – Studie zur Selbstrepräsentation von Studierenden in StudiVZ,* Potsdam

Puppis, Manuel (2007), *Einführung in die Medienpolitik*, Konstanz

Pürer, Heinz (2003), *Publizistik- und Kommunikationswissenschaft. Ein Handbuch*, Konstanz

– (2015), *Medien in Deutschland: Presse – Rundfunk – Online*, Konstanz u.a.

Radkau, Joachim (1998), *Das Zeitalter der Nervosität. Deutschland zwischen Bismarck und Hitler*, München

Rantanen, Terhi (1990), *Foreign News in Imperial Russia: The Relationship between International and Russian News Agencies, 1856–1914*, Helsinki

Rattner Gelbart, Nina (1987), *Feminine and Opposition Journalism in Old Regime France: Le Journal des Dammes*, Berkeley

Rau, Susanne/Schwerhoff, Gerd (Hg.) (2004), *Zwischen Gotteshaus und Taverne. Öffentliche Räume in Spätmittelalter und Früher Neuzeit*, Köln

Raymond, Joad (Hg.) (1999), *News, Newspapers, and Society in Early Modern Britain*, London

– (2001), *The Invention of the Newspaper. English Newsbooks, 1641–1649*, Oxford

– (2003), *Pamphlets and Pamphleteering in Early Modern Britain*, Cambridge

–/Moxham, Noah (Hg.) (2016), *News Networks in Early Modern Europe*, Brill

Read, Donald (1999), *The Power of News. The History of Reuters*, Oxford

Reeves, Nicolas (1997), Cinema, Spectatorship and Propaganda. Battle of the Somme and its contemporary audience, in: *Historical Journal of Film, Radio and Television* 17, S. 5–28

Reichardt, Rolf (2008a), »Das größte Ereignis der Zeit«. Zur medialen Resonanz der Pariser Februarrevolution, in: Lenger, Friedrich/Nünning, Ansgar (Hg.), *Medienereignisse der Moderne*, Darmstadt, S. 14–40

– (2008b), Plurimediale Kommunikation und symbolische Repräsentation in den Französischen Revolutionen 1789–1848, in: Grampp, Sven u.a. (Hg.), *Revolutionsmedien – Medienrevolutionen*, Konstanz 2008, S. 231–275

Reinermann, Lothar (2001), *Der Kaiser in England: Wilhelm II. und sein Bild in der britischen Öffentlichkeit*, Paderborn

Renner, Andreas (2000), *Russischer Nationalismus und Öffentlichkeit im Zarenreich 1855–1875*, Köln

Repgen, Konrad (1997), Der Westfälische Friede und die zeitgenössische Öffentlichkeit. in: *Historisches Jahrbuch* 117, S. 38–83

Requate, Jörg (1995), *Journalismus als Beruf. Entstehung und Entwicklung des Journalistenberufs im 19. Jahrhundert. Deutschland im internationalen Vergleich*, Göttingen

– (1999), Medien und Öffentlichkeit als Gegenstände historischer Analyse, in: *Geschichte und Gesellschaft* 25, S. 5–33
– (2001), Medienmacht und Politik. Die politischen Ambitionen großer Zeitungsunternehmer – Hearst, Northcliffe, Beaverbrook und Hugenberg im Vergleich, in: *Archiv für Sozialgeschichte* 41, S. 79–95
– (Hg.) (2009), *Das 19. Jahrhundert als Mediengesellschaft*, München
Retallack, James (1993), From Pariah to Professional? The Journalist in German Society and Politics, from the Late Enlightenment to the Rise of Hitler, in: *German Studies Review* 16, S. 175–223
Ries, Paul (1977), The Anatomy of a Seventeenth-Century Newspaper, in: *Daphnis* 6, S. 171–232
Rösch-Sondermann, Hermann (1998), *Bibliographie der lokalen Alternativpresse: Vom Volksblatt zum Stadtmagazin*, München
Rosenberger, Bernhard (1998), *Zeitungen als Kriegstreiber? Die Rolle der Presse im Vorfeld des Ersten Weltkrieges*, Köln
Rosenstock, Roland (2002), *Evangelische Presse im 20. Jahrhundert*, Stuttgart
Ross, Corey (2008), *Media and the making of modern Germany. Mass Communications, Society, and Politics from the Empire to the Third Reich*, Oxford
– (2006), Mass Culture and Divided Audiences: Cinema and Social Change in Inter-War Germany, in: *Past & Presents*, S. 157–196
Rosseaux, Ulrich (2004), Die Entstehung der Meßrelationen. Zur Entwicklung eines frühneuzeitlichen Nachrichtenmediums aus der Zeitgeschichtsschreibung des 16. Jahrhunderts, in: *Historisches Jahrbuch* 124, S. 97–123
Ruchatz, Jens (2003), »Spiel ohne Grenzen oder grenzenlose Spielerei? Eurovision – Intervision – Mondovision«, in: Schneider, Irmela u. a. (Hg.), *Medienkultur der 60er Jahre. Global – lokal*, Wiesbaden, S. 121–147
Rüden, Peter von/Wagner, Hans-Ulrich (Hg.) (2005), *Die Geschichte des Nordwestdeutschen Rundfunks*, Hamburg
Rutz, Rainer (2007), *Signal: Eine deutsche Auslandsillustrierte als Propagandainstrument im Zweiten Weltkrieg*, Essen
Sachsse, Rolf (2003), *Die Erziehung zum Wegsehen: Fotografie im NS-Staat*, Dresden
Saenger, Michael Baird (2005), The Birth of Advertising, in: Brooks, A. Douglas (Hg.), *Printing and Parenting in Early Modern England*, Aldershot, S. 197–219
Sawyer, Jeffrey K. (1990), *Printed Poison: Pamphlet Propaganda, Faction Politics, and the Public Sphere in Early seventeenth-century France*, Berkeley
Scannell, Paddy/Cardiff, David (1991), *A Social History of British Broadcasting*, Bd. 1, Oxford
Schanze, Frieder (1999), Der Buchdruck eine Medienrevolution?, in: Haug, Walter (Hg.), *Mittelalter und frühe Neuzeit: Übergänge, Umbrüche und Neuansätze*, Tübingen, S. 286–311

Schanze, Helmut (Hg.) (2001), *Handbuch der Mediengeschichte*, Stuttgart

Schenk, Michael (2007), *Medienwirkungsforschung*, Tübingen

Schildt, Axel (1995), *Moderne Zeiten: Freizeit, Massenmedien und »Zeitgeist« in der Bundesrepublik der 50er Jahre*, Hamburg

Schilling, Michael (1990), *Bildpublizistik in der frühen Neuzeit. Aufgaben und Leistungen des illustrierten Flugblattes in Deutschland bis um 1700*, Tübingen

Schlingmann, Sabine (2007), *»Die Woche« – Illustrierte im Zeichen emanzipatorischen Aufbruchs?: Frauenbild, Kultur- und Rollenmuster in Kaiserzeit, Republik und Diktatur (1899-1944); eine empirische Analyse*, Hamburg

Schmidt, Anne (2006), *Belehrung – Propaganda – Vertrauensarbeit. Zum Wandel amtlicher Kommunikationspolitik in Deutschland 1914–1918*, Essen

Schmitt, Martin u.a. (2016a), Digitalgeschichte Deutschlands. Ein Forschungsbericht, in: *Technikgeschichte* 83.1, S. 33–70

– (2016b), *Internet im Kalten Krieg. Eine Vorgeschichte des globalen Kommunikationsnetzes*, Bielefeld

Schneider, Franz (1966), *Pressefreiheit und politische Öffentlichkeit. Studien zur politischen Geschichte Deutschlands bis 1848*, Neuwied am Rhein

Schneider, Bernhard (1998), *Katholiken auf die Barrikaden? Europäische Revolutionen und deutsche katholische Presse 1815–1848*, Paderborn

Scholz, Williams, Gerhild/Layfer, William (Hg.) (2008), *Consuming News: Newspapers and Print Culture in Early Modern Europe (1500–1800)*, Amsterdam

Schönhagen, Philomen (1998), *Unparteilichkeit im Journalismus. Tradition einer Qualitätsnorm*, Tübingen

Schort, Manfred (2006), *Politik und Propaganda: Der Siebenjährige Krieg in den zeitgenössischen Flugschriften*, Frankfurt/M.

Schöttker, Detlev (Hg.) (1999), *Von der Stimme zum Internet. Texte aus der Geschichte der Medienanalyse*, Göttingen

Schramm, Martin (2007), *Das Deutschlandbild in der britischen Presse 1912–1919*, Berlin

Schröder, Thomas (1995), *Die ersten Zeitungen. Textgestaltung und Nachrichtenauswahl*, Tübingen

Schultheiß-Heinz, Sonja (2004), *Politik in der europäischen Publizistik: Eine historische Inhaltsanalyse von Zeitungen des 17. Jahrhunderts*, Stuttgart

Schults, Raymond L. (1972), *Crusader in Babylon. W. T. Stead and the Pall Mall Gazette*, Lincoln

Schulz, Manuela (2005), *Zeitungslektüre und Landarbeiterschaft. Eine kommunikationsgeschichtliche Studie zur Verbreitung des Zeitungslesens im 19. und 20. Jahrhundert*, Bremen

Schwarz, Hans-Peter (2008), *Axel Springer: Die Biografie*, Berlin

Schwarz, Uta (2002), *Wochenschau, westdeutsche Identität und Geschlecht in den fünfziger Jahren*, Frankfurt/M.

Schwoch, James (2009), *Global TV: New Media and the Cold War, 1946–69*, Urbana

Scribner, Robert W. (1981), *For the Sake of Simple Folk: Popular Propaganda for the German Reformation*, Cambridge

Segeberg, Harro (Hg.) (2004), *Das Dritte Reich und der Film*, München

Seong-Rae, Park (2004), An Invention with Little Innovations, in: *Gutenberg-Jahrbuch* 79, S. 26–31

Shrivastava, K. M. (2005), *Broadcast Journalism in the 21st Century*, New Delhi

Siemann, Wolfram (1985), *Die deutsche Revolution von 1848/49*, Frankfurt/M.

– (1987), Ideenschmuggel. Probleme der Meinungskontrolle und das Los deutscher Zensoren im 19. Jahrhundert, in: *Historische Zeitschrift* 245, S. 71–106.

Silberstein-Loeb, Jonathan (2014), *The International Distribution of News: The Associated Press, Press Association, and Reuters, 1848-1947*, New York

Sinclair, John (1999), *Latin American Television: A Global View*, Oxford

Sklar, Robert (2002), *A World History of Film*, New York

Sloan, William David/Williams, Julie Hedgepeth (1994), *The Early American Press, 1690–1783*, Westport

Smith, Anthony (1979), *The Newspaper. An International History*, London

Sohn, Pow-Key (2001) Invention of the Movable Metal-type Printing in Koryo: It's Role and Impact Cultural Progress, in: *Gutenberg-Jahrbuch* 76, S. 25–30.

Sohn, Pokee (1998), Invention of the Movable Metal-Type Printing in Koryo: Its Role and Impact on Human Cultural Progress, in: *Gutenberg Jahrbuch* 73, S. 25–30

Sommerville, C. John (1996), *The News Revolution in England. Cultural Dynamics of Daily Information*, Oxford

Sonntag, Christian (2006), *Medienkarrieren. Biografische Studien über Hamburger Nachkriegsjournalisten 1946–1949*, München

Sösemann, Bernd (2000), *Theodor Wolff. Ein Leben mit der Zeitung*, München

– (Hg.) (2002), *Kommunikation und Medien in Preußen vom 16. bis zum 19. Jahrhundert*, Stuttgart

– (2007), Journalismus im Griff der Diktatur. Die »Frankfurter Zeitung« in der nationalsozialistischen Pressepolitik, in: Studt, Christoph (Hg.), *Diener des Staates. »Widerstand zwischen den Zeilen« im Dritten Reich*, Münster, S. 11–39

–/Lange, Marius (2011), *Propaganda. Medien und Öffentlichkeit in der NS-Diktatur*, 2 Bde., Stuttgart

Spahn, Martin (1908): Die Presse als Quelle der neuesten Geschichte und ihre gegenwärtigen Benutzungsmöglichkeiten, in: *Internationale Wochenschrift für Wissenschaft, Kunst und Technik*, S. 1163–70, 1211–20

Spieker, Markus (1999), *Hollywood unterm Hakenkreuz. Der amerikanische Spielfilm im Dritten Reich*, Trier

Spieß, Karl-Heinz (2003) (Hg.), *Medien der Kommunikation im Mittelalter*, Wiesbaden

Städter, Benjamin (2011), *Verwandelte Blicke – Eine Visual History von Kirche und Religion in der Bundesrepublik 1945-1980*, Frankfurt/M.

Stahr, Gerhard (2001), *Volksgemeinschaft vor der Leinwand. Der nationalsozialistische Film und sein Publikum*, Berlin

Stallmann, Martin (2017), *Die Erfindung von »1968«: Der studentische Protest im bundesdeutschen Fernsehen 1977-1998*, Göttingen

Stamm, Karl-Heinz (1988), *Alternative Öffentlichkeit. Die Erfahrungsproduktion neuer sozialer Bewegungen*, Frankfurt/M.

Standage, Tom (1999), *Das viktorianische Internet. Die erstaunliche Geschichte des Telegraphen und der Online-Pioniere des 19. Jahrhunderts*, St. Gallen

Stegbauer, Christian (2008), Raumzeitliche Strukturen im Internet, in: *Aus Politik und Zeitgeschichte* 39, S. 3–9

Steinmetz, Rüdiger (1996), *Freies Fernsehen. Das erste privatkommerzielle Fernsehprogramm in Deutschland*, Konstanz

–/Viehoff, Rüdiger (Hg.) (2008), *Deutsches Fernsehen Ost. Eine Programmgeschichte des DDR-Fernsehens*, Berlin

Stieler, Kaspar (1969), *Zeitungs Lust und Nutz. Neudruck der Original-Ausgabe von 1695*, Bremen

Stöber, Rudolf (2000), *Deutsche Pressegeschichte. Einführung, Systematik, Glossar*, Konstanz

– (2003), *Mediengeschichte. Die Evolution »neuer« Medien von Gutenberg bis Gates*, 2 Bde., Wiesbaden

– (2013), *Neue Medien. Geschichte. Von Gutenberg bis Apple und Google – Medieninnovation und Evolution*, Bremen

– (2014), *Deutsche Pressegeschichte. Von den Anfängen bis zur Gegenwart*, Konstanz, 3. überarb. Aufl.

Stöber, Gunda (2000), *Pressepolitik als Notwendigkeit, zum Verhältnis von Staat und Öffentlichkeit im wilhelminischen Deutschland 1890–1914*, Stuttgart

Straßner, Erich (2002), *Text-Bild-Kommunikation*, Tübingen

Studt, Christoph (Hg.) (2007), *»Diener des Staates« oder »Widerstand zwischen den Zeilen«? Die Rolle der Presse im »Dritten Reich«*, Berlin

Stumberger, Rudolf (2002), *Fernsehen und sozialstruktureller Wandel*, München

Templin, Christina (2016), *Medialer Schmutz: Eine Skandalgeschichte des Nackten und Sexuellen im Deutschen Kaiserreich 1890-1914*, Bielefeld

Thogmartin, Clyde (1998), *The National Daily Press in France*, Birmingham

Thomaß, Barbara (2007), *Mediensysteme im internationalen Vergleich*, Konstanz

Thompson, John B. (1995), *The Media and Modernity. A Social Theory of the Media*, Stanford

Tsakiris, Vasileios (2009), *Die gedruckten griechischen Beichtbücher zur Zeit der Türkenherrschaft. Ihr kirchenpolitischer Entstehungszusammenhang und ihre Quellen*, Berlin

Tworek, Heidi (2014), Magic Connections: German News Agencies and Global News Networks, 1905-1945, in: *Enterprise & Society* 15.4, S. 672–686

– (2019), *News from Germany: The Competition to Control World Communications, 1900-1945*, Cambridge/Mass.

Uphaus-Wehmeier, Annette (1984), *Zum Nutzen und Vergnügen – Jugendzeitschriften des 18. Jahrhunderts. Ein Beitrag zur Kommunikationsgeschichte*, München

Vande Winkel, Roel/Welch, David (Hg.) (2007), *Cinema and the Swastika. The International Expansion of Third Reich Cinema*, New York

Vittinghoff, Natascha (2002a), *Die Anfänge des Journalismus in China (1860–1911)*, Wiesbaden

– (2002b), Unity vs. Uniformity: Liang Qichao and the Invention of a »New Journalism« for China, in: *Late Imperial China* 23, S. 360–395

Vogel, Meike (2010), *Unruhe im Fernsehen. Öffentlich-rechtliches Fernsehen und Proteste in den 1960er Jahren*, Göttingen

Vogel, Sabine (1999), *Kulturtransfer in der frühen Neuzeit: Die Vorworte der Lyoner Drucke des 16. Jahrhunderts*, Tübingen

Vogl, Joseph (2001), Medien-Werden: Galileos Fernrohr, in: Engell, Lorenz/ders. (Hg.), *Mediale Historiographien*, Weimar, S. 115–123

Vowinckel, Annette (2016), *Agenten der Bilder. Fotografisches Handeln im 20. Jahrhundert*, Göttingen

Wagner, Robert G. (1995), The Role of the Foreign Community in the Chinese Public Sphere, in: *China Quarterly* 142, S. 423–443

– (Hg.) (2012), *Joining the Global Public: Word, Image, and City in Early Chinese Newspapers*, New York

Walkowitz, Judith R. (1994), *City of Dreadful Delight, Narratives of Sexual Danger in Late-Victorian London*, London

Walravens, Hartmut (2007), *Buch- und Druckwesen im kaiserlichen China sowie in Zentralasien, Korea und Japan: eine annotierte Bibliographie*, Stuttgart

Waschik, Klaus (2010), Virtual Reality. Sowjetische Bild- und Zensurpolitik als Erinnerungskontrolle in den 1930er-Jahren, in: *Zeithistorische Forschungen* 7, S. 30–54

Wasiak, Patryk (2012), »Illegal Guys«. A History of Digital Subcultures in Europe during the 1980s, in: *Zeithistorische Forschungen* 9.2, S. 257–276

Weber, Johannes (1997), *Avisen, Relationen, Gazetten. Der Beginn des europäischen Zeitungswesens*, Oldenburg

– (1999), Der große Krieg und die frühe Zeitung. Gestalt und Entwicklung der deutschen Nachrichtenpresse in der ersten Hälfte des 17. Jahrhunderts, in: *Jahrbuch für Kommunikationsgeschichte* 1, S. 23–61

Weckel, Ulrike (1998), *Zwischen Häuslichkeit und Öffentlichkeit. Die ersten deutschen Frauenzeitschriften im späten 18. Jahrhundert und ihr Publikum*, Tübingen

– (2006), Nachsitzen im Kino: Anglo-amerikanische KZ-Filme und deutsche Reaktionen 1945/46 – über Versuche kollektiver Beschämung, in: *Berliner Debatte Initial* 17, S. 84–99

– (2012), *Beschämende Bilder. Deutsche Reaktionen auf alliierte Dokumentarfilme über befreite Konzentrationslager*, Stuttgart

Waibel, Nicole (2008), *Nationale und patriotische Publizistik in der Freien Reichsstadt Augsburg. Studien zur periodischen Presse im Zeitalter der Aufklärung (1748–1770)*, Bremen

Weise, Bernd (1989), Pressefotografie, in: *Fotogeschichte* 31, S. 15–40 sowie 33, S. 27–62

– (2015), Der zögerliche Einsatz von Fotos in der Tagespresse deutscher Verlage. Korrekturanmerkungen zur Geschichtsschreibung des Fotojournalismus, in: Ziehe, Irene/Hägele, Ulrich (Hg.), *Gedruckte Fotografie: Abbildung, Objekt und mediales Format*, Münster, S. 13–30

Welch, David (2001): *Propaganda and the German Cinema, 1933–1945*, London

– (2000), *Germany, Propaganda and total War, 1914–1918: The Sins of Omission*, New Brunswick

Welke, Martin/Wilke, Jürgen (Hg.) (2008), *400 Jahre Zeitungen. Ein Medium macht Geschichte. Die Entwicklung der Tagespresse im internationalen Kontext*, Bremen

Welke, Sabine (1971), *Die Frau und die Anfänge des deutschen Zeitungswesens. Eine Studie zur Geschichte der Publizistik des 17. Jahrhunderts*, Wien

Wenzel, Horst (2007), *Mediengeschichte vor und nach Gutenberg*, Darmstadt

Wenzlhuemer, Roland (2013), *Connecting the Nineteenth-Century World. The Telegraph and Globalization*, Cambridge

Wetzel, Hans-Wolfgang (1975), *Presseinnenpolitik im Bismarckreich, (1874–1890). Das Problem der Repression oppositioneller Zeitungen*, Bern

White, James (2005), *Global Media. The Television Revolution in Asia*, New York

Wiener, Joel H. (1969), *The War of the Unstamped, the Movement to Repeal the British Newspaper Tax, 1830–1836*, Ithaca

– (Hg.) (1988), *Papers for the Millions. The New Journalism in Britain, 1850s to 1914*, New York

Wilharm, Irmgard (2006), *Bewegte Spuren: Studien zur Zeitgeschichte im Film*, Hannover

Wilke, Jürgen (1984), *Nachrichtenauswahl und Medienrealität in vier Jahrhunderten. Eine Modellstudie zur Verbindung von historischer und empirischer Publizistikwissenschaft*, Mainz

– (1986), Auslandberichterstattung und internationaler Nachrichtenfluß im Wandel, in: *Publizistik* 31, S. 53–90

– (Hg.) (1992–1996), *Massenmedien in Lateinamerika*, 3 Bde., Frankfurt/M.

– (Hg.) (1999), *Mediengeschichte der Bundesrepublik Deutschland*, Bonn

– (2007), *Presseanweisungen im zwanzigsten Jahrhundert. Erster Weltkrieg – Drittes Reich – DDR*, Köln

– (2008), *Grundzüge der Medien- und Kommunikationsgeschichte. Von den Anfängen bis ins 20. Jahrhundert*, Köln

Williams, Kevin (2010), *Get Me a Murder a Day!. A History of Mass Communication in Britain*, London

Willmann, Heinz (1974), *Geschichte der Arbeiter-Illustrierten Zeitung, 1921–1938*, Berlin

Windt, Franziska u. a. (2005), *Die Kaiser und die Macht der Medien*, Berlin

Winker, Klaus (1994), *Fernsehen unterm Hakenkreuz: Organisation, Programm, Personal*, 1994, Köln u. a.

Winkler, Karl T. (1998), *Wörterkrieg. Politische Debattenkultur in England 1689–1750*, Stuttgart

Winseck, Dwayne Roy/Pike, Robert M. (2007), *Communication and Empire, Media, Markets, and Globalization, 1860 –1930*, Durham

Witte, Karsten (1998), The Indivisible Legacy of Nazi Germany, in: *New German Critique* 74, S. 23–31

Wittmann, Frank/Beck, Rose Marie (Hg.) (2004), *African Media Cultures – Transdisciplinary Perspectives*, Köln

Wobring, Michael (2005), *Die Globalisierung der Telekommunikation im 19. Jahrhundert. Pläne, Projekte und Kapazitätsausbauten zwischen Wirtschaft und Politik*, Bern

Würgler, Andreas (2009), *Medien in der Frühen Neuzeit*, München

Wyver, John (1989), *The Moving Image: an International History of Film, Television, and Video*, New York

Yukawa, Shiro (2010), *Das Verschwinden des materiellen Prozesses. Eine vergleichende Mediengeschichte der japanischen Schreib- und Druckkultur*, Erfurt

Zahlmann, Stefan (Hg.) (2010), *Wie im Westen, nur anders. Medien in der DDR*, Berlin

Zeller, Rüdiger (1999), *Die EBU – Internationale Rundfunkoperationen im Wandel*, Baden-Baden

Zimmermann, Clemens (Hg.) (2006), *Politischer Journalismus, Öffentlichkeiten, Medien im 19. und 20. Jahrhundert*, Ostfildern

– (2007), *Medien im Nationalsozialismus, Deutschland 1933–1945, Italien 1922–1943, Spanien 1936–1951*, Wien

– (2008) Medien, in: Jaeger, Friedrich (Hg.), *Enzyklopädie der Neuzeit*, Bd. 8, Stuttgart, S. 223–243

– (2017), *Europäische Medienstädte 1500–2000. Historische Kontinuitäten und urbane Kontexte der Medienproduktion*, St. Ingbert

Zöllner, Reinhard (2009), *Geschichte Japans*, Paderborn

Zuckermann, Moshe (Hg.) (2003), *Medien, Politik, Geschichte*, Göttingen

Personen- und Sachregister